# 玩转绩效
## 做绩效管理的高手

王 覃◎著

中国铁道出版社有限公司
CHINA RAILWAY PUBLISHING HOUSE CO., LTD.

北 京

图书在版编目（CIP）数据

玩转绩效：做绩效管理的高手 / 王覃著 . —北京：中国铁道出版社有限公司，2024.6
ISBN 978-7-113-30961-9

Ⅰ.①玩⋯　Ⅱ.①王⋯　Ⅲ.①企业绩效–企业管理　Ⅳ.①F272.5

中国国家版本馆CIP数据核字（2024）第091438号

| | |
|---|---|
| 书　　名：| 玩转绩效：做绩效管理的高手<br>WANZHUAN JIXIAO: ZUO JIXIAO GUANLI DE GAOSHOU |
| 作　　者：| 王　覃 |

| | | | |
|---|---|---|---|
| 责任编辑：王　佩 | 编辑部电话：（010）51873022 | 电子邮箱：505733396@qq.com | |
| 编辑助理：宋　川 | | | |
| 封面设计：仙　境 | | | |
| 责任校对：刘　畅 | | | |
| 责任印制：赵星辰 | | | |

出版发行：中国铁道出版社有限公司（100054，北京市西城区右安门西街 8 号）
网　　址：http://www.tdpress.com
印　　刷：河北宝昌佳彩印刷有限公司
版　　次：2024 年 6 月第 1 版　2024 年 6 月第 1 次印刷
开　　本：710 mm×1 000 mm　1/16　印张：16.25　字数：265 千
书　　号：ISBN 978-7-113-30961-9
定　　价：69.80 元

**版权所有　侵权必究**

凡购买铁道版图书，如有印制质量问题，请与本社读者服务部联系调换。电话：（010）51873174
打击盗版举报电话：（010）63549461

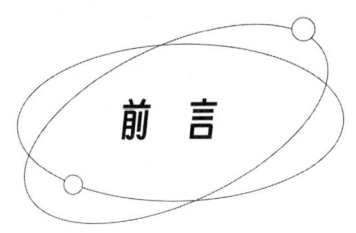

# 前言

作为一名人力资源管理从业者,我深知企业在绩效管理中的痛点和难点,也深切理解企业负责人和 HR 同行希望做好绩效管理的强烈愿望。

随着绩效管理理念不断推陈出新,绩效管理实践不断深入和完善,我国企业绩效管理水平已经取得了长足进步。但是,仍然存在绩效管理效果不理想、员工不认可、管理者不满意、HR 不好干的普遍现象。那么导致这种现象背后的原因是什么?怎样才能避免或减少这种现象的发生?人力资源管理从业者如何才能做好绩效管理,使其真正成为企业发展的助推剂?怎样充分调动员工的积极性,激发组织活力,实现企业的持续经营和稳健发展?带着这些思考和问题,我开启了本书的写作,这也是写作本书的初心所在。

"博采众长、融会贯通、自成一体"是我做绩效管理的核心理念,具体来说就是吸收各种绩效管理模式的优点,并结合企业实际,打造一套符合企业特点和要求的绩效管理体系。要做到这一点,首先要熟练掌握各种绩效管理理念和工具,其次要了解影响绩效管理执行效果的各种因素,最后还要会诊断绩效管理中存在的问题及问题背后的原因,排除绩效管理实施的障碍,让绩效管理真正成为企业需要、员工认可、管理者满意、HR 骄傲的一套管理体系。

做好绩效管理并非易事,但也没有想象中的那么难。古代习武之人都是从练基本功"蹲马步"开始,现在做绩效管理也一样,要从绩效管理的指标、工具、流程等基本知识和技能学起,熟练掌握后才能融会贯通,因企制宜,因时制宜。

本书从绩效管理基础知识讲起,逐渐深入到绩效管理背后的运作机理和驱动因素。希望没有接触过绩效管理的读者能全面认识绩效管理,有一定基础的读者能迅速成长为绩效管理方面的高手。

  需要指出的是，绩效管理不是灵丹妙药，不能包治百病。虽然不能夸大绩效管理的作用，但是这不妨碍绩效管理在人力资源管理中是非常重要的一个模块，是企业管理中不可或缺的一项管理制度。做好绩效管理，企业未必马上能实现指数级增长，但做不好绩效管理，企业一定会出问题。

  希望我的经验和思考能给你带来一些启发，为你提供一些参考价值，能够帮助从事绩效管理的同仁更好地成长，帮助企业更好地发展。书中不足之处，欢迎批评指正，也恳请给予更多的理解和支持。

王　覃

2024 年 2 月

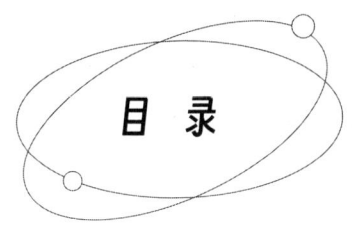

# 目 录

引　子 / 001

## 第一章　认识绩效管理 / 005

　　第一节　绩效管理的概念与现状　/ 006
　　第二节　推行绩效管理的意义　/ 009
　　第三节　怎样才能做好绩效管理　/ 012

## 第二章　绩效管理兵器库——指标 / 015

　　第一节　绩效考评的五个指标　/ 016
　　第二节　业绩、能力、态度和行为　/ 017
　　第三节　不同岗位的绩效指标　/ 019
　　第四节　组织和团队的绩效指标　/ 021
　　第五节　相关案例与图表　/ 023

## 第三章　绩效管理十八般武艺——方法 / 031

　　第一节　目标管理法（MBO）　/ 032
　　第二节　关键绩效指标（KPI）　/ 038

i

第三节　目标与关键成果法（OKR）　/047

第四节　平衡计分卡（BSC）　/058

第五节　全方位考核法（360°）　/068

第六节　关键成功因素（KSF）　/078

第七节　积分制管理　/086

第八节　其他考核方式（比较法、量表法、描述法等）　/099

第九节　相关案例与图表　/116

## 第四章　绩效管理战术——流程　/132

第一节　绩效计划　/133

第二节　绩效督导　/140

第三节　绩效评价　/143

第四节　绩效反馈　/147

第五节　绩效分析　/151

第六节　绩效应用　/155

第七节　相关案例与图表　/158

## 第五章　影响绩效管理成功的五大因素　/161

第一节　分解落实企业战略目标　/162

第二节　全员参与企业绩效管理　/164

第三节　考核周期、权重、等级应合理　/167

第四节　"三公"与"SMART"原则　/170

第五节　定量与定性指标相结合　/173

第六节　相关案例与图表　/174

## 第六章 绩效管理与人心 / 181

第一节 绩效管理需要理解人性 / 182

第二节 绩效管理的核心在于激励 / 185

第三节 绩效管理要融入经营者的思想 / 187

第四节 绩效管理不能伤了"人心" / 189

第五节 相关案例 / 192

## 第七章 绩效管理与企业文化 / 195

第一节 企业文化影响绩效管理实施 / 196

第二节 绩效管理推动企业文化落地 / 197

第三节 绩效管理和企业文化如何"双剑合璧" / 199

第四节 相关案例与图表 / 202

## 第八章 绩效管理制度制定与落地 / 205

第一节 绩效管理制度的作用 / 206

第二节 绩效管理制度的十个组成部分 / 208

第三节 制定绩效管理制度的技巧和要求 / 211

第四节 实施绩效管理制度的五个步骤 / 214

第五节 绩效管理制度落地实施注意事项 / 220

第六节 相关案例与图表 / 223

## 第九章　绩效管理十个"疑难杂症" /235

  第一节　员工绩效"都挺好"，企业效益"惨兮兮" /236

  第二节　绩效考核指标争"高低" /237

  第三节　绩效计划"七十二变" /238

  第四节　人人都"忌惮"KPI /240

  第五节　"定量"+"定性"=领导的感觉 /241

  第六节　考核方式没有最"好"，只有更"火" /242

  第七节　"好"的始终好，"差"的依旧"差" /243

  第八节　"宽与严"，不同部门领导坐上"跷跷板" /245

  第九节　绩效管理"劳民伤财" /246

  第十节　"废铁"还是"宝剑"，绩效管理为何成"鸡肋" /248

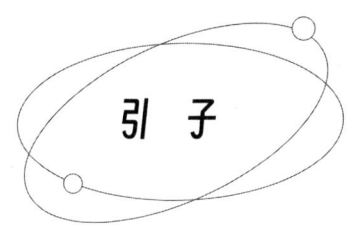

# 引 子

在人力资源管理行业中广为流传着一个很有意思的关于猎人与狗的寓言故事,下面分享给大家。

有一个人决定要做一个出色的猎人,因此他找了一条猎狗来和他一起创业。

猎狗将兔子赶出了窝,一直追赶它,追了很久竟然没有捉到!

一只牧羊犬在旁讥笑说:"你们两个中,个头小的反而跑得更快!"

猎狗回答说:"你不知道,我们两个跑的目的是完全不同的!我仅仅为了一顿饭而跑,而他却是为了性命而跑呀!"

猎人想:"猎狗说的对啊,我要想得到更多的猎物,得想个好法子。"

猎人又买来几条猎狗,凡是能够在打猎中捉到兔子的,就可以得到几根骨头,捉不到的就没饭吃……

这一招果然有用,猎狗们纷纷去努力追兔子,因为谁都不愿意看着别的猎狗有骨头吃,自己却没得吃。

过了一段时间,问题又出现了:大兔子非常难捉到,小兔子好捉,但捉到大兔子得到的骨头和捉到小兔子得到的骨头差不多,有一些猎狗们善于观察,发现了这个窍门,专门去捉小兔子。

慢慢地,猎狗们都发现了这个窍门,都去捉小兔子了。

猎人以为这些猎狗的技术不过关,于是专门针对他们开办了"如何快速捕捉大兔子"的培训班。

经过培训之后,猎人发现猎狗捉的兔子仍然质量不高。

猎人就问猎狗:"这是为什么呢?"

猎狗们说:"反正得到的骨头没有什么区别,为什么要费那么大的劲儿去捉那些大兔子呢？"

　　猎人经过思考后，决定不再将分得骨头的数量与是否捉到兔子挂钩，而是采用每过一段时间，就统计一次猎狗捉到兔子的总重量。按照重量来评价猎狗，由此决定猎狗一段时间内的待遇。

　　于是猎狗们捉到兔子的数量和重量都增加了，猎人很开心。

　　但是过了一段时间，猎人发现猎狗们捉兔子的数量又少了，而且越有经验的猎狗，捉到兔子的数量下降得就越厉害。于是猎人又去问猎狗。

　　猎狗说："我们把最好的时间都奉献给了您，主人，但是随着时间的推移我们会老，当我们捉不到兔子的时候，您还会给我们骨头吃吗？"

　　猎人做了论功行赏的决定：汇总、分析了猎狗捉到所有兔子的数量与重量，规定如果捉到的兔子超过了一定的数量后，即使捉不到兔子，每顿饭也可以得到一定数量的骨头。

　　猎狗们都很高兴，大家都努力去达到猎人规定的数量。一段时间过后，终于有一些猎狗达到了猎人规定的数量。

　　这时，其中有一只猎狗说："我们这么努力，只得到几根骨头，而我们捉的猎物远远超过了这几根骨头，我们为什么不能给自己捉兔子呢？"

　　于是，有些猎狗离开了猎人，自己捉兔子去了……这些猎狗"下海经商"了。

　　猎人意识到猎狗正在流失，并且那些流失的猎狗像疯了一般拼命和自己的猎狗抢兔子。情况变得越来越糟，猎人不得已引诱了一条单干的猎狗，问它到底比自己的猎狗强在哪里？

　　这条猎狗说："你的猎狗吃的是骨头，吐出来的是肉啊！"沉思片刻又说："当然，也不是所有单干的猎狗都顿顿有肉吃，大部分最后骨头都没得舔！不然也不至于被你诱惑。"

　　于是猎人又做出了改变：每条猎狗除基本骨头外，可获得其所猎兔肉总量的 $n\%$，随着服务时间加长，贡献变大，该比例还可递增，并有权分享猎人总兔肉的 $m\%$。

　　就这样，猎狗们与猎人一起努力，将单干的猎狗们逼得叫苦连天，纷纷强烈要求重归猎狗队伍。

　　日子一天一天地过去，冬天到了，兔子越来越少，猎人的收成也一天不如一天。而那些服务时间长的老猎狗们老得不能捉到兔子，但仍然在无忧无虑地享受着那些他们自以为应得的大份食物。终于有一天猎人再也不能忍受，把它们扫地出门，因为猎人更需要那些身强力壮的猎狗。

被扫地出门的老猎狗们获得了一笔不菲的赔偿金，于是它们成立了"微骨"公司。

它们采用连锁加盟的方式招募猎狗，向猎狗们传授猎兔的技巧，并从猎得的兔子中抽取一部分作为管理费。

当赔偿金几乎全部用于广告推广后，它们终于有了足够多的猎狗加盟，公司开始赢利。一年后，它们收购了猎人的家当……

"微骨"公司许诺加盟的猎狗能得到公司 $n$% 的股份，这实在是太有诱惑力了。这些自认为是怀才不遇的猎狗们都以为找到了知音：终于做公司的主人了，再不用忍受猎人呼来唤去的不快，再不用为捉到足够多的兔子而累死累活了，也再不用眼巴巴地乞求猎人多给两根骨头而扮得楚楚可怜了。这一切对这些猎狗来说，比多吃两根骨头更加受用。

于是猎狗们拖家带口地加入了"微骨"公司，一些在猎人门下的年轻猎狗也开始蠢蠢欲动，甚至很多自以为聪明、实际愚蠢的猎人也想加入。

好多同类型的公司像雨后春笋般地成立了："淘骨""骨易""搜骨""百骨""骨多多"，一时间，森林里热闹起来。

猎人凭借出售公司的钱走上了老猎狗走过的路，最后千辛万苦要与"微骨"公司谈判的时候，老猎狗出人意料地爽快地答应了猎人，把"微骨"公司卖给了猎人。

老猎狗们从此不再经营公司，转而开始写自传：

《老猎狗的一生》

《如何成为出色的猎狗》

《如何从一只普通猎狗成为一只管理层的猎狗》

《猎狗成功秘诀》

《成功猎狗 500 条》

《穷猎狗，富猎狗》

…………

老猎狗的故事又被搬上屏幕，取名《华尔街之猎狗》。

老猎狗成为家喻户晓的"财富大咖""创业教父""管理学大师",收版权费、演讲费,没有风险,利润更高。

……

故事讲完了,我相信这个故事对正在思考怎么做绩效管理的你,一定会有所启发。

# 第一章

## 认识绩效管理

　　首先了解绩效管理的基本概念，以及我国企业绩效管理实践的现状，读者能够对绩效管理工作有正确和全面的认识。本章从八个方面介绍了企业推行绩效管理的意义，明确绩效管理的目标和使命。同时，关注 HR 的职业素养和技能要求，从五个方面介绍了做好绩效管理应注意的问题和需要努力的方向，指导绩效管理从业人员从"小白"到"大牛"的蜕变，真正做到"玩转绩效，做绩效管理的高手"。

## 第一节　绩效管理的概念与现状

### 一、绩效管理≠绩效考核

大家上学时都参加过考试，考试成绩就是学生的绩效，但是成绩管理不仅仅是统计考试分数、公布考试成绩这么简单，它需要全过程的管理。比如制订合理的教学计划，管理课堂纪律，了解学生的学习情况并进行答疑解惑，出考试试卷，组织期末考试，公布学生考试成绩，对成绩好的学生进行表扬，对成绩不理想的学生进行重点跟进。只有这样，才能把一个班级整体教学水平提上去，呈现良好的教学成果。

成绩管理不只是统计成绩，同理，绩效不等于绩效考核，绩效考核也不能等同于绩效管理，我们在实践中往往把这些混为一谈。绩效是最终的结果；绩效管理是既管理过程，又管理结果，而且管理过程比结果更重要。因为，管理过程的目的一定是取得最好的结果。

绩效指组织或个人完成工作的最终成果，这些成果可以用数量、质量、时间和成本等指标来衡量。绩效管理指运用科学的手段和方法，为达成最好的工作成果而进行的全过程的管理，这个过程包括绩效计划制订、绩效督导、绩效考评、绩效反馈和绩效分析应用等。

很多人觉得讨论绩效管理的概念没有意义，尤其对从事过一段时间绩效管理的同仁来说，拿到这本书的时候，可能会想要跳过这个章节。但事实是，读懂弄清绩效管理的概念非常重要。为什么？不妨了解下，有多少企业是只做绩效考核，而没有做绩效管理。这和对学生只考试、不教学的道理一样，要取得好的效果几乎不可能。绩效考核不等于绩效管理，它只是绩效管理中的一小部分，而很多企业把它当成绩效管理的全部。做好绩效管理，一定是全过程的管理，不仅仅是考评、衡量员工工作成果的多少、好坏这么简单。

## 二、我国企业绩效管理的现状

理解了绩效管理的概念，再来了解下我国企业绩效管理的现状。纵观我国大小企业，可将其分为八大门派。

1. 无影无踪派。这类企业没有具体的绩效考核指标，也没有明确的绩效考核方式，不用填表，不用打分。因此，他们看上去似乎没有绩效管理，但实际上是有的，只是做得比较初级和随意罢了。这些企业的考核标准在管理者心里，或者口头的要求里，孰优孰劣他心里有数，对表现好的员工表扬，对表现差的员工批评，在涉及员工晋升、加薪、奖金时，也会根据他的印象和判断有所倾斜。这类企业不在少数，尤其初创企业和规模较小的企业，严苛、复杂的考核会打击创业的激情，破坏团结互助的氛围，造成不必要的时间和成本浪费，当然也有管理水平和员工整体素质跟不上的原因。总之，存在就有它合理的地方。

2. 一招走天下派。这类企业有绩效管理，但结构简单、模式单一，一张考核表，一个考核方式，企业上上下下全都用，年年月月一直用，至于考核的目的、效果的好坏，大家不去想，也不关注。绩效管理就跟人们一日三餐、白天活动晚上睡觉一样习以为常，不管国内外绩效管理理论与实践如何更新换代、推陈出新，对于企业来说，"任尔东西南北风，我亦岿然不动"。

3. 一团和气合家欢派。这类企业绩效管理就是个形式，这个形式有时候看上去很"高大上"，标准很全面、方式很先进、流程很完善、过程很热闹，一番折腾下来，最终的结果却是你好我好大家好，有酒一起喝，有肉一块吃，平均主义大锅饭。即使管理者或总部觉得有问题，要求按比例进行强制分配，有A必须有D，有优必须有差，下面执行起来还是有问题，大家轮流坐庄，这次你A，下次我A，这次他D，下次你D，大家和和气气，其乐融融。

4. 可有可无鸡肋派。这类企业的绩效管理可以用"食之无味，弃之可惜"来形容，为什么呢？他们在绩效管理上花了很多时间和精力，却感受不到绩效管理带来的好处。年度考核、季度考核、月度考核一样没落下，员工业绩却一天不如一天，企业效益一年不如一年。如果干脆不做绩效管理也不行，做了企业尚能维持，不做，担心员工更加懈怠，团队更加松散，企业更加衰败。

5. 怨声载道扣薪派。这类企业不在少数，虽然企业推行绩效管理的初衷不是扣薪，而是提高组织和员工的绩效，但做着做着就偏离了方向，绩效管理变成了克扣员工薪资的工具。这类企业通常做法是，从员工工资里拿出一部分来作为绩效工资，根据绩效考核结果，决定发还是不发，是发50%，还是发150%。这样操作的大部分企业，经过一段时间的实践后，员工发现要完成企业制定的绩效指标很难，绩效工资也就变成了可望而不可即的空头支票，最终结果是员工怨声载道，敢怒不敢言，只能用脚去投票。

6. 求师问道向学派。这类企业善于向别的企业学习、取经，尤其向国内、国外的大企业学习，比如诺基亚火的时候学诺基亚，索尼厉害的时候学索尼，阿里巴巴起来了学阿里，华为强大了学华为，总之，谁厉害就跟谁学。借鉴别人的长处，吸取大企业的先进管理经验固然是好，值得鼓励，但千万别照抄照搬，尤其在绩效管理方面。每个企业的文化、规模、发展阶段不同，绩效管理实施的基础也就不同，那么绩效管理执行的方式、方法也应该不同，一个年净利润20万元的企业，去参照一个人均绩效奖金20万元的巨无霸企业，其结果可想而知。

7. 喜新厌旧时髦派。这类企业喜欢追求最新的绩效管理模式，KPI（关键绩效指标）被引入国内的时候，推行KPI；平衡计分卡火的时候，推行平衡计分卡；这几年OKR（目标与关键成果法）比较流行，于是果断开始推行OKR绩效考核方式。笔者曾经在一次HR沙龙上听一位汽车销售行业的嘉宾分享他们企业绩效管理经验，他们几乎尝试了所有的绩效管理方式。当时很震惊，私下沟通后得知，企业效益不好，经营者觉得是绩效管理上出了问题，员工积极性没有充分调动起来，于是什么绩效管理方式流行就推什么，什么绩效管理模式先进就用什么，希望通过绩效管理改善企业经营状况，企业HR这样做也实属无奈。在这里需要指出的是，绩效管理拯救不了战略方向失误和经营管理水平低下的问题，在绩效管理方式上一味地喜新厌旧赶时髦，最终会让员工丧失信念，企业失去定力，此举可谓得不偿失。

8. 博采众长融合派。这类企业的绩效管理方式可以用"博采众长，自成一体"来形容。乍一看他们用的是KPI考核方式，但仔细一看，这里面还融入了平衡计分卡的思想，另外还有目标管理法、关键事件法的影子，甚至还有一些具有企业鲜明特色的考核标准和方法，你很难把他们的绩效管理方式归到哪一门类里面去。但有一点，他们的绩效管理方式和企业的实际情况结合得非常紧密，而且简单、实用、高效、缜密，就像一个武林高手，你看不出他用的是哪门哪派的武功，但就是无人能敌，因为他把众多武功绝学融合在一起，形成了自己的独门绝技。

以上归类，虽然不能代表所有企业，但基本上大部分企业都能对号入座，这就是我国绩效管理的真实现状！

目前，绩效管理的理念和方法大多是从国外引入的，虽然在我国已经推行了几十年，但由于文化的差异、基础的不同，企业绩效管理的水平参差不齐，各种各样的问题层出不穷，这有待于我国一代代人力资源从业者和研究人员，结合我国企业实际，在实践中走出一条符合我国特色的绩效管理之路，惠及百万绩效管理从业人员，服务于千万大中小企业。

## 第二节　推行绩效管理的意义

我们做一件事情，要思考做这件事情的意义，当认识到事情背后重大意义的时候，才有足够的理由和动力去开展这项工作。尤其在职场上，如果做的工作没有实际意义或者产生不了价值，那就失去了做它的必要性。当我们了解事情背后的意义或作用的时候，才不会忘记做事的初衷，不会做着做着就偏离了方向，失去了目标。

绩效管理是人力资源管理体系中非常重要的一个模块，也是企业管理中非常重要的一个管理工具，企业推行绩效管理的意义主要体现在以下方面。

1.落实企业战略，助力企业目标实现。企业战略是企业的发展规划，大政方针，企业制定了宏伟的战略目标，如何去实现，这就需要企业把大的战略目标逐层进行分解，直到落实到具体的责任部门和人员，企业通过绩效管理，激励员工努力朝着目标迈进，并适时监督、考核这些部门和人员具体目标的完成情况，当一个个小的目标实现的时候，大的战略目标就自然而然地实现了。从这个角度出发，绩效管理一定要上承战略，下接业务，才能更好地推动企业目标的实现。否则，就会出现部门和个人绩效都挺好，但是企业各项指标却惨不忍睹的情况发生，究其根本原因，就是绩效管理和战略目标脱节了。

2. 激励员工，提高个人和组织的效率。"老牛亦解韶光贵，不待扬鞭自奋蹄。"出自当代大诗人臧克家诗作《老黄牛》，这里用老黄牛来比喻自动自发、兢兢业业、毫不懈怠的工作精神。在企业里面，肯定有这样的人，但毕竟是少数，绝大部分人不具备这样的品质。这就需要靠制度、机制等这些外在的驱动因素去鞭策、激励他们努力向前冲，保证能够按时、按质、按量完成组织交代的任务。绩效管理背后的核心逻辑是激励，激励的目的是提高个人和组织的效率，更好地实现组织的目标。因此，在实施绩效管理过程中，要始终把如何激起员工的斗志、坚定员工的信心、提升员工的工作热情和积极性作为出发点，只有这样，才能激发出个人和组织的活力，提升企业运行的效率，达到最优的经营结果。

3. 汰劣存优，提升企业人才竞争力。企业里的员工只要超过两个人，就存在好坏优劣之分，更何况到了一定规模的企业，肯定有积极向上、勤奋努力、聪明能干的员工，也有浑水摸鱼、滥竽充数、懒惰平庸之辈。如果没有绩效管理，那些优秀的员工不能得到提拔重用，也不能给予相应的薪酬待遇，而那些混日子的员工不能被及时发现，并给予警示或处罚，企业就会出现"劣币驱逐良币"的现象，优秀的员工要么被同化，要么被排挤出团队，最终的结果就是优秀员工越来越少，平庸员工越来越多，企业逐渐失去了人才竞争力。

4. 发现高潜力员工，做好人才梯队建设。如果没有考试，就很难批量选拔出有潜力的、能成为国家栋梁的人才。那些能考上清华大学、北京大学的学生，一定是在学习方式或意志上有异于常人的地方，这些潜在的优势会帮助他们在后续的学习、工作中取得更突出的成绩。同样，如果没有绩效考核，就发现不了那些高潜力的员工，这些员工往往在情商、智商或其他品质上有优于别人的地方，他们最有可能成为企业的骨干、精英，甚至接班人，所以企业要及时发现这些员工，并把他们纳入企业人才梯队建设中来，给他们展示才华的机会和发展的空间，帮助他们快速地成长。千里马常有，伯乐不常有，好的绩效管理模式就是甄选高潜力员工的伯乐，做好了绩效管理，会发现企业里何止千里马常有，甚至是藏龙卧虎啊！

5. 挖掘培训需求，构建素质模型。绩效管理的根本目的不是为了区分员工，而是提升全体员工的业绩。通过绩效管理，把那些不能达标的员工找出来，分析他们存在的问题，找出这些员工在知识、技能或者态度上与岗位要求的差距，这些差距就是他们需要培训和提高的地方。我们可以以此为出发点，规划培训课程，组织学习活动，帮助他们在后续的工作中不断改进、提升。另外，那些绩效卓越的员工，可以作为企业构建能力素质模型的标杆，提取他们取得优秀业绩的关键因素，总结他们自身具备的核心竞争力，并以此作为后续招人、选人、用人的标准。

6. 合理分配利益，提升员工士气。有时候，企业管理者最头疼的不是怎么把蛋糕做大，而是蛋糕做大后怎么分配。我们经常看到，每到调整工资或发放年终奖的时候，就是"几家欢喜几家愁"，甚至对员工来说涨薪、发奖金这种"好事"，变成了多数人抱怨，小部分人不满意的"坏事"。究其根本原因，就是绩效管理做得不到位，没有真正准确地衡量员工的价值和贡献，最终导致利益分配不合理，员工不买账，老板不满意，企业很受伤的局面。

7. 发现管理问题，提升管理水平。在绩效管理过程中，我们经常能发现一些管理上的问题，比如某个部门节点计划总是完不成，整体业绩总是不达标，仔细分析后会发现，要么是这个部门负责人知识、技能跟不上企业的发展步伐了，要么是心态上受到了负面事件的影响，出现了躺平、退缩的现象，当然了，也有可能是外界市场环境发生了根本性的改变，而内部却没有及时采取必要的措施来应对这种变化。总之，绩效管理是发现管理问题的一个重要途径，只有发现了问题，才有改进的机会，只有在不断的改进中，企业的管理水平才能不断地提升。

8. 塑造企业文化，提高组织凝聚力。绩效管理中有句经典的话：要什么，就考什么。意思是说，你想要什么样的结果，就考核跟这个结果密切相关的指标。企业文化是企业生产经营和管理活动中形成的具有该企业特色的精神面貌、行为方式和价值观念，其中价值观是企业文化的核心。怎样塑造企业文化，怎样把企业文化从口号变成员工实实在在的具体行为，成为员工在这个企业里做事的标准和原则，这些可以通过绩效管理去实现。要什么样的企业文化，就去设置什么样的指标就可以了。大家应该听说过阿里巴巴集团绩效管理中的价值观考核，在阿里巴巴集团，价值观考核不合格的员工，无资格参与绩效等级评定，并全额扣除绩效奖金。因此，以"六脉神剑"为基础的核心价值观在阿里巴巴集团内部已深入人心，刻入骨髓，这也是数十万阿里铁军能创造一个个互联网传奇的原因。绩效管理是企业文化落地的重要途径，企业文化做好了，组织的凝聚力就会大幅提升，企业才能发展得更好。

有这样一个故事，一位社会学家见到正在工地砌墙的三个工人，问他们在干什么？其中一位不耐烦地说："你没看到吗，我正在砌墙呢"。另一位说："我在建造一座大厦"。第三位说："我正在创造美好生活"。十年以后，第一个人仍在做泥瓦匠，第二个人已经成了工程师，第三位则成为建筑企业的管理者。同样一件事情，你看的角度不同，持有的态度不同，理解和认识到的意义不同，就会产生完全不同的结果。拿绩效管理来说，如果把它当成管理者交代的一个差事，应付一下了事，或者是做给管理者和其他员工看看，让他们知道企业有绩效管理，和把它当成一个重要的管理体系，一次意义非凡的管理实践，并要用它去打造一个伟大的企业，最终产生的结果肯定是完全不一样的。

## 第三节　怎样才能做好绩效管理

做绩效管理容易，做好绩效管理不容易，而"做了"和"做好"之间又有着本质的区别。作为人力资源管理领域的从业者，都希望能把绩效管理做好，让经营者及员工看到绩效管理的实效，让企业能够真正地从绩效管理中受益。作为企业绩效管理变革与落地实施的操盘手，都希望能玩转绩效，成为绩效管理的高手，让自己的职业价值得到充分的发挥，让自己的工作能力被充分地认可，让自己的工作成果能够带来丰富的精神和物质上的回报。

笔者认为，做好企业绩效管理需要从以下几个方面入手。

1. 专业知识烂熟于心。俗话说，巧妇难为无米之炊，作为绩效管理人员，脑子里没有点实实在在的东西，怎么能为企业献上一份绩效管理大餐呢。就像一个武林高手，十八般武艺样样精通，遇到不同的对手，才能应付自如。绩效管理的各种专业知识，未必在所有企业都能全部用得上，但到需要的时候，要知道哪个招式、方法拿出来最好用、最有效。掌握绩效管理的各项专业知识，并能烂熟于心，真正做到手中有"粮"，心中不慌，派上用场时，能够一招制敌，出奇制胜。

2. 知企业，懂人心。绩效管理做得好的企业不在少数，但把他们那套绩效管理模式复制到自己企业中来，却很少有取得成功的，这是因为每个企业都有各自的特点，看上去再完美不过的东西，搬过来后总有水土不服的情况发生，这就需要绩效管理人员充分了解自己服务的企业，结合企业的特点、现状，采取因地制宜的策略和方法，去推动绩效管理的成功。另外，绩效管理要懂人心，激发人内心潜在的力量，让员工充满强烈的成就动机和不竭的工作动力。

3. 制度合理，落地有方。再先进的绩效管理模式也要通过具体的绩效管理制度去体现，一个合理的绩效管理制度，是绩效管理落地实施的前提。什么叫合理的绩效管理制度，用二十四个字来概括：思路清晰，结构完整；理念先进，方法科学；结合实际，操作性强。制定了合理的绩效管理制度，在实施的时候也要讲究方法，因为人们普遍存在畏惧改变的心理，对新事物总是抱有排斥的态度，他们担心新的绩效管理模式会伤及自身利益，迫使他们做出某些牺牲或改变。因此，在绩效管理落地实施的过程中，采取一些策略和技巧是必要的，比如争取企业负责人和其他关键人物的支持，召开绩效管理改革动员会、沟通说明会等都是不可或缺的重要环节。

4. 直面问题，持续改善。再完美的绩效管理模式，在实施的过程中还是会碰到各种各样的问题，这些问题一般不是绩效管理大的原则和方向上的问题，而是在绩效管理实施过程中涉及适应性和有效性的个例问题，如某些特殊岗位、特殊时期的绩效管理与企业通用的绩效管理模式不匹配。这些小的、特例性的绩效管理问题如果不能得到及时解决，时间长了，量变会演化为质变，伤及企业绩效管理的根基，导致企业在绩效管理方面的一切努力功亏一篑。没有问题才是最大的问题，遇到问题要直面问题，想办法解决，只有在处理了一系列绩效管理问题后，绩效管理人员才能在经验中不断成长，企业绩效管理状况才能得到持续改善。

5. 有信心，有决心，要用心。做好绩效管理首先要有信心，"信心比黄金更重要"，如果一开始就被困难吓倒，那压根就没有做好绩效管理的机会了。要相信自己能做到，还能做好，别人能做到，自己也一定可以。绩效管理再难也有规律可循，有相关的理论做支撑，有成功的经验可参考，这样看来，绩效管理远没有搞发明创造那么难。其次，要有不达目标不罢休的决心，绩效管理涉及方方面面的利益，在实施的过程中肯定会碰到一些抵制和阻挠，但只要有决心，有意志，就一定能克服一切困难，冲破一切阻碍，取得绩效管理的成功。最后，要用心，用心做好绩效管理的每一个细节，先感动自己，再感动别人，自己都不满意，谈何让别人满意呢。人贵在思考，带着思考去做事，用心去做绩效管理，这样做出来的结果和随便从网上下载一个绩效管理办法拿到企业去施行做出来的结果肯定是有天壤之别的。

以上谈到了一些做好绩效管理的思路和方法，供大家参考，相信这也是作为一名绩效管理从业者必经的成长之路。下面的章节基本上是围绕以上提到的做好绩效管理五个方面的内容来展开，希望读者能从中学到知识，得到感悟，成为优秀的绩效管理人员，用"江湖气"的话说，就是"玩转绩效，做绩效管理的高手"。

# 第二章

# 绩效管理兵器库——指标

绩效管理中一个非常重要的环节是绩效考评，绩效考评必须通过绩效指标来衡量和体现。本章主要讲解如何通过针对不同的考核对象，选择不同的、恰当的考核指标，来准确反映、衡量组织或个人的综合表现。绩效指标犹如兵器库里的刀枪棍棒，面对不同的对手，选择不同的兵器，这样才能做到有的放矢，精准出击。

## 第一节　绩效考评的五个指标

我经常听到 HR 同行抱怨，我国很多管理理念和方法都是从国外引进来的"舶来品"，念着拗口，还经常水土不服，不好落地。绩效管理也一样，像我们经常听到的 KPI、OKR 等考核方式都是起源于国外，而后逐渐在国内普及和应用。但是，有一个绩效管理理念绝对是我国独创，它融汇了中华民族五千年的文明和智慧，紧密结合了中国特色社会主义现代化发展阶段的实际，它就是"德、能、勤、绩、廉"五个绩效考核指标。这五个字，简单、明了、直观、全面、准确地把一名员工需要考核的方方面面进行了高度概括和总结，这五个考核指标在党政机关、国有企事业单位得到广泛应用，同时也被很多民营企业推崇和使用。

1. 德，即品德，可具体细分为尊重领导、团结同事、关心下属、谦虚好学、乐于助人、坚持原则、勇于担当、大局意识、责任意识、诚信意识、言行举止得体、穿着打扮端庄、爱护公共财物等。

2. 能，即能力，可具体细分为领导能力、组织能力、决策能力、沟通能力、理解能力、判断能力、应变能力、创新能力、学习能力、专业技能和执行力等。

3. 勤，即勤奋，可具体细分为出勤率、积极性、主动性、上进心、敬业度、奉献精神、吃苦耐劳精神、充分利用时间等。

4. 绩，即业绩，可具体细分为完成工作的数量、质量、时间、成本、效益等。

5. 廉，即廉洁，可具体细分为廉洁自律、克己奉公、公正无私、光明磊落、不营私舞弊、不贪污受贿等。

"德、能、勤、绩、廉"五个指标在不同的企业有所侧重，经常说，有德有才，破格重用；有德无才，培养使用；无德有才，限制使用；无德无才，坚决不用。这里主要强调了人的品德和能力。

企业中，特别重视"廉"这一方面，他们通常把廉洁作为"一票否决"的硬性指标，员工只要触犯了"廉洁"这条红线，就会受到严厉处罚，甚至被直接辞退。

五个指标中的"绩"，与企业的经营成果好坏相关。因此，无论什么类型的企业，都会把业绩这一指标放在重要位置，在绩效考核中占很大一部分权重。

"勤"通常作为一个参考指标，与请假、迟到、早退、旷工等联系起来，超过一定的次数，绩效考核就会减分或直接失去年度评优的资格。

作为一名企业 HR，可以根据对自己所在企业的了解，判断企业是否适合采用"德、能、勤、绩、廉"这五个指标，或者判断适合采用其中的一个或几个指标，以及确定选用的各个考核指标所占的权重。

## 第二节　业绩、能力、态度和行为

有个有意思的说法是，拼职场有三宝：业绩、能力和态度。业绩是基础，没有业绩，其他都是空谈，但企业也不能只盯着业绩，因为能力和态度是业绩的保障，一个没能力、没态度的员工，很难持续保持良好的业绩，所以我们也要不断地去考核和提升员工的能力和态度。

1.业绩，指员工取得的工作成果，它又可以用多个二级指标来体现。比如用完成工作的数量、工作成果的品质、取得的效果、创造的利润、支出的费用、降低的成本、提高的效率等指标来做进一步的评价。业绩是企业生存的保障，绩效考核的目的一方面是衡量每个员工的业绩完成情况，另一方面是通过考核不断激励员工取得更好的业绩。业绩在各项考核指标中所占的权重一般不会低于百分之六十。

2.能力，是达成业绩的前提，能力一般，业绩却很好的情形会发生，但绝对是小概率事件。一个能力很强的人，通常会在工作中不断交付良好的工作成果。能力包括很多方面，比如专业技能、解决问题的能力、管理能力、沟通协调能力、创新能力、分析判断能力等。不同的岗位需要的能力不一样，比如高层管理人员的管理能力是核心，行政人员的沟通协调能力是核心，财务人员的专业技能是核心，每个岗位需要的核心技能一般不止一个，我们通常需要设置三至五个二级指标来考核员工的能力水平。

3. 态度，即员工对待工作、公司、领导、同事的立场和看法，并在日常工作中通过言行举止表现出来。态度对业绩的影响也很重要，一个兢兢业业、勤勤恳恳的员工和一个懒懒散散、拖拖拉拉的员工，创造的业绩肯定有区别。态度可以用忠诚度、责任心、积极性、主动性、勤勉度、团队意识等二级指标来描述。态度作为一个考核指标，不仅因为态度影响业绩的达成，另外还有两个重要原因，即态度能满足领导的"控制欲"和影响周边同事的工作状态。想想看，一个业绩很好的人，态度不好，我行我素，不把领导的话放在眼里，甚至还会顶撞，这样的员工怎么会受领导喜爱，怎么会被重用呢。作为领导，他会认为他的权威受到了威胁，事实上也的确如此，这就不难理解一些业绩很好的"销冠"经常受到排挤，甚至被"逼走"的现象了。作为人力资源管理人员，有时也只能惋惜了事，站在大局角度，还得顺应部门领导的意见。对周边同事的影响，就不用举例了，一个态度积极、正能量满满的人，会带动身边的人以更好的状态投入到工作中。一个消极倦怠、浑身散发着负能量的人，会潜移默化地影响身边的人，导致他所在的团队变得毫无生机和活力，团队人员满腹的牢骚和抱怨。

4. 行为，最后才提，不是它不重要，而是因为它往往作为能力、态度和业绩的中间产物，大部分绩效管理理论著作中很少提及。行为是态度和能力的表现形式，不同的态度和能力产生不同的行为，行为直接影响业绩。好的态度和能力，使我们做出正确的行为，从而产生良好的业绩；差的态度和能力，导致我们做出不正确的行为，从而造成糟糕的业绩。既然是中间产物，是不是就可以不考核了，也可以。但是，有些例外事件是能力、态度和业绩无法全面概括的，比如一个态度很积极，能力也很好的员工，在接受媒体采访时，无意间说的某句话被媒体无限放大，或者断章取义，严重影响了公司的声誉和产品销量，那是他的能力不行？态度有问题？还是业绩不理想？似乎和这些都没关系，但这种行为造成的影响却很大。行为的考核一般针对意外的、偶然发生的事件，考核的结果一般用于奖励、惩罚或"一票否决"。奖励、惩罚比较好理解，所谓"一票否决"，就是一旦发生特定的行为，那么绩效直接归零，严重者还要被辞退。比如，一名项目经理接受了合作方的馈赠或者宴请，那么不管这个项目经理平时工作多么敬业，成绩多么突出，按企业规定，这种行为就是严重违纪，属于绩效管理中"一票否决"的范畴，那么他的绩效会被直接归零或者被直接辞退。

业绩、能力、态度和行为作为绩效考核的一级指标，基本可以全面衡量一名员工的综合表现，至于哪个指标占多大权重，以及需要重点考核的二级指标，还需要结合企业的管理目标及岗位的具体要求来设定。

## 第三节　不同岗位的绩效指标

不同岗位有不同的职责要求，所以考核的标准也就不一样，如果拿考核总经理司机的考核指标去考核总经理，显然不合适，因为他们的岗位职责、工作内容、工作目标、能力要求完全不一样。因此，针对不同的岗位应设置不同的绩效考核指标。

企业内的岗位大体上分为五大类别，分别是管理岗位、职能岗位、技术岗位、营销岗位和工勤岗位，下面来分析下这些岗位的特点及考核的重点指标。

1.管理岗位，指担负领导职责或管理任务的工作岗位，该岗位人员需要通过履行组织、协调、决策、指挥和控制职能，去达成部门或整个组织的目标。

管理人员重点考核组织或部门整体业绩完成情况及岗位胜任能力。业绩考核以市场占有率、营业额、利润增长率、成本降低率、团队稳定性、组织发展、制度流程建设等经营性指标为主。管理人员岗位胜任能力一般考核领导能力、组织能力、沟通协调能力、分析判断能力、决策能力、规划能力等指标。

2.职能岗位，指依靠自身专业知识和能力，从事职能管理工作，以协调关系、监督管控或提供支持服务为主要职责，该类岗位一般对员工的学历、经验及能力有明确要求。

职能岗位人员业绩考核以完成既定的工作任务为主，该岗位不会像销售人员那样有着明确的数量指标，因此工作能力和态度的考核就显得非常重要。职能类岗位的工作能力主要考核专业知识掌握与运用情况、组织与规划能力、沟通协调能力等。工作态度主要考核工作的积极性、主动性、奉献精神、敬业精神、忠诚度、纪律性等。

3. 技术岗位，指履行专业技术职责，从事专业技术工作，为保障公司核心竞争力提供专业技术支撑的岗位。技术岗位一般对职业资格证书或职称有明确要求，部分岗位必须持证上岗，以保证该岗位上的员工具备相应的技术水平。

从事技术岗位的员工业绩考核一般以团队项目完成情况及员工个人在项目中贡献的大小来衡量，比如某科研单位内部根据公司业务方向分成了几个项目小组，每个项目小组完成的科研成果作为部门奖励的依据，而每个人在项目中贡献的大小又不一样，所以还要定量或定性地考核团队中每个成员的工作业绩，作为分配项目奖金的依据。除了业绩，还要考核技术人员的能力，一般将技术人员的能力分为初级、中级、高级、专家级四个档，至于分档的标准，可根据岗位职责来设定相应的考核指标，比如解决问题的能力、创新能力、知识水平、技术熟练程度等。

4. 营销岗位，指面向客户，通过直接或间接的销售活动，拓展业务，占领市场，为公司带来经济收益为主要职责的岗位。

销售人员的考核可以直接用销售业绩作为考核指标，因为他们的销售业绩不仅关系着公司的发展，也和销售人员的收入直接挂钩，是公司和个人最为关注的核心指标。当然也可以用工作态度指标进行辅助考核，比如工作热情、工作纪律和执行力等，毕竟营销岗位的员工也需要激励和约束，否则整个团队会变得非常散漫或内卷。

5. 工勤岗位，指承担生产、维修、后勤保障、劳务服务等职责的岗位。

工勤岗位人员以完成工作的数量、质量和时效进行业绩考核，比如单位时间内生产了多少产品，产品合格率等。工作能力和工作态度作为辅助的参考指标，可以由其直接上级根据日常工作表现直接打分或评价。工勤岗位的考核形式应尽量简单、明了、易操作，且不宜占用被考核人或考核人太多的时间和精力。

以上提到了不同类别岗位的特点和绩效考核要点，针对具体岗位，还需要考核人和被考核人来共同设定适合岗位的考核指标，考核指标设定的越符合岗位特点，考核就越有效。否则，绩效考核会变成"走过场的游戏"，绩效管理的根基就会出现问题，想做好绩效管理也就变得不现实了。因此，多花些心思在绩效指标上，为每个岗位量身定制考核指标，这是绩效管理的基础，也是绩效管理成功的关键。

## 第四节　组织和团队的绩效指标

绩效管理不仅要管理员工个体的绩效，还要管理组织和团队的绩效，因为个体业绩突出未必代表组织和团队的业绩突出，个体的优秀终究无法与组织和团队的优秀画上等号。

1.组织，这里指的是具有明确的目标和完整的结构，内部成员分工明确又相互协作而形成的集体，如一个企业、一个事业部、一个分公司等。

2.团队，这里指的是为发挥每一个员工的特长，协同工作，完成特定的目标，根据职责相似程度或项目需要而形成的团体，比如一个部门、一个项目组、一个分支机构等。

组织的考核一般以营业额、净利润、资产负债率、成本费用降低率等财务指标为主，同时考核市场占有率、客户开发数量、项目拓展数量、客户满意度等营销指标。另外，组织建设情况也是一个重要的考核指标，具体可以细分为组织的活力、制度流程建设、人才梯队建设、人才培养、员工稳定性、员工满意度等二级指标。

团队的考核指标一般有关键任务完成情况、节点计划达成情况、创造的利润或节约的成本、团队精神风貌、团队秩序、与其他部门的协作配合情况、团队建设情况等。

组织、团队的绩效与个人的绩效应结合起来，因为个人绩效和组织、团队的绩效无论从出发点还是最终的结果上都应该是一致的。组织、团队的绩效目标与个人绩效目标密不可分。个人的绩效目标应该是组织、团队绩效目标的分解，这样才能保证个人、团队、组织的目标一致，个人绩效的好坏直接影响组织绩效的好坏。相反，如果个人绩效与组织、团队绩效"两张皮"，就会出现虽然个人绩效很好，组织、团队的业绩却未必好的情况发生。就像众人划船，船的目标是A点，而划船的人的目标有的是B点，有的C点，有的是D点，那么划船的人即使再强壮、再努力，整条船却很难到达目的地。

组织、团队的绩效结果与个人绩效结果密不可分。有些企业直接把组织、团队的绩效考核结果作为组织、团队第一负责人的考核结果，也是有道理的，只不过组织、团队的绩效结果和很多因素有关，从干部任用的角度出发，还应该对第一负责人从多个维度进行评价。

组织、团队与个人绩效结果的对应关系有三种模式。

第一种模式：个人绩效奖金系数 = 个人绩效考核系数 × 组织的绩效考核系数。具体见表2-1。

表2-1　组织、团队与个人绩效结果对应的第一种模式表

| 组织绩效系数 | 1.2 | 1.1 | 1 | 0.8 | 0.5 |
|---|---|---|---|---|---|
| 个人绩效系数 | 1.2 | 1.1 | 1 | 0.8 | 0.5 |
| 最终绩效系数 | 个人绩效考核系数 × 组织的绩效考核系数 ||||||

这样关联的结果是将组织中每个员工的绩效奖金和组织的绩效考核结果挂钩，组织的绩效结果好，大家都跟着沾光，组织的绩效结果不好，大家共同承担后果跟着倒霉。这种考核模式比较简单、易操作，但也有一些问题，因为组织、团队的绩效再好，也有表现不佳的员工，组织、团队的绩效再差，也有表现突出的员工。另外，组织、团队的绩效和高层领导的关系最为密切，和基层员工的关系其实就没那么密切了。例如，一个公司的营业额同比下降了10%，这和公司前台人员的关系有多大呢？前台岗位的绩效工资也降低10%是不是合理呢？所以，这种简单的对应关系，可能会造成一部分兢兢业业、努力工作的员工抱怨，甚至离职。

第二种模式：员工的绩效成绩根据岗位层级的不同，决定组织、团队的绩效在个人绩效成绩中的占比，层级越高，占比越大；层级越低，占比越小。具体见表2-2。

表2-2　组织、团队与个人绩效结果对应的第二种模式表

| 高层员工最终绩效成绩 | 个人绩效成绩 ×20%+ 组织绩效成绩 ×80% |
|---|---|
| 中层员工最终绩效成绩 | 个人绩效成绩 ×50%+ 组织绩效成绩 ×50% |
| 基层员工最终绩效成绩 | 个人绩效成绩 ×80%+ 组织绩效成绩 ×20% |

第三种模式：个人绩效等级与组织、团队的绩效等级挂钩，组织、团队的绩效等级越高，员工绩效等级高的人员占比越高，反之，则越低。具体见表2-3。

表 2-3 组织、团队与个人绩效结果对应的第三种模式表

| 员工绩效等级占比 | 组织、团队绩效等级 | | | | |
|---|---|---|---|---|---|
| | A | B | C | D | E |
| A | 10% | 5% | 5% | 0 | 0 |
| B | 20% | 20% | 10% | 10% | 0 |
| C | 65% | 65% | 65% | 65% | 65% |
| D | 5% | 10% | 15% | 15% | 20% |
| E | 0 | 0 | 5% | 10% | 15% |

从表 2-3 可以看出，组织、团队的绩效等级是 A 的话，那么绩效等级是 A 的员工比例可达到 10%，绩效等级是 B 的员工占比可达到 20%；组织、团队的绩效等级是 E 的话，员工绩效等级 A 和 B 的员工占比只能是 0，C 和 D 的员工占比分别是 65% 和 20%，E 的员工占比是 15%。采用这种模式的企业比较多，也是相对比较客观和公平的关联方式，既考虑了组织、团队的绩效，也考虑了组织中员工个人表现的差异。

## 第五节　相关案例与图表

### 案例一：某公司"德能勤绩廉"考核指标

公司从德、能、勤、绩、廉五个方面对员工进行全面的考核，具体见表 2-4。

表 2-4 员工"德能勤绩廉"考核表

被考核人：　　　　部门：　　　　考核月份：

| 考核内容 | 考核标准 | 分值 | 得分 | 备注 |
|---|---|---|---|---|
| 德（15%） | 1. 对公司忠诚、保守公司的秘密 | 3 | | |
| | 2. 尊重领导、服从工作安排、顾全大局 | 3 | | |
| | 3. 团结同事、乐于助人、待人真诚 | 3 | | |
| | 4. 仪表整洁、谈吐自然、举止文明 | 3 | | |
| | 5. 遵章守纪、维护公司的形象 | 3 | | |

续上表

| 考核内容 | 考核标准 | 分　值 | 得　分 | 备　注 |
|---|---|---|---|---|
| 能（20%） | 1. 专业技术水平及能力 | 4 | | |
| | 2. 分析问题、解决问题能力 | 4 | | |
| | 3. 沟通协调能力 | 4 | | |
| | 4. 组织、规划、指挥能力 | 4 | | |
| | 5. 创新和学习能力 | 4 | | |
| 勤（10%） | 1. 按时出勤、不迟到、不早退、不旷工 | 5 | | |
| | 2. 工作勤恳、任劳任怨、乐于奉献 | 5 | | |
| 绩（40%） | 1. 按时、按质、按量完成设定的工作目标 | 15 | | |
| | 2. 工作成果突出，产生良好经济效益 | 10 | | |
| | 3. 工作安排井然有序、轻重缓急分明 | 5 | | |
| | 4. 工作方法得当，及时汇报工作进展 | 5 | | |
| | 5. 能完成领导交办的各项工作任务 | 5 | | |
| 廉（15%） | 1. 廉洁自律、洁身自好 | 5 | | |
| | 2. 克己奉公、公正无私、光明磊落 | 5 | | |
| | 3. 遵守公司廉洁制度，宣传公司廉洁文化 | 5 | | |

### 案例二：某公司业绩、能力、态度考核指标

公司对基层员工的工作业绩、工作能力、工作态度三个方面进行考核，具体见表2-5。

第一条　工作业绩包括办事效率、工作质量、工作数量、工作结果、创造价值等。

第二条　工作能力包括业务知识与技能、分析决策能力、创新能力、自我学习能力、协调能力等。

第三条　工作态度包括责任心、忠诚度、协作性、进取性、纪律性、积极性、出勤率等。

表 2-5　员工业绩、能力、态度考核量表

| 姓　　名 | | | 职位 | | 部门 | | |
|---|---|---|---|---|---|---|---|
| 考核项目 | | 分值 | 程度描述 | | | | 打分 |
| 工作业绩<br>（55分） | 办事<br>效率<br>（15分） | 15 | 速度超群，能处理好紧急事情 | | | | |
| | | 12 | 速度在标准以上，对没有限期的工作，也能抓紧完成 | | | | |
| | | 9 | 速度符合标准，对于一般事情能以通常的速度完成 | | | | |
| | | 6 | 速度离标准还差一步，时有误差 | | | | |
| | | 3 | 离时间要求相差甚远，要达标还需相当的努力 | | | | |
| | 工作<br>数量<br>（20分） | 20 | 超额完成工作任务目标，超工作量20%以上 | | | | |
| | | 16 | 超额完成工作任务目标，超工作量10%以上 | | | | |
| | | 12 | 基本完成预定的工作量 | | | | |
| | | 8 | 未完成工作量，少于工作量5%~20% | | | | |
| | | 4 | 未完成工作量，少于工作量20%以上 | | | | |
| | 工作<br>质量<br>（20分） | 20 | 工作质量无可挑剔，可以高度信任 | | | | |
| | | 16 | 工作质量在标准以上 | | | | |
| | | 12 | 工作质量与标准持平 | | | | |
| | | 8 | 在保证工作质量方面时有误差 | | | | |
| | | 4 | 工作质量难以保证，需经常检查其工作 | | | | |
| 工作态度<br>（20分） | 责任心<br>（5分） | 5 | 明确自己的岗位职责，自觉主动对自己的行为及后果负责 | | | | |
| | | 4 | 在有上级监督的情况下，对自己的行为及后果负责 | | | | |
| | | 3 | 在一般情况下，能够对自己的行为负责 | | | | |
| | | 2 | 对工作中的失误有时进行逃避或者推卸责任 | | | | |
| | | 1 | 对工作中的失误经常逃避责任，爱发牢骚或做各种辩解 | | | | |
| | 协作性<br>（5分） | 5 | 能与同事很好地协作，从不计较自己的利益得失 | | | | |
| | | 4 | 如上级没有指示，则无论与谁都积极地协作 | | | | |
| | | 3 | 没有突出的表现，但能与他人配合默契 | | | | |
| | | 2 | 在某些时候和场合，协调性差 | | | | |
| | | 1 | 与他人难以协调，屡次对工作场合的气氛造成不良影响 | | | | |

续上表

| 考核项目 | | 分值 | 程度描述 | 打分 |
|---|---|---|---|---|
| 工作态度（20分） | 进取心（5分） | 5 | 追求完美,把工作做到极致,充满向上的精神和斗志 | |
| | | 4 | 面对挑战具有旺盛的热情 | |
| | | 3 | 对所办的事情,基本上有办好的愿望 | |
| | | 2 | 对于执行上级指示缺乏积极性 | |
| | | 1 | 完全看不出想认真办事的意思 | |
| | 纪律性（5分） | 5 | 不仅能遵守各项规章制度,而且能起到模范带头作用 | |
| | | 4 | 能很好地遵守各项规章制度,维持公共场所的秩序 | |
| | | 3 | 大体上遵守规章制度和秩序 | |
| | | 2 | 不遵守规章制度,不服从命令的情况时有发生 | |
| | | 1 | 多次发生不守纪律,不服从命令的情况 | |
| 工作能力（25分） | 业务知识水平（5分） | 5 | 具有高度的业务知识及与职务有关联的其他知识 | |
| | | 4 | 具有高度的业务知识,但对有关联的其他知识还有所欠缺 | |
| | | 3 | 业务知识水平合格,对有关联的其他知识了解得不够 | |
| | | 2 | 业务知识水平尚须进一步提高,缺乏有关联的其他知识 | |
| | | 1 | 缺乏业务知识及有关联的其他知识 | |
| | 研究实施能力（5分） | 5 | 能够及时发现问题,提出改进措施并圆满地解决 | |
| | | 4 | 能及时发现问题,并能提出解决方案较好地解决问题 | |
| | | 3 | 能意识到问题的存在,可以提出一定的解决方案 | |
| | | 2 | 对存在的问题不敏感,也没有合适的解决方案 | |
| | | 1 | 不能发现已经存在的问题 | |
| | 创新能力（5分） | 5 | 创新能力强,有开拓精神,在改革方面有重大突破 | |
| | | 4 | 有较强创新能力,善于探索,在改革上取得一定成绩 | |
| | | 3 | 有一定创新能力,能提出一些改革方案 | |
| | | 2 | 创新能力差,有创新愿望但缺少办法 | |
| | | 1 | 无创新能力,因循守旧,墨守成规 | |

续上表

| 考核项目 | | 分值 | 程度描述 | 打分 |
|---|---|---|---|---|
| 工作能力（25分） | 协调能力（5分） | 5 | 服务意识强，能主动协调处理好各种关系 | |
| | | 4 | 服务意识较强，态度热情，能协调处理好大部分事情 | |
| | | 3 | 服务意识一般，能为他人做一些事情，协调能力一般 | |
| | | 2 | 服务意识较差，不能主动地为他人服务，协调能力较差 | |
| | | 1 | 服务意识差，缺乏为他人服务的精神，协调能力差 | |
| | 学习能力（5分） | 5 | 学习能力强，能迅速掌握新知识、新技能 | |
| | | 4 | 有较强的学习能力，能在短时间内掌握新知识、新技能 | |
| | | 3 | 有一定的学习能力，可以掌握新知识、新技能 | |
| | | 2 | 学习能力较弱，不容易掌握新知识、新技能 | |
| | | 1 | 缺乏学习能力，很难掌握新知识、新技能 | |
| 分值合计 | | | | |

| 被考核者签字： | 考核者签字： | 考核日期：<br>年　月　日 | 面谈日期：<br>年　月　日 |
|---|---|---|---|

注：请您在认为最合适的各项分值上打"√"或填上相应分值。

## 案例三：某公司高端设备事业部考核指标

某公司对其下辖的高端设备事业部进行考核，主要考核其配合完成的销售合同额、项目获利情况、承担和完成项目的数量情况、项目执行的质量情况、新技术开发与应用情况、全局协调情况、市场开拓情况、员工队伍及企业文化建设情况，具体见表2-6。

表2-6　×××高端设备事业部考核指标表

部门：　　　　上级部门：　　　考核时间：　　年　　月

| 考核项目 | 程度描述 | 分值 | 打分 |
|---|---|---|---|
| 配合完成销售合同额（10分） | 完成年度目标的120%以上 | 10 | |
| | 完成年度目标的110%~120% | 8 | |
| | 完成年度目标的100%~110% | 6 | |
| | 完成年度目标的85%~100% | 4 | |
| | 完成年度目标的85%以下 | 2 | |

续上表

| 考核项目 | 程度描述 | 分 值 | 打 分 |
|---|---|---|---|
| 项目获利情况（5分） | 毛利在30%以上 | 5 | |
| | 毛利在20%~30% | 4 | |
| | 毛利在10%~20% | 3 | |
| | 毛利在5%~10% | 2 | |
| | 毛利在5%以下 | 1 | |
| 承担和完成项目情况（20分） | 完成年度目标的120%以上 | 20 | |
| | 完成年度目标的110%~120% | 16 | |
| | 完成年度目标的100%~110% | 12 | |
| | 完成年度目标的85%~100% | 8 | |
| | 完成年度目标的85%以下 | 4 | |
| 项目执行的质量情况（5分） | 工序或设备一次交验合格率达到100% | 5 | |
| | 工序或设备一次交验合格率达到95% | 4 | |
| | 工序或设备一次交验合格率达到90% | 3 | |
| | 工序或设备一次交验合格率达到85% | 2 | |
| | 工序或设备一次交验合格率达到80% | 1 | |
| 新技术开发与应用（20分） | 新技术开发进度超前并取得良好的应用效果 | 20 | |
| | 新技术开发进度符合预期，并取得较好的应用效果 | 15 | |
| | 新技术开发进度缓慢，有部分应用成果 | 10 | |
| | 新技术开发进度严重滞后，应用成果有限 | 5 | |
| | 新技术开发无进展，没有应用成果 | 1 | |
| 全局协调情况（15分） | 能够从全局的角度出发考虑问题，积极主动地配合其他部门工作，也能恰当地要求其他部门配合工作 | 15 | |
| | 能够协调好部门之间一些常见的问题，对于出现的新问题能够及时解决 | 12 | |
| | 基本上能够与其他部门和睦相处，没有出现较大的问题 | 9 | |
| | 工作中时时会出现相互扯皮的现象，有的问题处理得不够好 | 6 | |
| | 基本不懂与其他部门相互配合工作，实际工作中也经常出现协调上的问题，并且不能解决问题 | 3 | |
| 市场开拓情况（10分） | 在稳守原有市场阵地的基础上积极地拓展新的目标市场，并取得优秀的成绩 | 10 | |
| | 能够守住目前的市场，但是开拓新市场的效果一般 | 8 | |
| | 能够在原有市场基础上保持良好的竞争力 | 6 | |
| | 不能保持原有市场上的竞争力 | 4 | |
| | 失去了某些重要的、具有战略意义的目标市场 | 2 | |

续上表

| 考核项目 | 程度描述 | 分值 | 打分 |
|---|---|---|---|
| 员工队伍建设（10分） | 公司员工的综合素质和人员结构有明显提升 | 10 | |
| | 公司员工的综合素质和人员结构有一定提升 | 8 | |
| | 公司员工的综合素质和人员结构没有明显改善 | 6 | |
| | 公司员工的综合素质和人员结构有所降低 | 4 | |
| | 公司员工的综合素质和人员结构大幅降低 | 2 | |
| 文化建设状况（5分） | 积极宣传企业文化，为企业文化建设作出突出贡献 | 5 | |
| | 积极倡导企业文化，为企业文化建设作出一定贡献 | 4 | |
| | 倡导企业文化，但实际效果一般 | 3 | |
| | 对企业文化的建设没有明显的贡献 | 2 | |
| | 对企业文化的建设起了负面影响 | 1 | |
| 总 分 | | | |

注：请您在认为最合适的各项分值上打"√"或直接填上分数。

### 案例四：某公司市场营销部考核指标

某公司对市场营销部进行考核，主要考核其合同额、合同质量、合同执行情况、市场占有率、市场资源增长率、费用控制、队伍建设、制度建设等，具体见表2-7。

表2-7 ××公司市场营销部考核指标表

部门： 上级部门： 考核时间： 年 月

| 考核项目 | 程度描述 | 分值 | 打分 |
|---|---|---|---|
| 合同额（30分） | 完成计划合同额120%以上 | 30 | |
| | 完成计划合同额110%~120% | 25 | |
| | 完成计划合同额100%~110% | 20 | |
| | 完成计划合同额85%~100% | 15 | |
| | 完成计划合同额85%以下 | 10 | |
| 合同质量（10分） | 签订的合同对我方很有利 | 10 | |
| | 签订的合同对我方有利 | 8 | |
| | 签订的合同没有漏洞 | 6 | |
| | 签订的合同有漏洞，但不会给我方造成损失 | 4 | |
| | 签订的合同有较大漏洞，并可能给我方造成损失 | 2 | |
| | 签订的合同有严重漏洞，会给我方造成重大损失 | 0 | |

续上表

| 考核项目 | 程度描述 | 分 值 | 打 分 |
|---|---|---|---|
| 合同执行的结果（10分） | 毛利40%以上，并能提前收款 | 10 | |
| | 毛利30%以上，并能按时收款 | 8 | |
| | 毛利20%以上，并基本能按时收款 | 6 | |
| | 毛利5%以上，不能按时收款 | 4 | |
| | 两年内没有收回货款 | 2 | |
| 市场占有率（10分） | 市场占有率提高了30%以上 | 10 | |
| | 市场占有率提高了20%以上 | 8 | |
| | 市场占有率提高了10%以上 | 6 | |
| | 市场占有率提高了5%以上 | 4 | |
| | 市场占有率没有提高反而有所降低 | 2 | |
| 市场资源（10分） | 市场资源增加了50%以上 | 10 | |
| | 市场资源增加了40%以上 | 8 | |
| | 市场资源增加了30%以上 | 6 | |
| | 市场资源增加了20%以上 | 4 | |
| | 市场资源增加了10%以上 | 2 | |
| 费用控制（10分） | 销售费用比预定值降低20%以上 | 10 | |
| | 销售费用比预定值降低10%以上 | 8 | |
| | 销售费用与预定值基本相同 | 6 | |
| | 销售费用比预定值提高10%以上 | 4 | |
| | 销售费用比预定值提高20%以上 | 2 | |
| 队伍建设（15分） | 市场人员素质高，后备人员多 | 15 | |
| | 市场人员素质较高，后备人员较多 | 12 | |
| | 市场人员素质一般，后备人员不多 | 9 | |
| | 市场人员素质不高，基本无后备人员 | 6 | |
| | 市场人员素质很低，无后备人员 | 3 | |
| 制度建设（5分） | 营销制度健全，工作规范 | 5 | |
| | 营销制度基本健全，工作基本规范 | 4 | |
| | 营销制度基本健全，工作有一定的随意性 | 3 | |
| | 营销制度不健全，工作随意性较大 | 2 | |
| | 营销制度不健全，工作随意性很大 | 1 | |
| 总　分 | | | |

注：请您在认为最合适的各项分值上打"√"或直接填上分值。

# 第三章

# 绩效管理十八般武艺——方法

绩效考核是绩效管理的核心，不同的绩效考核方法，体现着不同的绩效管理思想。无论哪种考核方法都有其优势和劣势，没有绝对正确与错误的区别，关键要看用在哪，怎么用。本章尽可能全面、客观地介绍不同绩效考核方法的概念、操作要领、优势、劣势、适用范围及使用的注意事项，希望读者能融会贯通，掌握不同绩效考核方法的精髓，找到一套适合自己企业的绩效考核模式。

## 第一节　目标管理法（MBO）

在开始本节的讲解之前，我们先来思考一个问题。有位心理学家做过这样一个实验：他把15个人分成三组，每组5个人，让他们分别朝着10公里以外的三个村子进发。第一组的人既不知道村庄的名字，又不知道路有多远，只告诉他们到了会有人告诉他们；第二组的人知道村庄的名字和路程有多远，但路边没有里程碑，只能凭经验来预估行程的时间和距离；第三组的人不仅知道村子的名字、路程，而且公路旁每一公里就有一块里程碑，人们边走可以边看里程碑。你认为哪一组先到达目的地？为什么？带着你心中的答案，下面来了解目标管理。

目标管理（management by objective，简称MBO）由美国管理学家彼得·德鲁克于20世纪50年代在其名著《管理的实践》中最先提出，并被称为"管理中的管理"。经典管理理论对目标管理的定义是：目标管理是以目标为导向，以人为中心，以成果为标准，通过对目标制定、分解、跟进、落实全过程的管理，促使组织和个人取得最佳业绩的现代管理方法。

目标管理法作为绩效管理的一种工具，有其现实的意义。对一个组织而言，有了目标才有其存在的价值和意义，才能吸引优秀的人才加盟，共同为实现远大的目标而奋斗；对员工而言，有了目标，才知道努力的方向，才有工作的动力和激情。没有目标，企业不知道往哪走，什么有利可图就干什么，最终结果是饥一顿饱一顿，企业始终在生死线上挣扎；没有目标，员工不知道企业的要求和工作完成的标准，领导安排什么干什么，浑浑噩噩，最终也没有突出的成绩，实现不了人生最大的价值。

有这样一则故事：某位美国游泳运动员，1952年7月4日清晨，她从卡姆林纳岛跳入冰冷的海水，朝着加利福尼亚海岸游去。那天早晨雾很大，她几乎看不到护送他的船。时间一个小时一个小时地过去，成千上万的人在电视前看着。但在 15 小时零 55 分钟后，她又累又冷，知道自己不能再游了，就叫人把拉她上船。虽然她的母亲和教练都告诉她海岸很近了，叫她不要放弃。但她朝加州海岸望去，除了浓雾什么也看不到……人们拉她上船的地点，离加州海岸只有不到一千米！后来她说，令她半途而废的不是疲劳，也不是寒冷，而是因为她在浓雾中看不到目标。这就是目标的作用！

## 一、目标管理法实施流程

目标的作用如此之大，目标管理作为一门管理科学，我们该怎样用目标管理的理论和方法去管理组织和个人的业绩呢？目标管理大体分为三个环节：目标的制定与分解、目标的实施、目标的考核与激励。这三个大环节又可细分为七个小环节，具体见表 3-1。

表 3-1　目标管理"三大环节"和"七小环节"

| 序号 | 三大环节 | 七个小环节 |
| --- | --- | --- |
| 1 | 目标的制定与分解 | 总目标的制定 |
| 2 | | 总目标的分解（部门、个人目标制定） |
| 3 | 目标的实施 | 制订具体行动计划 |
| 4 | | 实施行动计划 |
| 5 | | 跟进、反馈计划执行情况 |
| 6 | 目标的考核与激励 | 目标绩效考核 |
| 7 | | 兑现考核结果（奖惩、培训等） |

目标的制定，首先要制定公司的战略目标，所谓战略目标是指涉及公司整体方向、宏观策略的目标，比如战略扩张、战略收缩、战略维持等，再具体一些的话就是公司的经营战略、市场战略、产品战略、人力战略、财务战略等。有了公司的整体战略之后，需要把战略目标进行分解，分解到具体的部门，一个战略目标的实现，需要各个部门的配合才能完成。部门目标制定好之后，需要把部门目标再分解给员工，毕竟再伟大的目标，最终需要人去完成。这样层层分解的目标，能保证公司上下目标一致，步调整齐。

目标制定需要注意以下几点。

### （一）制定的目标不是越高越好

管理界曾流传一句话"制定高目标，达成中目标；制定中目标，达成小目标。"过高的目标，不仅会打击员工的积极性，还可能影响组织的权威，用"期望理论"解释的话，人的动机受达成目标的可能性及完成目标的效价两个因素决定，简单地说，当员工发现完成这个目标可能性非常小的时候，即使完成目标后的奖励再高，也没有去完成它的动力。虽然鼓励制定有挑战性的目标，但决不能制定不切实际的高目标，采用"蹦一蹦摘苹果"的方式制定目标有一定道理，但前提是要确保员工蹦一蹦就能够到。

### （二）目标制定并非越多、越细越好，要强调关键目标

人的注意力是有限的，当目标制定的过多过细的话，就会失去对重要目标的关注程度，最后结果可能是忙忙碌碌，付出很多，完成一堆可有可无的目标，而部门目标和整个组织的战略目标却一个都没有实现。因此，我们要聚焦那些影响组织绩效的关键目标。

### （三）目标制定与分解要全员参与

目标管理强调"自我管理与自我控制"，组织中的管理者与被管理者都要参与目标的设置、实施、评价等活动，这样才能保证制定的目标合理、可实施，并能提高员工执行目标的积极性。

### （四）目标制定后要形成具体的"契约"

为避免目标制定过程"热热闹闹"，目标制定完后"凉飕飕"的情况发生，在确定目标后，一定要形成具体契约，如"目标责任状""目标责任协议书""目标考核表"等纸质文件。下面是某大型电子商务公司经营管理目标责任书，供大家参考。

## ×××电子商务有限公司
## 经营管理目标责任书

**甲方**：×××电子商务有限公司

**乙方**：×××（员工姓名）

**乙方岗位**：

**第一条 目的**

为了进一步明确公司经营管理目标，提高经营管理人员的积极性和责任意识，确保公司年度经营目标达成，甲方特向乙方下达本目标责任书，具体

内容如下。

**第二条　期限**

考核期为，即从公历 20×× 年 1 月 1 日至 20×× 年 12 月 31 日。

**第三条　内容**

1. 经营业绩指标。

年销售额 ×× 元

2. 团队建设指标。

①团队稳定性：离职率不高于 10%；总人数增长 10%；

②团队质量：一年工龄以上员工占比 70% 以上；内部培训每月不少于 2 次。

3. 其他指标。

①营销模式：实现公司业务模式转型，线上营销成交额达到总成交额的 70%。

②品牌建设：维护公司声誉，个人及所带领团队不出现恶意诋毁、伤害公司声誉行为；重视公司品牌建设，积极推广、弘扬公司品牌。

③廉洁奉公：个人及所带领团队不出现营私舞弊、资源丢失、违法乱纪行为。

**第四条　权责**

1. 乙方应遵守国家法律法规、忠诚勤勉地履行岗位职责，不从事任何损害公司利益的活动和行为，并接受甲方的目标责任考核。

2. 乙方在甲方的指导下，严格履行本目标责任书，努力达成考核期内目标责任，确保本职岗位工作良性发展。

3. 考核结果应用于职位晋升、降级、年终奖励发放等。

**第五条　生效**

本责任书经双方签字后生效。

**第六条　附则**

1. 若本责任书中考核内容发生变化，需甲乙双方沟通并达成一致意见后，对本责任书各项指标等内容进行调整、完善，签署补充文件，作为本责任书附件；责任书附件作为本责任书不可分割的部分，具有同等考核效力。

2. 乙方签字人为被考核员工本人，不可代签。甲方签字代表为乙方直属上级。

3.本责任书一式三份，甲方、乙方和人力资源部三方各执一份。

**甲方签字代表：**                 **乙方签字：**

**签订日期：**                     **签字日期：**

目标制定好之后，接下来就是落地实施了。再合理、再完美的目标，没有落实，肯定取得不了好的结果。落实绩效目标主要有三方面的工作需要做：制订具体行动计划，实施行动计划，跟进、反馈计划执行情况。

如果说目标是高峰上的灯塔，那么计划就是攀登高峰的阶梯，切实可行的计划是目标实现的保证。制订计划需要明确任务是什么？谁来负责完成？什么时间内完成？完成的标准是什么？明确这些内容后，才能称得上是比较完整的计划。

计划制订好后就要实施计划，这需要团队成员齐心协力，认真负责地推进计划中的各项工作，同时要跟进、反馈计划执行的情况，必要时对计划作出适当的修改。

目标管理的最后一个环节是目标的考核与激励。目标考核是指考评主体对照工作目标或绩效标准，对被考评者的工作任务完成情况作出评价的过程。表3-2是某地产企业目标计划书及考核评分表，供大家参考。

表3-2　××年××月目标计划书及评分表

| 序号 | 工作任务 | 完成时间 | 成果检验标准 | 权重 | 完成情况 | 自评分 10% | 直属上级评分60% | 间接上级评分30% |
|---|---|---|---|---|---|---|---|---|
| 1 | | | | | | | | |
| 2 | | | | | | | | |
| 3 | | | | | | | | |
| 4 | | | | | | | | |
| 5 | | | | | | | | |
| | | | 综合得分： | | | | | |
| 填报人： | | 直属上级： | | 间接上级： | | 填报日期： | 年　月　日 | |

考核完成后，根据考核结果对相关部门及人员进行奖惩，对那些完成情况较好的部门和员工予以物质和精神上的奖励，对那些没有完成目标的员工，

给予相应的处罚。奖惩不是目的，而是为了激励员工更好地完成后续的目标。设定目标、执行目标、评估目标、改进目标，通过这一 PDCA（plan，计划；do，实施；check 检查；act 处理）闭环管理，促进组织和个人业绩更上新台阶，这也是目标管理真正的意义所在。

## 二、目标管理法的优势和劣势

目标管理法作为最早的绩效管理方式之一，其最大的优势是简单易行，切实有效，它可以帮助企业和员工更有目标感，提高工作效率，有助于取得预期的成果。但是，目标管理法也有其不足的地方，其不足主要表现在以下几个方面。

1. 现代商业环境瞬息万变，起初制定的目标就不得不跟着调整，动态调整是正常的工作步骤，但如果调整的频率太高或幅度太大，目标就失去了原来制定的意义。

2. 有些岗位非常适合目标管理法，比如目标可以非常明确的销售岗位，但对于一些职能岗位，有时候目标设定就会变得比较困难。

3. 目标管理法强调组织和个人的目标上下保持一致，但实际上组织的目标和个人的目标很难达成一致，究其根本原因就是利益问题，这也导致员工和企业很难完全站在一个立场上去考虑问题。企业更倾向于设定有挑战性的、宏伟的目标，而员工更倾向于设定肯定能完成的、更具体的一些工作任务。

## 三、目标管理法的适用范围

目标管理法作为一种基础的管理工具，其适用范围非常广，基本上可以应用于所有企业的日常管理中，但基于目标管理法的优势和劣势，其更适合于以结果为导向的企业和岗位，比如销售类型的企业或岗位。对于过程控制要求较高的岗位并不适合，比如服务行业或服务类型的岗位。另外，目标管理法更适合进入稳定期的企业或岗位，这样设定目标才有意义，对于创业期的企业或新设置的部门，面对不清晰的战略方向和不确定性的未来，设定的目标往往赶不上外部环境和内部资源的变化，也就是"计划赶不上变化"。最后，从考核周期上来说，企业和团队绩效管理更适合长周期的目标管理，员工个人绩效管理更适合短周期的目标管理。

## 四、目标管理法点评

目标管理法绝对是一种经典的绩效管理方式，它不会因时间的推移而消失，只会在不断的演进中，变得更加成熟、灵活和高效，并以全新的形式呈现。企业管理人员和人力资源从业者只要遵循目标管理法的基本理念，用心地、创新地应用到企业绩效管理实践中，相信一定会产生良好的效果，取得突出的成绩。

# 第二节　关键绩效指标（KPI）

帕累托法则，也被称为80/20法则、关键少数法则或二八法则。帕累托法则认为，在多数情况下，事物的主要结果只取决于一小部分影响因素。具体到工作中，80%的工作成果是由20%的关键行为产生的，所以，我们要抓住那些影响绩效的关键指标。我国古话中"打蛇打七寸""擒贼先擒王"说的就是这个道理，把握事物的关键才能取得成功，这也是关键绩效指标的价值和意义所在。

关键绩效指标（key performance indicator，简称KPI）是指影响组织或个人绩效的关键量化指标，该指标用于衡量员工的绩效表现。KPI用于绩效管理，首先要建立明确的、切实可行的KPI体系，这是做好KPI绩效管理的前提。

## 一、关键绩效指标体系建立需要遵循五个基本原则

### （一）聚焦公司战略，以公司战略目标为导向

关键绩效指标之所以能成为关键指标，是因为该指标来自对公司战略目标的分解，是公司战略目标的具体化。关键绩效指标是对真正驱动公司战略目标实现的具体因素的挖掘，是公司战略对每个职位工作绩效要求的具体体现。所以，关键绩效指标的制定过程一定是从上到下、从宏观到微观的，也是聚焦公司战略，以公司战略为导向的。

### （二）关键绩效指标要可量化

考核指标分为定量指标和定性指标两种，关键绩效指标原则上要求必须

是可衡量的定量指标，如果不能量化，就失去了关键绩效指标考核的意义。当然，我们也要避免为了量化而量化，把本来不能量化的指标进行量化，比如工作积极性，很难用一个量化的指标去衡量它，这就需要增加一些其他考核指标来作为KPI指标的补充。

（三）可实现原则

KPI指标一般是底线的，保证能实现的指标，而不是挑战性的指标，所以KPI指标一般用"不低于""不高于"等定语来描述，我们要保证这个底线的KPI指标实现了，公司整体的战略目标也就实现了。

（四）密切相关与可控原则

设置的KPI指标必须与被考核部门及人员密切相关，是在被考核部门及人员控制范围内的。如果这个指标与这个部门或人员关系不大，或者不在他们的控制范围内，那么这个指标就不应该设在这个部门或这个人头上，比如将市场占有率指标设在人事部门或某个人事专员头上，显然是不合适的，因为市场占有率和人事部门虽然有一定关系，但关系不密切，这个指标也不在人事部门的控制之下，人事部门的努力程度和市场占有率高低没有很直接的对应关系。

（五）少而精原则

既然是关键绩效指标，那么指标的数量就不能设置的太多，设置的太多也就无所谓"关键""不关键"了。如果把所有工作指标都列上去，"眉毛胡子一起抓"，最后结果一定不会好。一般情况下，KPI指标设置5~7个是最合适的，不少于3个，不多于10个。

## 二、关键绩效指标体系设计流程

企业关键绩效指标设计流程为：明确企业的战略目标—确定企业的关键绩效指标—确定部门的关键绩效指标—确定个人的关键绩效指标。

## 三、关键绩效指标体系设计方法

（一）依据部门承担责任的不同建立KPI体系

每个部门都有其特定的职责，根据其职责来分解、设定KPI指标，建立关键绩效指标体系，这是使用最多的一种方式。表 3-3 是根据部门职责设定的绩效指标体系，供大家参考。

表 3-3 根据部门职责设定的绩效指标体系表

| 部　　门 | 部门核心职责 | 指标名称 |
| --- | --- | --- |
| 人力资源部 | 人才选、育、用、留 | 招聘需求达成率、培训计划完成率、培训覆盖率、绩效考核完成率、离职率 |
| 财务部 | 账务处理、资金管理、收支结算、报表统计 | 账务处理准确率、融资计划达成率、应收账款完成率、成本降低率、报表统计及时率 |
| 采购部 | 资产、物料采购 | 采购成本降低率、原材料库存周转率、采购计划达成率、供应商一次性交货合格率 |
| 市场部 | 销售产品、服务客户、回收货款 | 销售增长率、市场占有率、销售目标完成率、投诉处理及时率、客户回访率、客户档案完整率、客户流失率、货款回收率、销售费用投入产出比 |
| 研发部 | 设计新产品、改进旧产品 | 项目计划完成率、设计投入产出比、设计方案出错率、新产品市场满意度 |
| 生产部 | 按设计或客户要求生产出合格的产品 | 产品合格率、生产效率、原料损耗率、设备利用率、设备生产率、备品周转率 |

根据部门职责设立 KPI 指标体系的思路，也可以用来设计不同岗位的 KPI 体系，即根据岗位职责来设定相应的绩效指标。当然，部分岗位可直接在部门 KPI 体系基础上进行分解和细化。

（二）依据职系、职种建立 KPI 体系

每个职业类别都有其特点和要求，所以，在设计关键绩效指标体系时，也可以按职系、职种来进行分解、设计，具体见表 3-4。

表 3-4 按职系、职种设定的绩效指标体系表

| 职　　系 | 部门核心职责 | 指标名称 |
| --- | --- | --- |
| 管理类 | 组织、指挥、协调 | 目标达成率、投资回报率、决策失误率、关键节点计划完成率、部门员工离职率 |
| 职能类 | 服务支持、流程优化、制度管控 | 员工满意度、核心人才留存率、人均成本降低率、资金收益率、预算费用控制率、工作失误率 |
| 营销类 | 开拓市场、销售产品、提供服务 | 市场占有率、销售额增长率、销售目标完成率、客户投诉率、客户服务满意度、客户流失率、货款回收率、营销费用投入产出比 |

续上表

| 职　系 | 部门核心职责 | 指标名称 |
|---|---|---|
| 技术类 | 技术服务、工艺改良 | 技术服务满意度、技术支持及时性、设备故障停机率、技术改良率、项目完成及时率 |
| 工勤类 | 操作类、生产类工作 | 产量增长率、产品合格率、工作效率 |

（三）依据平衡记分卡建立KPI体系

平衡记分卡（BSC）绩效管理方法在本章第四节中会做详细阐述，其核心思想是从财务、内部运营流程、外部客户、学习与成长四个维度去做考核，在这里从这四个维度去建KPI体系，表3-5至表3-8是从平衡记分卡的角度设定的关键绩效指标，供大家参考。

表3-5　财务类指标表（16个）

| 1 | 资金成本率 | 9 | 管理费用降低率 |
|---|---|---|---|
| 2 | 营销费用控制率 | 10 | 资金计划偏差率 |
| 3 | 销售签约额 | 11 | 融资计划完成率 |
| 4 | 销售回款额 | 12 | 融资成本费用率 |
| 5 | 销售回款率 | 13 | 税务缴纳的及时性、准确性 |
| 6 | 销售库存去化率 | 14 | 资金报酬率 |
| 7 | 生产成本控制率 | 15 | 净利润率 |
| 8 | 年度预算执行率 | 16 | 财务信息及报表准确性 |

表3-6　客户类指标表（14个）

| 1 | 客户签约成功率 | 8 | 客户投诉及时响应率 |
|---|---|---|---|
| 2 | 客户再开发率 | 9 | 客户投诉解决时长降低率 |
| 3 | 设计缺陷客户投诉率 | 10 | 重复投诉率 |
| 4 | 客户会员增长率 | 11 | 客户回访率 |
| 5 | 客户转介绍率 | 12 | 维修及时率 |
| 6 | 客户满意度 | 13 | 维修服务满意度 |
| 7 | 客户忠诚度 | 14 | 维修回访率 |

表 3-7 内部运营流程类指标表（40个）

| | | | | |
|---|---|---|---|---|
| 1 | 行业研究报告质量 | 21 | 设计差错率 |
| 2 | 市场研究报告质量 | 22 | 动态成本偏差率 |
| 3 | 战略规划报告质量 | 23 | 采购计划达成率 |
| 4 | 项目可行性报告质量 | 24 | 采购目标成本达标率 |
| 5 | 新增储备项目数量 | 25 | 供方合格率 |
| 6 | 项目开发完成率 | 26 | 采购材料合格率 |
| 7 | 关键节点计划完成率 | 27 | 产品缺陷率 |
| 8 | 外部关系维护费用控制率 | 28 | 产品返修率 |
| 9 | 品牌管理预算控制率 | 29 | 关键流程执行率 |
| 10 | 品牌宣传计划完成率 | 30 | 流程的优化改进率 |
| 11 | 市场调查与分析数据质量 | 31 | 信息化服务满意度 |
| 12 | 营销费用投入产出比 | 32 | 外联事务满意度 |
| 13 | 市场占有率 | 33 | 资产坏损率 |
| 14 | 战略供应商比率 | 34 | 办公费用节支率 |
| 15 | 设计阶段成本控制率 | 35 | 行政后勤工作满意度 |
| 16 | 设计节点达成率 | 36 | 法务工作支持与配合度 |
| 17 | 平均设计周期 | 37 | 标准合同使用率 |
| 18 | 目标成本测算偏差率 | 38 | 合同审核准确性与及时性 |
| 19 | 设计图纸提交及时率 | 39 | 诉讼案件胜诉率 |
| 20 | 项目设计变更率 | 40 | 审计工作计划完成率 |

表 3-8 学习与成长类指标表（16个）

| | | | | |
|---|---|---|---|---|
| 1 | 人员编制执行偏差率 | 9 | 试用期考核通过率 |
| 2 | 人力资本效能 | 10 | 平均招聘周期 |
| 3 | 薪酬核算准确率 | 11 | 关键岗位平均空岗期 |
| 4 | 标准课程数量增长率 | 12 | 绩效考核完成率 |
| 5 | 内部讲师占比 | 13 | 劳动纠纷数量 |
| 6 | 培训满意度 | 14 | 企业文化建设与执行效果 |
| 7 | 培训计划完成率 | 15 | 员工离职率 |
| 8 | 招聘计划完成率 | 16 | 核心岗位员工离职率 |

## 四、设定评价标准与权重

关键绩效指标体系建立之后，接下来就需要给每个指标设定合理的评价标准。一般来说，绩效指标指的是从哪些方面来对工作进行衡量或评价，而标准指的是各个指标分别应该达到什么样的水平。绩效指标解决的是考核"什么"的问题，标准解决的是要求被考核者达到什么样的水平、完成"多少"、什么时间完成的问题。

确定评价标准需要考虑三方面的因素：一是企业的战略目标，各级指标的设定要保证执行完成后企业战略目标能够实现；二是要考虑企业现有的资源是否能够支撑指标的实现。企业的资源包括资金、信息、技术、人才等；三是要参照以往的经验及行业标杆的水平。评价标准定得太高或是太低都会影响员工的积极性，不利于目标的实现。

虽然都是关键绩效指标，关键绩效指标中也有重要和不太重要的区别，比如销售部门的销售额增长率和售后回访率两个指标，显然销售额增长率对企业来说更加重要，如果按同样的权重去评价销售人员，会对销售人员的行为产生误导，把握不好工作的重心。因此，关键绩效指标要区分出"特别关键"和"不是特别关键"，具体的实现办法是给关键绩效指标设定相应的权重，特别关键的指标权重大一些，不是特别关键的指标权重适当小一些。

## 五、确定计算公式，明确数据来源

评价标准确定后，就需要确定这个评价标准的计算公式及数据来源。如果计算公式与数据来源不能明确，那么这个关键绩效指标就失去了考核的意义，因为它无法被衡量，完成与否没有办法去评判。计算公式与数据来源，需要认真思考，错误的公式或不合理的来源，会导致绩效考核失效。

## 六、设定考核关系和结果应用方案

考核谁？谁来考核？考核结果出来后怎么用？这些问题在实施关键绩效指标考核前就需要进行明确，因为考核关系直接影响考核结果的准确性，考核结果应用的方式和程度直接影响绩效考核参与者的重视程度和积极性，并最终影响绩效管理的效果。

以下是某销售型公司人力资源部招聘专员、培训专员的 KPI 考核表，可以通过表 3-9 和表 3-10，对 KPI 考核有个更直观的认识。

表 3-9　人力资源部 ×× 年第 ×× 季度招聘岗绩效考核表

| 序号 | 考核指标 | 完成标准 | 计算公式 | 权重 | 数据来源 | 自评得分 | 上级评分 |
|---|---|---|---|---|---|---|---|
| 1 | 招聘完成率 | 业务人员招聘量达到 20 人 | 1. 达成率 = 实际招聘人数 ÷ 计划招聘人数 × 100%；<br>2. 每少 1 个百分点扣 1 分，每增加 1 个百分点加 1 分，完成目标不足 50% 此项不得分 | 70% | 月度招聘统计表 | | |
| 2 | 到面率 | 每天邀约到面量 5 人 | 1. 到面率 = 实际面试人数 ÷ 计划面试人数 × 100%；<br>2. 按照实际完成情况打分，低于 60%，本项 0 分 | 20% | 每日招聘统计表 | | |
| 3 | 执行率 | 领导交办的各项工作 100% 有效执行 | 1. 执行率 = 规定时间完成的工作数量 ÷ 交办的工作数量 × 100%；<br>2. 按要求时限自主完成个人月度数据汇总，汇总出现虚假问题此项不得分 | 10% | 工作记录表 | | |
| 总　分： | | | | | | | |
| 绩效评分等级： | S（95 分以上）　　A（85~95 分）　　B（75~84 分）　　C（65~74 分）　　D（65 分以下） | | | | | | |
| 被考核人： | | | | 考核人： | | | |

表 3-10　人力资源部 ×× 年第 ×× 季度培训岗绩效考核表

| 序号 | 考核指标 | 完成标准 | 计算公式 | 权重 | 数据来源 | 自评得分 | 上级评分 |
|---|---|---|---|---|---|---|---|
| 1 | 培训期间流失率 | 月度参培总流失率 ≤ 10% | 1. 参培总流失率 =（参加培训人数 – 部门人数）÷ 参加培训人数；<br>2. 每超过 1 个百分点扣 1 分，每减少 1 个百分点加 1 分；流失率超过 20% 此项不得分 | 70% | 培训统计表 | | |

续上表

| 序号 | 考核指标 | 完成标准 | 计算公式 | 权重 | 数据来源 | 自评得分 | 上级评分 |
|---|---|---|---|---|---|---|---|
| 2 | 保留率 | 人才保留率≥80% | 1.人才保留率=本月新入职月底在岗人数÷部门人数；2.每超过1个百分点奖励1分，每减少1个百分点扣1分，保留率小于50%此项不得分 | 10% | 人员花名册、培训统计表 | | |
| 3 | 培训人数 | 小组总人数≥50人 | 每增加5人，加2分；每减少5人，扣2分 | 10% | 人员花名册 | | |
| 4 | 培训次数 | 培训次数≥5次 | 培训次数每少1次减1分 | 5% | 培训统计表 | | |
| 5 | 课件更新 | 课件更新率100% | 每发现1处未及时更新扣减2分 | 5% | 课件 | | |

总　分：
绩效评分等级： S（95分以上）　　A（85~95分）　B（75~84分）　　C（65~74分）
　　　　　　　　D（65分以下）

| | 被考核人： | | 考核人： | |

## 七、KPI绩效管理方法的优势和劣势

（一）KPI的优势

1.部门和个人承接企业的战略目标，更能保障企业目标的实现。关键绩效指标的核心是层层分解战略目标，可以保证企业上下各部门、全体员工都朝着一个方向去努力，朝着共同的目标去奋斗，从而保证企业目标的实现。

2.考核结果更加客观和公平。关键绩效指标考核法提倡量化考核指标，定量的指标势必比定性的指标考核起来更加客观和公平，因为数字本身是实实在在客观存在的，计算公式和考核标准也是提前设定好的，所以关键绩效指标考核得到的考核结果更加地客观和公平，也更容易让被考核者认可。

3.容易被理解和接受。一个绩效考核方法能不能推广得开，取决于这个方法是否容易被理解和接受。一方面，抓重点、抓关键是大家都认同的观点，关键绩效指标正好迎合了大家这一根深蒂固的思想。另一方面，无论是考核者还是被考核者，当面对特别复杂的考核指标的时候，都会有一种烦躁、焦虑的情绪，而关键绩效指标一般只设定5~7个，这样就看起来简洁，好操作多了。

（二）KPI的劣势

1.指标量化难，过度依赖量化指标更"难"。关键绩效指标强调对各项考

核指标进行量化，用看得见的数字、程式化的公式对各项指标进行核算。但实际上，有些岗位的考核指标定量会比较困难，比如职能类岗位，并不是从事的所有岗位都能用冷冰冰的数字和复杂的公式来衡量。定量指标取代不了工作热情、工作积极性等定性指标，过分地依赖定量考核指标，而没有考虑人为因素和弹性因素，会让KPI成为一种机械的、死板的考核方式，使最终结果与绩效考核的初衷相违背，让员工和企业都很"难"。

2. 关键指标不好界定，同时可能忽视非关键指标与过程管理的作用。关键指标与非关键指标，有时候界限并非那么明显，如果没有专业人员运用专业的工具和手段进行分析，还真不太容易界定。另外，过程管理和结果管理同样重要，过度重视关键绩效指标结果，忽视过程管理，可能会埋下很多隐患。例如，一个销售人员的销售业绩肯定是他的关键绩效指标，那诚实守信的品质是不是关键指标呢？对上级、下级、同事的态度是不是关键指标呢？团队意识是不是关键指标呢？比如一个业绩很好的销售人员，他对上级、同事的态度确非常恶劣；没有纪律意识，经常迟到、早退、旷工；团队意识非常差，从来不参加集体活动；销售产品时夸大其词、随意承诺、欺骗消费者，那这个员工考核到底算合格还是不合格呢？按KPI考核方式的话，他大概率是合格的，甚至考核成绩可能达到"优秀"的等级，但实际上，这个员工是有问题的，因为他可能影响到整个团队的士气和业绩。

3. 关键绩效指标更适合作为部门的考核指标，对部分岗位的考核并不适用。关键绩效指标更适合考核部门而不是考核具体的岗位及这个岗位上的员工。究其根本原因，因为人是鲜活的、充满个性的，是有七情六欲和喜怒哀乐的，其工作成果受知识、技能、态度等多方面影响，当一个硬性的指标压在头上，员工会做出接受、回避、妥协、抵制等多种反应，最终结果就很难有保证了。另外，关键绩效指标并不是针对所有岗位都适用，对一些服务类的岗位，如酒店服务员、清洁工、保安员等，他们几乎每天都重复着一成不变的简单工作，若采用关键绩效指标的考核方式就不是特别恰当了。

4. 关键绩效指标是最低门槛类指标，无法激励员工去完成挑战性的工作。关键绩效指标一般是必须要达到或完成的指标，没有商量的余地，如果达不到就会影响企业目标的实现，同时要扣减员工相应的绩效工资，所以关键绩效指标一般设定一个必须完成而且只要足够努力肯定能完成的门槛类指标，而不会设成非常有挑战性的指标，这样对员工有鞭策和牵制作用，却没有足够的正向激励作用，这也是和目标与关键成果绩效管理法最大的区别，关于这一点在下一节中会做详细的阐述。

### 八、关键绩效指标绩效管理方法点评

关键绩效指标（KPI）无论有多少优点和缺点，都不影响其"一统天下"的江湖地位，关键绩效指标之所以在国内有如此大的影响力，是因为我们把它改造了，或者说已经"本土化"了，大家已经不完全按照关键绩效指标刚推行时设定的原则和条件执行了。一般情况下，企业设定几个重要工作目标（非指标）来作为关键绩效目标（非指标），并且认为这就是关键绩效指标（KPI）绩效管理方法了。这种目标管理法和关键绩效指标绩效管理法取长补短、优势互补的做法，效果也不错。无论哪种绩效考核方式，有效就好，我们没必要太纠结或者非得分清楚这到底是哪种考核方式。

## 第三节　目标与关键成果法（OKR）

制定目标是一回事，采取行动取得阶段性成果是另一回事，毕竟再完美的愿望不去实施，就不是愿望，而是奢望。本节主要讲解目前非常流行的一种绩效管理方式——目标与关键成果法。

目标与关键成果（objectives and key results，简称OKR），是一套明确目标及跟踪目标完成情况的管理工具和方法，许多企业把它作为绩效管理工具。OKR，O 即 objective，指要完成的目标，KR 即 key results，指要完成目标必须要完成的关键成果，合在一起就是"为确保达成目标而必须实施完成的关键结果"，本质上它是一种目标管理方法。

有了目标，怎么实施才能达成目标，OKR 工具给我们提供了一种思路，即把目标变成一个个具体相关的行动和成果。比如你的目标是成为一个作家，那关键的行为和成果就是写五本书；如果写五本书是你的目标，那坚持每天写 5 000 字就是你的关键行为和成果；如果写 5 000 字是你的目标，那么广泛

的阅读、学习写作技巧、挤出时间动笔写作就是你的关键行为和成果。针对一个目标，列出要采取的行动和要取得的结果，行动实施了，结果完成了，目标自然就实现了。

目标与关键成果最早在谷歌公司使用，到现在为止已经有二十多年的时间，我国企业引入并开始推行目标与关键成果的时间大概是在2015年，至今也有七、八年的时间。随着华为、字节跳动等知名企业在内部推行并取得了一定成效，OKR这个词近几年逐渐"热"了起来，从出版的相关书籍的数量，以及人力资源同行讨论相关话题的频次中可以得到印证。OKR在我国人力资源管理领域已经成为最"火"的一个词，也是目前诸多绩效管理方法中最有效的方式之一。即便如此，很多人对目标与关键成果法的概念及使用方法并不太了解，甚至存在一些误区和偏见。OKR到底能不能用在绩效管理中？怎么用？用的效果到底怎么样？适合哪些公司用？能否替代现有的KPI绩效考核方式？带着这些疑问，我们来对目标与关键成果法做详细的剖析和说明。

## 一、目标与关键成果法使用的原则

### （一）OKR设定的目标及关键成果必须要有挑战性

无论设定的目标还是要完成的关键成果都必须具有挑战性，这是OKR与其他绩效考核方法最大的区别之一。目标设定得有挑战性，能充分激发员工的斗志；关键成果要制定的具有刺激性和创新性，能充分体现员工工作的价值和意义。那么问题来了，按照传统绩效管理的思路，制定挑战性的指标会伤害到员工的积极性，因为完不成指标会影响绩效考核的成绩，并最终影响绩效奖金发放的多少，所以员工更倾向于制定肯定能完成的目标。目标与关键成果绩效管理方法提出的制定挑战性的目标会不会流于形式，或者遭到员工的抵制呢？其实不会，为什么，看看下面介绍的目标与关键成果法其他使用原则，就可以理解了。

### （二）目标与关键成果必须公开、透明

目标与关键成果必须是公开的、透明的，大家都能够看到彼此的目标与关键成果，这样做的好处有三点。一是可以降低沟通的成本，促进公司上下目标一致。目标与关键成果制定是一个上下密切沟通的过程，在沟通的过程中如果所有人的目标与关键成果都是公开的、透明的，会让目标与关键成果

的制定过程更加方便、快捷，可以有效降低沟通的成本。同时，公司的目标和部门、员工的目标也更容易保持一致，保证大家共同朝着一个方向去努力，并最终实现组织的目标。二是有利于员工日常工作协调配合，容易得到领导、同事及其他部门的支持和帮助。了解彼此的目标和任务，知道彼此工作的重点和难点，否则想帮忙也不知道从哪入手。三是有一定的监督、督促作用。目标与关键成果完成与否，完成得进度，大家都看得到，无形中会对员工产生一种监督、督促的作用。

（三）遵循"自下而上，再自上而下"的程序

基层员工最了解公司业务实际情况和市场变化情况，他们对自己的工作最有发言权，因此要保证基层员工的声音被听到，在制定公司目标时要求百分之六十的目标都源于基层。另外，目标与关键成果法强调调动员工的积极性和主动性，员工自己制定的目标工作起来会更有动力，因为这个目标不是别人强加在员工头上的，而是员工自己给自己设定的，不是别人让我干什么，而是我要干什么，当动机来自内部的时候，信心才足够大，动力才足够强。当基层员工的目标收集上来以后，进行汇总分析并结合公司的发展战略目标，形成公司层面的目标与关键成果计划，然后再逐层向下分解。目标与关键成果的制定必须经上下各级充分沟通并达成共识，没有达成共识的目标不能算作目标，任何强加的、命令形式达成的目标与关键成果计划，都会对OKR实施的效果产生不利影响。

（四）目标必须是清晰的、具体的、可衡量的

目标必须是清晰的、具体的、可衡量的，这与其他绩效管理方法的要求基本一致，在此不再赘述。

（五）目标与关键成果设定的数量必须少而精

一般情况下，目标设定最多不超过5个，每个目标下关键成果设定的数量不超过4个。过多的目标与关键成果会造成工作失焦，员工对核心目标与主要方向失去判断。员工抓不住工作重点，最终的结果可能是员工付出很多，收获却甚微。

（六）目标与关键成果有强相关性

O是目标，KR是为了目标达成而必须完成的关键工作成果，因此目标与关键成果必须强相关，也就是说，关键成果必须是为了完成目标而制定的，达成目标是关键成果存在的价值和依据。关键成果必须是可实现的、可衡量的、

有时间限制的、与目标强相关的，我们设定 KR 的评分标准，用 KR 的完成情况来判断目标的实现情况。

（七）目标与关键成果考核成绩不是越高越好

OKR 使用的第一个原则是设定的目标及关键成果必须要有挑战性，从这个角度出发，我们应该客观看待 OKR 考核结果，完成 60%~70% 算理想；如果 100% 完成，说明当初设定的目标过于简单，没有挑战性；当完成的结果低于 60%，甚至低于 50% 的时候，我们就该思考这个项目究竟应不应该继续进行下去。要注意，低于 50% 并不意味着失败，而是要关注目标与关键成果的设定是否合理，OKR 不仅是绩效考核的工具，更是绩效监督与改进的工具，这也是 OKR 与其他绩效管理方法最大的区别之一。

（八）OKR 完成情况不与绩效奖金直接挂钩

上一原则中提到，目标与关键成果考核成绩不是越高越好，这就意味着 OKR 完成情况不能与绩效奖金直接挂钩。这很好理解，因为考核成绩高了，并不意味着绩效成绩好，工作成果突出，也可能是目标制定的太低，所以不能依照 OKR 考核成绩来决定绩效奖金发放的多少。OKR 的核心作用是促进目标的达成，改进组织与个人的绩效，当与绩效奖金等涉及员工切身利益的东西挂钩的时候，目标与关键成果的制定就没那么单纯了，大家会把精力放在如何取得更高的绩效考核成绩上来，而不会把注意力放在如何制定更有挑战性的目标，如何去完成有激励性的工作成果上。

（九）考核关键成果（KR）的完成情况，而不是目标（O）

目标与关键成果法到底是考核目标完成情况还是考核关键工作成果完成情况？关于这一点，很多人存在着困惑和疑问，根源其实是受传统绩效管理思维的影响。传统绩效管理方法都是考核目标完成情况，是典型的结果思维方式。而 OKR 重点考核目标下的关键成果完成情况，因为从 OKR 最初的设计理念出发，关键成果与目标是强相关的，只要关键成果完成了，那么目标就肯定能完成，目标不好控制，但关键工作成果却是可以把控的，OKR 是典型的过程管理模式。

（十）OKR 调整的原则一般是 O 不变，调整 KR

OKR 作为一种目标管理方法，与其他目标管理方法一样，需要持续跟进目标完成情况并做动态调整。但是，目标与关键成果法一般调整的是关键成果，而不是目标，这是符合管理逻辑的，不能目标还没完成，就立刻调整，那设定目标就没有多大意义了。目标没有按计划完成，我们首先要考虑制定的关键成果是否出了问题，是否需要做出调整来保证最终目标的完成。OKR 绩效管理法一般以月或季度为周期检查、论证目标 O 实现的支撑因素 KR，并对 KR 做出动态调整，这样有效地适应了互联网背景下快速变化的时代特征，每月或季度的 KRS（即目标到关键成果的分解）都会根据外部环境变化做出调整，以确保全年目标 O 的实现。

我们从上面目标与关键成果法十项原则可以看出，OKR 的思路是先制定目标 O，然后明确目标的驱动因素 KRS，最后考核完成情况，这与其他的绩效管理工具的思路基本相同。同时，从以上原则也可以看出，OKR 是一种全新的绩效管理方法，它与传统的绩效管理方法，如前面章节中讲到的目标管理法、KPI 等有着本质的区别。下面我们通过 OKR 与 KPI 的对比，来更深入地了解下目标与关键成果绩效管理法。

## 二、OKR 与 KPI 的区别和联系

OKR 和 KPI 都是绩效管理工具，两者有本质的区别，同时也存在内在的联系，具体体现在以下几个方面。

1. OKR 本质上是一个目标管理工具，其出发点不是为了考核，而是为了管理；KPI 是个典型的绩效考核工具，期初设定要达到的标准，期末考核完成的程度。

2. OKR 重点关注的是员工要完成的任务是什么，KPI 关注的重点是要完成的目标是什么，一个强调过程，一个强调结果。

3. OKR 强调制定挑战性的、有野心的目标，而 KPI 强调制定门槛类的、必须要完成的指标。

4. OKR 的考核分数不能代表业绩的好坏，不能直接用于绩效奖金的发放；KPI 考核的分数代表员工业绩的好坏，可以直接用于绩效奖金的发放。

5. OKR 强调员工要做的事，是自下而上的管理，员工的目标汇总成组织的目标；KPI 强调的是要员工做的事，是自上而下的管理，组织的战略目标分解成员工的个人目标。

6. OKR 更适合创新类的业务形态，比如研发类的岗位，通过员工自主管理创造更多的新产品；KPI 更适合产出可量化的业务形态，比如销售类岗位，

设定销售额、市场占有率等指标可有效考核员工的绩效。

以上讲到的是 OKR 和 KPI 的区别，其实两者也有内在的联系，两者最大的联系是 OKR 包含了 KPI 指标。

举个例子，某公司营销部制定的一个 OKR 指标如下：

O: 第一季度实现销售额同比增长 30%；

KR1: 除本地市场外，开拓三个外地市场；

KR2: 重点开发大客户，大客户数量增加 30%；

KR3: 加大广告投入力度，广告费投入同比增加 30%；

同样的指标用 KPI 表示的话如下：

KPI1：第一季度实现销售额同比增长 30%；

KPI2：大客户数量增加 30%。

通过这个例子可以看出，OKR 指标是包含 KPI 指标的，同时比 KPI 指标增加了一些具体的行动计划和行动结果。从这一点上来说，OKR 是比 KPI 有优势的。当然，OKR 和 KPI 并不存在绝对优劣的问题，应该说是各有千秋，关键看怎么用，用在什么地方。两者不是有你没他，水火不相容的关系，而是可以优势互补、共荣共生的关系，未来绩效管理的创新方向一定是不同绩效管理方式的深度融合。事实上，很多企业已经把 OKR 和 KPI 结合起来使用了，这是管理者的高明之处，凡是适合企业的方法就是好方法，我们不用再去纠结使用 OKR 好还是 KPI 好，了解清楚他们的区别和联系，结合起来用岂不更好？

之所以花这么多文字来讲 OKR 的使用原则及与 KPI 的区别和联系，是因为 OKR 相对来说还是比较新的概念，而且其基本理念和传统绩效管理方式在很多地方有不同之处，了解清楚这些能帮助我们更好地、更准确地运用 OKR 管理工具，接下来我们介绍 OKR 具体使用流程和方法。

## 三、OKR 使用流程和方法

（一）设定目标 O，明确每个 O 的 KRS

按 OKR 的执行原则，分别设置公司、部门与个人的工作目标。目标的设定是一个自下往上，再自上往下沟通的过程，只有经过上下各级充分沟通，才能最终达成共识，并保持目标的一致性。另外，设定的目标必须是具体的，可量化的，并且具有一定的挑战性。每一级设定 3~5 个目标就好，过多或过少的目标都不利于提升组织和个人绩效。

目标设定好之后，接下来就要明确每个目标要达成的关键工作成果，这是非常关键的一步。前面已经讲过，设定的关键成果和目标必须是密切相关的，并且是有时间限制、可衡量和评价的。同时，每个目标下的关键成果最多不要超过四个，过多或过少的关键成果都不利于目标的实现。

关键成果一般有三种类型：第一种是数量型的，比如销售额增长多少，成本降低多少等；第二种是范围型的，比如月度离职率不高于多少，产品合格率不低于多少等；第三种是里程碑型的，比如完成什么任务，开展什么工作，达到什么程度等。

OKR 制定好之后，需要放到共享盘或其他内部公开的地方，以保证各级 OKR 的透明度和公平性，这有利于各部门之间及部门内员工间更好地开展协同工作，并能起到相互督促的作用。

（二）推进执行

关键成果要落实成具体的行动计划和工作细则，调动一切可以调动的资源，发挥个人最大的聪明才智，确保关键成果能够按时完成。人力资源部要定期更新 OKR 执行台账并内部通报，对执行过程中出现的问题及时进行汇总分析，对需要调整的项目及时进行调整。

（三）考核评价

月度或季度末对 OKR 完成情况做总结评价，至于是月末还是季末，这与企业的考核周期有关，大部分使用 OKR 作为绩效管理工具的企业采用季度考核的方式。考核评价时，员工需要总结自己 KR 完成情况并打分，接下来员工的上级需要对员工 KR 完成情况进行复核并打分，最终成绩以员工上级复核的成绩为准。在前面 OKR 使用原则中提到，OKR 考核的分数不是越高越好，60~70 分的成绩是最理想的结果。

OKR 不与绩效奖金挂钩，这是不是意味着 OKR 考核的好坏完全没有应用的价值呢？事实上，当一项制度与自己的切身利益毫无关系的时候，没有人会在意它，更不会重视它，这项制度会逐渐流于形式并最终被淘汰。因此，OKR 考核结果应该被充分应用，只是要避免将 OKR 考核结果直接应用于发放绩效奖金，这会让员工在制定 OKR 目标时过于保守。

一方面绩效考核结果在全公司共享、公开本身就是一种激励。好比在学校里面把学生的考试成绩按从高到低的顺序进行排名公示，无论对排名靠前的同学还是排名靠后的同学，都有很强的激励作用。另一方面，影响个人关键成果好坏最重要的三个因素是知识、技能和态度，我们从 OKR 考核结果中挖掘员工在知识、技能和态度上的不足，形成培训需求，便于公司后续安排培训课程或个人安排学习计划。寻找差距，弥补不足，不断完善、提升自己，是职场人不断自我精进的过程。OKR 考核结果也可以应用于员工职位的晋升、薪酬的调整上，毕竟利益对员工来说是一个非常重要的驱动因素。

表 3-11 和表 3-12 是目标与关键成果法考核使用的表格，供大家参考。

表 3-11 ××公司 OKR 绩效考核表

姓名： 部门： 岗位： 填写日期：

| 愿　　景 | | | | |
|---|---|---|---|---|
| 使　　命 | | | | |
| 战略目标<br>（年度） | 1 | | | |
| | 2 | | | |
| | 3 | | | |
| | 4 | | | |
| | 考核计划表 | | 考评表 | |
| 序号 | 目标 O | 关键成果 KR | KR 权重 | KR 完成情况 | KR 评分 |
| 1 | | | | | |
| | | | | | |
| | | | | | |
| 2 | | | | | |
| | | | | | |
| | | | | | |
| 3 | | | | | |
| | | | | | |
| | | | | | |
| 4 | | | | | |
| | | | | | |
| | | | | | |

提交人：　　　　　　审核人：

表 3-12 绩效考核表（月）

姓名：×××　　部门：人事行政部　　岗位：招聘岗　　填表日期：　年　月　日

| 序号 | 目标 O | 关键工作成果 KR | 目标权重 | 成果分值 | 完成情况 | 自评得分 | 直接上级评分 | 间接上级评分 | 备注 |
|---|---|---|---|---|---|---|---|---|---|
| 1 | 完成招聘任务 | 完成__岗位招聘人数__人 | 80% | 30 | | | | | |
| 2 | | 完成__岗位招聘人数__人 | | 30 | | | | | |
| 3 | | 完成__岗位招聘人数__人 | | 20 | | | | | |
| 4 | 提升招聘运营效率 | 每日电话/网络面试__人；到公司参加面试__人； | 8% | 5 | | | | | |
| 5 | | 分析招聘效果，改善招聘面试流程 | | 3 | | | | | |
| 6 | 争取客户/供应商支持 | 与用人部门沟通招聘需求三次以上 | 7% | 4 | | | | | |
| 7 | | 与学校、人才服务机构建立联系 | | 3 | | | | | |
| 8 | 不断学习与成长 | 参加两次招聘面试相关的培训 | 5% | 3 | | | | | |
| 9 | | 阅读一本招聘相关的书籍 | | 2 | | | | | |
| 合　计 | | | | | | | | | |

总　分：　　完成情况评级：　　评级参考：S/ 卓越 /95 分以上　A/ 优秀 /85~95 分　B/ 良好 /75~85 分　C/ 一般 /60~75 分　D/ 不合格 /60 分以下

上级评价：

备注：1. 鼓励制定有挑战性的目标；2. 具体目标及关键成果可根据自身工作实际情况进行修改；3. 直接上级打分占 60%，间接上级打分占 40%；4. 本考核不直接与绩效奖金挂钩。

## 四、目标与关键成果法的优势和劣势

（一）目标与关键成果法的优势

1. 与其他绩效管理方法一样，OKR 有助于公司整体目标的实现。另外，OKR 鼓励员工设定有挑战性的目标，激发员工的积极性，主动去完成与目标相关的关键工作成果。OKR 强调绩效考核结果不与绩效奖金挂钩，这样会让员工放下思想包袱，着眼更高的目标，放手去挑战更优的绩效结果。

2. 强调员工工作的自主性，以及公开、透明的沟通机制。目标与关键成果由下到上，再由上到下进行制定，突出了员工的自主性，实现由原来"要我干什么"到"我要干什么"的转变。另外，所有目标与关键成果都是公开和透明的，这有助于形成公开、透明的沟通机制，降低沟通成本，提升沟通效率，确保上下目标一致。

3. 目标与关键成果法既关注目标，又关注与完成目标紧密关联的关键工作成果，这比 KPI 关注如何设定关键绩效指标的做法更深入了一步。OKR 为绩效管理变革提出了新的思路，其简单、易操作的特点，逐渐被国内企业接受，随着 OKR 在我国企业实践的深入，相信会产生更适合我国的 OKR 方法论。

（二）目标与关键成果法的劣势

1. 不与绩效奖金挂钩，实施的效果难保证。在中国绩效管理实践中，有个现象是绩效考核结果与奖金挂钩了，员工怨声载道，意见重重；绩效考核结果不与绩效奖金挂钩了，员工马上就不把绩效考核当一回事了。接下来反对绩效考核的声音会越来越多，因为大家觉得考核没有意义，纯粹是浪费时间。从多年绩效管理实践的角度出发，绩效管理一定要和员工的利益绑定起来，否则很难长期推行下去。当然，还有另外一种解决办法，也是目前很多企业在做的，就是把 OKR 和 KPI 结合起来用，两套体系同时在企业内运行，OKR 用来管目标，KPI 用来管考核。

2. 实施的原则比较理想化，实施起来很容易走样。我们前面讲到目标与关键成果法的十个原则，这十个原则是实施 OKR 的前提。实际上，我们实施一项管理制度时，如果需要很多前提和假设，那这项制度实施起来就很容易走样，因为苛刻的条件很容易被现实情况打破。比如设定有挑战性的目标这一项，员工受传统绩效考核思维的影响，一般会趋利避害地制定自己肯定能完成的目标和关键成果，而不会去给自己制定很有挑战性的目标。再比如 OKR 要求公开、透明，如果没有相应的软件系统做支持，很难实现目标与关键成果的公开、透明，即使公开了，如果查看起来不方便的话，也很少有人主动去关注别人的 OKR。

3. 作为一种新的绩效管理理论，受传统绩效管理思想的束缚，且没有形成成熟的实践经验，企业在施行过程中存在很多困难。ORK 虽然已经在国内企业推广了很多年，但相比 KPI、平衡计分卡等传统绩效管理方式，还没有形成规模性的示范效应。目前，绝大部分企业只是听说谷歌、华为、字节跳动等企业在用，觉得应该不错，或者看大家都在说 OKR 怎么好，我如果不说好，就像是安徒生童话《皇帝的新装》里看不到皇帝华丽衣服的"愚人"一样。现实情况却是，小企业因为人员素质参差不齐，施行起来困难重重；大企业因为已经有成熟的绩效管理体系，OKR 突然插一脚进来，也很难被大家接受，而且大企业组织体系、管理体系、营销体系、产品体系非常复杂，正所谓"船大调头难"。因此，OKR 在国内企业实施起来有一定的困难。

### 五、目标与关键成果法适用范围

尝试 OKR 的企业很多，成功的企业却很少，这是 OKR 在国内施行的现状。哪些行业或什么类型的企业适合采用 OKR 呢？大体上可以归为以下五类。

（一）年轻人较多的企业

年轻人多，氛围轻松活跃，员工敢于挑战，对新事物接受快，所以，年轻人多的企业，推行 OKR 阻力会小很多。

（二）信息技术发达的企业

OKR 需要上下充分沟通、信息共享，所以信息技术发达的企业施行起来更容易一些。目前一些大的互联网企业开始在自家平台上推行 OKR 实施软件，比如"钉钉"上就有 OKR 绩效管理模块，但这种"制式"的软件在与企业实际情况结合的时候，总让人不那么顺心如意。当然，要想改善使用体验也不是不可以，交上一笔服务费就可以"定制"软件了，但又有多少企业愿意在一个未知领域投入大量真金白银呢。

（三）追求创新的企业

一个追求创新的企业，对新生事物总是抱有浓厚的兴趣，他们愿意去尝试，愿意去试错。因此，OKR 作为一项新的绩效管理方式，他们起码不会排斥它，推广起来相对会容易很多。

（四）急于求变的企业

一些企业遇到经营、管理上的问题，找不到原因在哪？或者知道原因在哪但就是不知道该怎么解决，于是急于找到一种"灵丹妙药"挽救企业于生死之中，结果有病乱投医，把所有能学的都学了，把能搬过来用的都用了，结果还是不理想。如果是这种情况，何不试试 OKR 呢？虽然不能保证立刻见效让企业起死回生，但起码没有什么害处。

（五）项目制为主的企业

一些企业以项目制为主，一个项目完成了，接着开始下一个项目，或者同时开展着多个项目。项目主导型企业内部组织结构相对简单，流程不会太复杂，目标相对清晰、完整，这样的企业推行OKR的基础就比较好，更容易取得绩效管理改革的成功，采用OKR绩效管理方式能促使项目进度、质量、成本等目标超预期完成。

### 六、目标与关键成果绩效管理方法点评

目标与关键成果绩效管理方法有其独特的优势，因而得到了众多企业的追捧。但是，目标与关键成果绩效管理方法也有其自身的一些劣势，需要企业在实施的过程中加以克服。OKR是典型的舶来品，如果完全按照OKR最初的原则和要义去推行，不管是大企业还是小企业都很难成功。只有结合我国文化特点及企业实际情况，在OKR思想的指导下，找到适合我国企业的做法，这才是OKR真正的出路。

## 第四节　平衡计分卡（BSC）

我国传统文化素有"平衡"的思想，阴与阳，内与外，舍与得，因与果等，都是讲事物两方面的平衡。平衡，指事物内在的两个矛盾相互制约、相互依存，在发展变化中维持稳定的状态。

平衡计分卡体现了外部因素与内部因素的平衡，短期收益与长期发展的平衡，过程控制与结果实现的平衡。平衡计分卡让绩效管理指标更加均衡和完善，这有利于组织长远的发展。

平衡计分卡（balanced score card，简称BSC），从财务、学习与成长、客户、内部运营流程四个维度去分解组织的战略目标，将组织的战略目标转变为全面、均衡、可实施的绩效考核指标。

平衡计分卡思想由罗伯特·卡普兰和大卫·诺顿于1992年提出，后来经

过几次完善，逐渐发展成熟。平衡计分卡引入国内后，引起强烈反响，得到迅速普及，这或许是因为平衡计分卡与我国传统文化里的"平衡"思想不谋而合的缘故。但是，由于平衡计分卡本身的一些缺陷，它没有作为独立的绩效管理方法在国内企业传承下来，而是更多地作为其他绩效管理方法设置考核指标的辅助工具，平衡计分卡全面、均衡的绩效指标设计思想，为企业战略目标管理提供了全新的思路。

平衡计分卡与其他绩效管理方法最大的区别是打破了传统绩效管理方法尤为关注业绩指标的做法。业绩是企业生存的根本，但只重视业绩指标是一种短视行为，不能保证企业未来的发展潜力，组织除了关注财务指标，还必须重视客户、供应商、员工、运营流程等方面的内容，以保证企业能获得持续的发展动力。基于这种思想，平衡计分卡从财务、客户、内部运营流程、学习与成长四个维度去审视企业的绩效管理体系，分解企业的战略目标。

## 一、平衡计分卡的四类指标

（一）财务类指标

财务类指标是所有绩效管理方法都强调和重视的指标，一方面，财务指标完不成，企业就很难生存，更别提发展了。另一方面，财务指标作为经营业绩指标，是股东、债权人及其他利益相关方都最为关注的方面。因此，财务类指标作为统领性的指标，其他三类指标也是为企业能够取得长期、稳定的财务结果而设立的。财务类指标一般包含投资回报率、利润率、净利润、现金流量、负债率等。

（二）客户类指标

客户是营收的基础，没有客户就没有营业收入，所以客户类指标对财务类指标的实现具有非常重要的意义。企业应以目标顾客和目标市场为导向，专注于满足客户对时间、质量、性能、服务和价格的需求。客户类指标一般包含顾客满意度、客户忠诚度、单客户利润率、市场占有率、新客户开发率、新市场开发情况等。

（三）内部运营流程类指标

财务类指标和客户类指标是首先要建立的两个指标，但这两个指标的实现离不开高效、稳健的内部运营流程机制，内部运营流程类指标是财务类和客户类指标实现的基础和保障。需要注意的是，企业运营涉及方方面面。因此，企业内部运营流程类指标要关注哪些是与财务和客户类指标密切相关的制度与流程，避免不分重点、不分主次地去设立内部运营流程类指标。内部运营流程类指标一般包含流程审批时效、节点计划完成率、生产计划完成率、次品率、返工率、产品交货周期、技术改良、产品创新、沟通效率、经营管理水平等。

（四）学习与成长类指标

人才是企业第一生产力，员工能力素质水平的高低直接决定了企业未来的发展高度。员工的学习与成长，是驱使上述三类指标取得卓越成果的动力源泉。市场环境瞬息万变，技术迭代更新速度越来越快，唯有不断提升员工知识、技能水平，才能有效应对激烈的全球竞争。不重视员工的学习与成长，将削弱企业未来的竞争力，不利于企业长远发展。因此，企业要设立员工学习与成长类指标并投入一定的资源，这样才能保证企业获得持久的发展动力并保持足够的竞争力。一般学习与成长类指标包含内部员工满意度、培训计划达成率、员工离职率、新员工留存率、平均晋升周期等。

平衡计分卡通过挖掘绩效达成背后的深层逻辑，把影响企业战略目标实现的因素分为财务、客户、内部运营流程、学习与成长四类，通过设立、控制这四类指标去驱动组织不断实现短期和长期目标，从而保证企业能够持续稳定地发展。图3-1为战略目标与平衡计分卡四类指标的关系图。

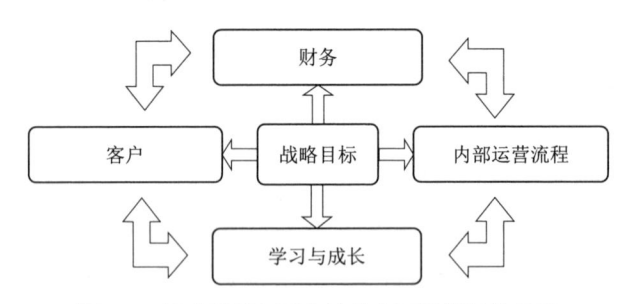

图 3-1 战略目标与平衡计分卡四类指标关系图

## 二、平衡计分卡实现了四项"平衡"

（一）结果指标和过程指标的平衡

在绩效管理实践中，企业一般比较重视结果类指标（财务、客户），而对过程类指标（内部运营流程、学习与成长）关注的不多。实际上，"欲速则不达"，只盯着结果忽略过程，反而不容易达到想要的结果，平衡计分卡对结果类指标和过程类指标进行了平衡。

（二）长期指标和短期指标的平衡

平衡计分卡不仅关注短期指标，也关注长期指标。短期指标在投入后可以很快见到成效，而长期指标需要投入很长一段时间后才能见到效果，短期指标关乎企业现在的生存状况，长期指标关系企业未来的发展潜力，平衡计分卡对长期指标与短期指标进行了平衡。

（三）内部指标与外部指标的平衡

财务、内部运营流程、学习与成长是内部指标，客户是外部指标，平衡计分卡既强调了内部指标的重要性，又强调了外部指标对战略目标的影响，股东、客户、员工都是企业发展密切相关方，平衡计分卡平衡了这些内、外群体的利益，实现了内部指标和外部指标的平衡。

（四）领先指标与滞后指标之间的平衡

财务指标和客户指标虽然是考核周期开始时设立的，但完成与否，完成的程度怎么样，只有到考核周期结束的时候才能看到。因此，财务指标和客户指标都是滞后性的指标，它反映上一个考核周期已经发生的事情。内部运营流程、学习与成长两项指标，是可以随时改变并能够影响未来的指标，通过对这两项指标采取实际的控制运作和管理行为，可以影响未来的业绩结果，是领先型指标，平衡计分卡实现了滞后指标和领先指标之间的平衡。

## 三、平衡计分卡使用原则

（一）因果驱动关系

平衡计分卡各项指标之间及各项指标与企业战略目标之间必须存在因果驱动关系。平衡计分卡本质上是一套战略目标管理工具，组织的战略通过财务、客户、内部运营流程、学习与成长四类指标进行分解和落实。因此，这四个维度的指标必须与企业战略存在因果驱动关系，否则就会出现战略目标偏差，员工的努力方向与企业战略目标不一致，并最终导致企业战略的失败。另一方面，财务、客户、内部运营流程、学习与成长四类指标之间也存在着因果驱动关系，在设立各项指标时要以相互促进、互为驱动的原则进行。图3-2揭示了平衡计分卡四项指标之间相互的因果驱动关系。

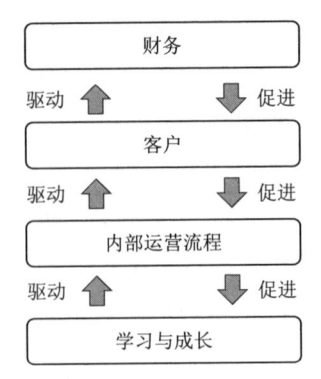

```
            财务
    驱动 ↑      ↓ 促进
            客户
    驱动 ↑      ↓ 促进
         内部运营流程
    驱动 ↑      ↓ 促进
          学习与成长
```

图 3-2　平衡计分卡四项指标之间相互的因果驱动关系图

## （二）与财务指标连接

财务指标是核心，其他指标必须以财务指标的实现为最终目的。员工不断学习与成长、内部运营流程不断改善、客户管理水平不断提高。对企业来说，这些工作的出发点和归宿都是实现企业持续盈利，获得稳定的财务回报。回归企业本质，盈利是企业生存和发展的基础，企业不盈利，其他一切都无从谈起。因此，其他各项指标都需要以财务指标为核心，与财务指标连接。当然，财务指标的实现为其他指标的投入提供了资金保障，他们之间是相互依存、相互促进的关系。图 3-3 形象地表达了财务指标与其他三个指标之间的对应关系。

```
            财务
          ↗  ↑  ↖
            客户
          ↗  ↑
         内部运营流程
          ↑
        学习与成长
```

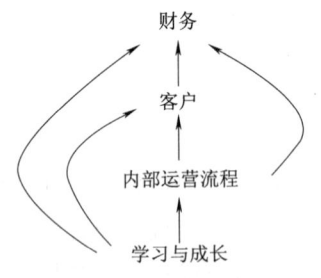

图 3-3　财务指标与其他三个指标之间的对应关系图

## 四、平衡计分卡的使用方法

平衡计分卡的使用一般通过战略地图和逐层分解两种方法进行。

说到战略地图，需要说明战略地图的来源。前面提到平衡计分卡是由罗伯特·卡普兰和大卫·诺顿于1992年提出的，但那时平衡计分卡只是一个框架，缺乏实施的具体工具和方法，于是两位管理大师经过研究，于2004年1月出版了《战略地图——化无形资产为有形成果》一书。战略地图是以平衡计分卡的四个维度（财务、客户、内部运营流程、学习与成长）为核心，通过分析这四个维度相互关系而绘制的企业战略因果关系图。战略地图是在平衡计分卡基础上研究出来的，是平衡计分卡落地实施的一种工具。企业绘制战略地图可以通过以下程序进行。

1. 确定企业财务层面的总体目标，如营业额、净利润等，并对总体目标进行分解和细化。

2. 根据财务层面的总体目标修订客户层面的目标，如市场占有率、客户满意度等，并对总体目标进行分解和细化。

3. 根据财务、客户目标确定内部运营流程层面的目标，这里需要强调的是，要抓住那些影响财务和客户目标实现的关键流程。

4. 根据财务、客户、内部运营流程目标，制定学习和成长目标，学习与成长目标主要致力于构建企业的软实力。

通过以上四个维度的分解，就形成了企业的战略地图，企业根据绘制出的战略地图，需要制订具体的实施计划并落实到实际行动上。平衡计分卡用战略地图的方式去落实，是管理组织绩效的一种方法，有助于企业整体战略目标的实现。

平衡计分卡另一种实施方法是自上而下逐层分解的方式。企业制定企业级的四个指标（财务、客户、内部运营流程、学习与成长），并对这四个指标进行分解，形成二级、三级指标，甚至四级指标。

企业级的平衡计分卡设定好之后，再设计事业部、部门及个人的平衡计分卡，和企业级的平衡计分卡设定方式一样，也需要将四个指标（财务、客户、内部运营流程、学习与成长）进行分解，形成二级、三级，甚至四级指标。需要强调的是，企业各级部门、员工设定的平衡计分卡指标一定要结合各层级的实际情况，有针对性地设定，避免千篇一律，形同虚设的情况发生。

以上介绍了平衡计分卡实施的两种方式，从企业的实际操作经验和实施的便捷性、有效性看，将以上两种方式合二为一进行落地，可能是最适合我国大部分企业的做法。具体可参照以下流程。

1. 确定企业的战略目标。
2. 根据企业的战略目标制定企业级的平衡计分卡指标。
3. 对企业级的平衡计分卡四项指标（财务、客户、内部运营流程、学习与成长）进行分解，分解成二级、三级指标。
4. 根据企业级的平衡计分卡指标，逐层分解至事业部、部门及个人。
5. 按制定的平衡计分卡指标实施，并对照企业战略目标，适时跟进并做动态调整。

表 3-13 和表 3-14 是平衡计分卡绩效管理实施的两个图表，供大家参考。

表 3-13　某公司营销部门平衡计分卡考核表

| 指标类型 | 二级指标 | 完成标准 | 权重 | 评估人 |
| --- | --- | --- | --- | --- |
| 财务 | 销售额 | 销售额达到 5 亿元 | 20% | |
| | 毛利润 | 毛利润提高 10% | 15% | |
| | 净利润 | 净利润达到 5 000 万元 | 15% | |
| 客户 | 市场占有率 | 市场占有率提高 10% | 10% | |
| | 客户满意度 | 客户满意度达到 98% 以上 | 10% | |
| 内部运营流程 | 销售促销政策 | 每月月底制定下月销售促销政策 | 10% | |
| | 销售合同审批时效 | 销售合同审批时效不长于 2 天 | 10% | |
| 学习与成长 | 销售技能达标率 | 销售技能月度考核达标率 95% 以上 | 5% | |
| | 员工离职率 | 员工月度离职率不高于 5% | 5% | |

表 3-14　某公司人力资源部平衡计分卡考核表

| 指标类型 | 二级指标 | 完成标准 | 权重 | 评估人 |
| --- | --- | --- | --- | --- |
| 财务 | 人力成本 | 人力成本增长不高于 4% | 15% | |
| | 工资总额 | 工资总额增长不高于 1% | 10% | |
| | 行政办公费 | 行政办公费增长不高于 2% | 10% | |
| 客户 | 招聘计划达成率 | 招聘计划达成率 95% 以上 | 15% | |
| | 社保、公积金缴纳 | 社保、公积金缴纳及时率 100%，劳动稽核达标率 98% 以上 | 10% | |
| 内部运营流程 | 工资核算 | 工资核算准确率达到 98% 以上 | 10% | |
| | 人事审批流程时限 | 人事审批流程时限不得长于 24 小时 | 10% | |
| 学习与成长 | 培训计划完成率 | 培训计划完成率达到 95% 以上 | 10% | |
| | 晋升体系 | 完善公司职级体系，规范干部管理制度 | 10% | |

## 五、平衡计分卡的优势和劣势

（一）平衡计分卡绩效管理方法的优势

1. 实现绩效管理指标平衡发展。大部分企业在绩效考核时容易发生只关注财务指标，不关注其他指标的问题。平衡计分卡从指标体系设计框架上把财务指标放在重要位置，同时也把客户、内部运营流程、学习与成长等非财务指标纳入考核指标体系，从而使企业的绩效管理能够更加均衡地布局，促进企业长远发展。

2. 有助于企业战略目标的实现。平衡计分卡是一种企业战略管理工具，它可以通过战略地图去实施。平衡计分卡可以有效地将企业战略转化为各层级的绩效指标和行动，从而推动企业战略目标的实现。

3. 提升企业整体管理水平。平衡计分卡从企业战略目标分解、财务指标设定、客户关系提升、内部运营流程、员工学习与成长等企业管理的方方面面进行考量，是对企业管理的全方位审视，实施平衡计分卡的过程，也是重新认识企业、提升企业管理水平的过程。

（二）平衡计分卡绩效管理方法的劣势

1. 不适合所有部门的考核，也不适合基层员工个人的考核。不是所有部门的工作都可以按平衡计分卡的四个维度去划分，尤其是职能部门，他们财务指标、客户指标并不是特别明确，如果僵化地按财务、客户、内部运营流程、学习与成长四个维度去衡量，那么得到的结果未必是企业想要的结果。另外，对基层员工个人绩效考核而言，更不能僵化地用这四个维度去衡量，因为基层员工的工作大部分是琐碎的日常工作，用这四个维度去分解，会失去考核的重心，达不到真正想要的考核结果。

2. 平衡计分卡对实施人员的要求高。无论是按战略地图的方式去实施平衡计分卡，还是按层层分解的方式去实施，都需要企业管理人员对战略、财务目标、客户管理、运营流程、员工素质水平有清晰的认识，并且了解他们之间的因果联系。实际上，很多企业达不到这样的要求，各级管理人员只对本职工作感兴趣，把精力投放到亟须解决的问题上。实施平衡计分卡的过程，也是梳理、调整、改善企业整体管理机制的过程，这对实施人员提出了很高的要求，对很多企业而言，这是实施平衡计分卡很大的一个障碍。

3. 指标数量多，指标体系建立困难，实施难度大。相比其他绩效管理方式，平衡计分卡指标数量多而且涉及的面也广。平衡计分卡分为财务、客户、内部运营流程、学习与成长四个维度，这四个维度再进一步分解出的二级指标数量可达到二十余个。这么多的指标，无论从设立的角度，还是从跟进、评价的角度，都存在很大的困难。

平衡计分卡突破了传统绩效管理方法以财务指标为中心的思维模式，把客户、内部运营流程、学习与成长指标引入绩效管理系统，克服了单一依靠财务指标评价的局限性。但是，这也带来了一些问题，其中最大的问题是指标系统建立比较困难。财务指标相对好理解，而且更容易量化，但并不是所有部门及员工都适合用财务指标去衡量，这样建立财务指标体系时就存在一些问题。另外，客户、内部运营流程、学习与成长指标同样存在这样的问题，面对动态调整的组织架构、瞬息万变的运营环境，设计一套适合企业的平衡计分卡指标体系并非易事，企业在实施过程中很容易打退堂鼓，造成半途而废的结果。

前面提到实施平衡计分卡的两个原则：一个是平衡计分卡各项指标之间及各项指标与企业战略目标之间必须存在因果驱动关系；另一个是其他指标要与财务指标连接。要实现这两个原则并非易事，就连它的创立者都认为"要想积累足够的数据去证明平衡计分卡各指标之间存在显著的相关关系和因果关系，可能需要很长的时间，可能要几个月或者几年。"正因为这样，我们不得不根据主观判断去设计平衡计分卡的各项指标。

基于以上客观原因，实施平衡计分卡的难度比较大，大到很多企业不得不中途放弃，这也是平衡计分卡没有在国内企业推广开的原因之一。

4.实施的直接和间接成本都比较大。实施平衡计分卡是一个庞大、复杂的工程，甚至需要借助人力资源咨询机构等外部资源的力量，这就造成实施平衡计分卡的直接成本和间接成本都比较大。当一项管理措施需要花费企业大量成本的时候，从一开始就"劝退"了很多尝试者。

## 六、平衡计分卡适用范围

平衡计分卡突破了传统绩效管理方式的思维局限，从更广阔的视角去审视企业的绩效，但事物都有两面性，优点可能同时是缺点，基于平衡计分卡自身的优势和劣势，决定了其有特定的适用范围。

（一）平衡计分卡适用于管理体系相对比较成熟的企业

平衡计分卡对实施人员的能力、素质要求高，且要求企业具备一定的管理基础，需要企业战略目标清晰，客户管理、内部运营流程、员工学习与成长有相应的配套政策和措施，而处在初创期的企业并不具备。初创期的企业一般是创始人抓住了一个商业机会，靠自身的资源、能力维持企业的经营，生存始终是考验创始人的首要门槛。财务指标是企业最为关注甚至唯一关注的指标，他们选择管理工具，一定是找那些简单、适用性强，能够立竿见影的工具，而不会去选择一套复杂、全面的绩效管理工具，即使这套管理工具有很多优势，因为实施这套先进的绩效管理体系，可能会让小企业染上"大企业病"，最终把企业"拖"垮。

（二）平衡计分卡适用于真正追求长远发展的企业

所有企业都希望自己基业长青，成为百年企业，但并非所有企业都愿意为企业未来长远的发展投入更多的资源。举个例子，员工学习与成长一定关系着企业的未来，但有多少企业愿意在员工学习与成长上投入大量的时间和金钱呢？员工培训对大部分企业来说是"说起来重要，做起来次要，忙起来不要"的状况。另外，部分职业经理人追求短期经营业绩，对其他涉及企业长远发展的事情并不关注，这与职业经理人的考核有关，利润增长永远是考核的优先项。而且，数字化的利润指标，是职业经理人最拿得出手的，可以为自己职业生涯贴金的职业资本。平衡计分卡要求企业不仅追求财务指标增长，还要求在客户、内部运营流程、学习与成长等多方面进行提升，这样能有效规避企业短期行为，帮助企业实现长远发展。

（三）平衡计分卡适用于处于瓶颈期的企业

企业发展到一定时期，有了一定规模，流程理顺了，业务也稳定了，企业就进入了一个瓶颈期，再想往上发展发现很难。这时候，企业需要进一步提高战略管理能力，提升管理水平，进一步实现企业制度化、流程化、标准化和信息化管理。平衡计分卡的实施，可以帮助企业重新梳理财务、客户关系、内部运营流程、员工学习与成长等方面的内容，帮助企业突破瓶颈期，实现进一步发展。

## 七、平衡计分卡点评

平衡计分卡曾经被狠狠地"吹捧"过一段时间，很多企业也都付诸过实践。但现实情况是，成功的企业不少，失败的企业也不少。究其原因，一方面是因为它实施起来太复杂，另一方面是因为它不适合很多具体岗位的考核。既然这样，我们为什么还要花这么大篇幅来介绍平衡计分卡呢？因为平衡计分卡能帮助企业更全面地梳理企业的战略、业务流程，能更多维度地审视部门、岗位的价值，能让企业认识员工学习与成长等长期投资的意义。从国内企业目前应用情况来看，完全按照平衡计分卡作为绩效管理工具的企业很少，但把平衡计分卡作为设定绩效考核指标指导思想的企业很多。包括笔者本人在内，在使用 KPI、OKR 的时候，也会从平衡计分卡的四个维度去检验设定的 KPI、OKR 指标是否全面，是否合理。平衡计分卡作为一种绩效管理工具，有其特定的使用价值，关键是我们怎么去用它。

## 第五节　全方位考核法（360°）

"横看成岭侧成峰，远近高低各不同"不同的人，从不同的角度看事物，看到的结果是不一样的。同样的道理用在绩效管理上，评价一个员工，单从上级主管的角度去评价是一种结果，但从下属、同事的角度去评价就会是另外一种结果。为了能够全方位地评价一个员工，我们可以用 360° 考核法进行考核评价。

360° 考核法，又称全方位考核法，如图 3-4 所示，是指由员工自己、直接上级、直属下级、同级同事、客户等全方位、多角度地去评价员工的方法。

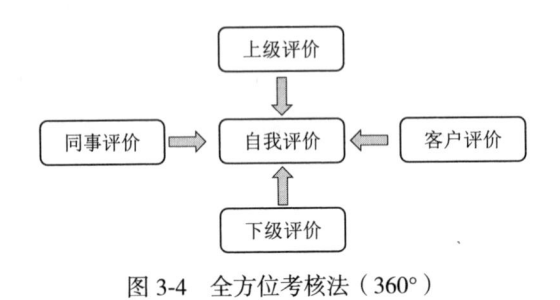

图 3-4　全方位考核法（360°）

360°考核法可以从员工的工作业绩、工作能力、工作态度等多维度进行评估。360°考核法通过这种全视角、多维度的评估，旨在对被考核人形成全面、客观的评价结果，这是相对理想化的考核方式。被考核者可以从上级、下级、同事及客户处获得多角度的反馈意见，这可以帮助他更清楚地认识自己的长处、不足和发展需求。

360°考核法与其他绩效考核方法最大的不同在于采用了立体、多维度评价体系，而其他绩效考核方式都是自上而下进行的，由员工的上级、间接上级完成评价。

360°考核法理解起来很容易，而且从理论角度，也很容易被企业管理者接受。因此，360°考核法引入国内的时候，得到了很多人力资源从业者的推崇，也有很多企业进行了实践，但后来发现，虽然360考核法理解起来很容易，实施起来却没有那么容易。究其根本原因，是大家对360°考核法还缺乏充分的认识，不能够正确地理解和使用它。

## 一、360°考核法使用原则

（一）考核主体的一致性

不同的人有不同的认知标准，这就容易造成不同的考核者宽严不一致的情况发生。对于相同岗位的被考核者，他们的考核者应该是一致的，不能出现同一岗位的不同员工让不同的考核者来进行评价，这样才能最大限度地保证考核评价的公平性。

（二）考核实行匿名考核

虽然不能保证被考核者一定不会知道谁是考核者，但为了保证考核结果的真实、有效，在整个考核过程中，应尽可能地保证全员匿名考核。

（三）建立基于胜任力特征的明确的考核标准

360°考核一定要有明确的考核标准，否则众多的考核者无法准确地评价被考核者。考核标准以被考核者胜任力特征为出发点，所谓胜任力特征是指高度胜任某一岗位需具备的深层次的特征，它可以是员工的知识、技能、动机、特质、态度、价值观等。比如，人力资源岗位胜任特征包括：熟练掌握人力资源专业知识，良好的沟通、协调能力，情绪稳定，态度积极等。

（四）明确实施考核的目的

360°考核法可以应用于员工月度、季度和年度的工作绩效考核，也可以用于员工晋升时的考核，还可以用于员工职业发展规划、储备干部培养、职业技能等级评定、企业文化落地等。不同的目的，考核的内容和标准不一样，考核者和被考核者的心态和动机也不一样。因此，在考核前需先明确考核的目的，并告知所有360°考核的参与方。

（五）争取被考核者的理解，打消考核者的顾虑

考核往往涉及员工的利益，可能会让各参与方变得特别敏感，如果操作不当，会造成员工之间关系紧张，甚至产生信任危机，影响企业正常经营秩序和员工士气。因此，在考核前，要征得员工的理解和支持。同时，打消考核者的顾虑，培育信任和坦诚的企业文化，这样可以避免一些不必要的猜忌和内耗，减少一些工作表现之外的因素影响评价的公平性。

## 二、360°考核实施流程

（一）设计调查问卷

360°绩效考核一般采用问卷法。问卷内容以直接打分的封闭型问题为主，同时适当设计一些开放性的问题。这两种类型的问题各有优势，封闭型的问题可以统一评价的标准，节约考核人员的时间，同时方便统计分析；开放型的问题可以得到考核者更全面的评价、更准确的描述，并可以提出一些佐证案例，但是开放型的问题比较耽误时间，填写过程需要经过思考和总结，这就造成有些考核人员不愿意配合，经常用敷衍的态度和应付的方式去完成评价。

企业人力资源管理人员可以根据企业的实际情况自行设计360°绩效考核问卷，也可以选择让人力资源咨询机构提供支持。自行设计的360°绩效考核问卷更适合企业的实际情况，得到的考核结果也更加地客观，但这需要人力资源管理人员有较高的专业水平，并需要得到各部门的配合。人力资源咨询机构提供的360°绩效考核问卷有足够的专业度，但部分问卷内容并不适合企业，且需要支付一笔服务费。至于企业自己设计调查问卷，还是选择人力资源咨询机构提供支持，企业需要根据自身的规模、实力、需求进行选择。

从大部分中小企业实际操作经验来看，除了上面提到的两种问卷设计方

式,还可以选择以下几种模式:一是借鉴同行业公司的评估问卷,并根据企业的实际情况适当修改;二是借鉴人力资源咨询公司的评估问卷,删除、修改一些和企业实际情况不相符的内容,同时增加一些企业重点关注的内容;三是请人力资源咨询公司为企业量身定制一套360°绩效考评问卷,当然,这要花费一定的成本。

360°绩效考核以前经常通过线下纸档的形式完成,现在更多的企业选择线上以电子的形式去完成相关评价。对于规模较小,开发线上考核系统有困难的企业,可以选择线下的形式。但360°绩效考核涉及的人员非常多,线上模式更容易协同操作,也更容易统计考核结果,从长远来看,线上的形式更加高效和便捷。人力资源咨询机构开发的360°绩效考核系统一般都是线上的形式,绩效管理人员可以自行设定考核流程和节点,考核系统同时具有提醒、统计、分析、反馈等功能。当然,对于一些科技型公司来说,自行开发这些功能并不是什么难事。表3-15至表3-18是360°考核示例表,供大家参考。

表3-15 360°岗位胜任力评估表(中层人员)

被评估人姓名:　　　　　　部门:　　　　　　岗位:
评估人类别:□上级　□平级　□下级　□客户

| 评估内容 | | 指标说明 | 分值 | 评估得分 | 评价 |
| --- | --- | --- | --- | --- | --- |
| 职业素养 | 责任心 | 敢于担当,在工作中能以身作则,且对结果勇于承担责任、毫不推诿扯皮 | 10 | | |
| | 职业道德 | 胸怀坦荡、讲诚信,在员工中有威信;严谨务实、实事求是,使人信服;对领导和同事坦诚相待,不受个人主观情绪影响,处事公正,没有私心,自律性强 | 10 | | |
| | 执行力 | 行动迅速,以结果为导向,对于公司安排的工作任务,无论是否为本职工作,有计划、有方法、不折不扣地执行 | 10 | | |
| 业务能力 | 专业能力 | 具有较丰富的专业经验及技能,能够统筹并推动内部各项工作顺利开展;能够整合资源形成最佳解决方案 | 10 | | |
| | 工作业绩 | 工作高效,能够按照预期工作计划及目标完成各项工作任务,业绩较好 | 20 | | |
| 管理能力 | 问题解决 | 能够独立或主导解决组织内部较复杂的问题,并能支持团队解决有挑战性的问题 | 10 | | |

续上表

| 评估内容 | | 指标说明 | 分值 | 评估得分 | 评价 |
|---|---|---|---|---|---|
| 管理能力 | 沟通表达 | 思路清晰，逻辑性强，沟通表达能力较好，不张扬、不怯场，观点明确，说话时总能直击关键要点，沟通效率较高 | 10 | | |
| | 团队管理 | 有工作热情并能传播给同事，所辖团队氛围积极向上；有一定的管理技巧，能调动下属工作积极性，经常给团队成员工作指导，愿意且有能力培养骨干员工；准确了解部门工作任务及岗位分工，能合理安排工作任务 | 10 | | |
| | 团队协作 | 协作性强、配合度高，能有意识地理解对方、换位思考，求同存异解决问题，建立了较好的部门内、外工作关系 | 5 | | |
| | 学习创新 | 善于主动、自发学习，经常能在工作流程及方式方法上提出改进建议或方案 | 5 | | |
| 综合得分 | | | 100 | | |
| 综合评价： | | | | | |

表3-16 360°考核表（中高层人员）

被测评人姓名：　　　　　　　　　被测评人岗位：

| 序号 | 维度 | 说明 | 分值 | 评分 | 具体评价说明 | |
|---|---|---|---|---|---|---|
| | | | | | 优势 | 改进点 |
| 1 | 领导能力 | 是否具有战略思维能力、个人魅力、创新能力、影响他人实现目标的能力 | 15 | | | |
| 2 | | 管理是否公平公正，是否具有决策能力、指挥能力、计划能力、组织能力 | 15 | | | |
| 3 | 专业能力 | 专业知识是否扎实，工作经验是否丰富，业务技能是否熟练 | 15 | | | |
| 4 | | 是否能解决专业技术难题 | 10 | | | |
| 5 | 团队建设 | 是否具有凝聚力，团队成员是否相互信任，关系是否和谐融洽 | 15 | | | |
| 6 | | 团队成员是否具有合作意识，是否具有高涨的团队士气 | 10 | | | |
| 7 | 下属培养 | 重视和关心下属的工作兴趣及职业发展 | 5 | | | |
| 8 | | 是否懂得授权管理，并在工作过程中给下属提供专业指导和支持 | 5 | | | |
| 9 | 职业态度 | 严于律己，行为符合公司价值观要求 | 5 | | | |
| 10 | | 身先士卒，能起到模范带头作用 | 5 | | | |
| 合　计 | | | 100 | | | |
| 综合评价： | | | | | | |

表 3-17　360°考核表（适用于平级评价）

被测评人姓名：　　　　被测评人岗位：

| 序号 | 维度 | 说明 | 分值 | 评分 | 具体评价说明 ||
|---|---|---|---|---|---|---|
| | | | | | 优势 | 改进点 |
| 1 | 专业能力 | 是否具备工作所需要的主要知识和技能，并能敏锐地发现业务流程或操作上的缺陷，并提出有效的解决方案 | 25 | | | |
| 2 | 协作能力 | 是否能与本部门其他业务组或公司其他部门同事协同合作，实现组织共同的目标；同时，针对其他人员/部门提出的协助请求能积极、按时、保质地完成 | 20 | | | |
| 3 | 控制协调能力 | 是否具备全局思考能力，能敏锐把握事物关键，控制事态整体局面，协调相关资源，引导事态向既定的目标发展 | 30 | | | |
| 4 | 学习创新能力 | 是否善于主动、自发学习，扬长避短，吐故纳新，经常性针对本职或其他业务领域尝试创新或提出创意性的解决方案 | 10 | | | |
| 5 | 职业态度 | 在价值观和行为表现上是否符合公司对服务意识、敬业精神、道德情操、品质意识、团队精神、创新意识方面的要求 | 15 | | | |
| | | 合　计 | 100 | | | |

综合评定：

表 3-18　360°评价表

被评估人：
评估人与被评估人的工作关系（请在对应的工作关系项前画"√"）：
□上级　□下级　□横向同事　□客户　□自己
为客观公正评价被评价人的各项能力，请您认真阅读下表所示内容，并依据标准分值在"本项得分"栏内打分。感谢您的支持！

填写说明：
1. 保密：我们对您的评估结果将严格保密，您的评价结果主要用于评分统计和信息提取。
2. 分值：同意：10分；基本同意：6分；持保留意见：4分；不同意：0分；不了解：此项评价指标不计分；
3. 总分评分等级：优秀62~70分，合格40~61分，需改善24~39分，不合格24分以下。
4. 任职能力综合评价：根据对被评估人的了解，客观、公正地对考察对象进行描述。
5. 适岗度：根据被评估人任职能力与岗位匹配情况，对其适岗度进行选择。

| 能力名称 | 能力行为表现 | 标准分 | 评　价 |
|---|---|---|---|
| 文化认同 | 能够认同公司的文化及核心价值观，在工作中认真践行，自觉遵守员工职业准则与行为规范；能够认同公司的战略及业务模式，愿意与公司共同成长，成为事业伙伴 | 10 | □同意　□基本同意<br>□持保留意见<br>□不同意　□不了解 |

续上表

| 能力名称 | 能力行为表现 | 标准分 | 评价 |
|---|---|---|---|
| 专业能力 | 具有所从事专业领域的基础知识和基本技能，能够根据掌握的知识开展相关工作；在处理较为复杂的工作时，知道如何寻求资源和帮助 | 10 | □同意 □基本同意<br>□持保留意见<br>□不同意 □不了解 |
| 高效执行能力 | 能够将工作任务进行分解，整理出工作目标优先事项及实施工作计划，对业务流程、资源和体系加以整合，在工作中高效执行并达成预期结果 | 10 | □同意 □基本同意<br>□持保留意见<br>□不同意 □不了解 |
| 持续学习能力 | 能够积极找出需要学习的新领域，经常创造或利用学习机会，并将新学到的知识或技能应用在工作上 | 10 | □同意 □基本同意<br>□持保留意见<br>□不同意 □不了解 |
| 客户导向 | 理解客户问题、预期和需求，能够仔细聆听并善意回应客户的问题或想法，维护客户自尊，考虑行动或计划对客户的影响，满足客户需求并解决问题，能够避免过度承诺 | 10 | □同意 □基本同意<br>□持保留意见<br>□不同意 □不了解 |
| 互助合作 | 和其他同事建立并维系良好工作关系，能够协助他人达成工作目标 | 10 | □同意 □基本同意<br>□持保留意见<br>□不同意 □不了解 |
| 积极主动 | 能够在遇到问题或需要有所回应时立即采取行动；不被动地等待指示和要求，能主动独立地提出新的想法和解决方案，并且采取行动加以实施 | 10 | □同意 □基本同意<br>□持保留意见<br>□不同意 □不了解 |
| 任职能力综合评价 ||||
| 适岗度（请您在选项前面画"√"）：<br>□杰出，业绩与能力展现已远超出岗位要求，可胜任更高级别的岗位<br>□完全胜任本职工作，业绩与能力展现全部满足岗位要求<br>□基本胜任本职工作，业绩刚刚达到岗位要求，部分能力需提升<br>□待改进，业绩与部分能力展现与岗位要求还有微小差距<br>□不胜任本职工作，业绩与能力展现不能满足岗位要求 ||||

（二）实施360°绩效评估

360°绩效评估涉及的人员很多，在考核前要确定好考核关系，即谁给谁做评价，这样实施起来才不会乱套。另外，考核者和被考核者之间多多少少存在一些利害关系。因此，在实施前一定向所有参与人员做好充分的说明和动员，打消其内心的顾虑，正确理解企业实施360°绩效评估的目的和意义，这样才能保证得到比较客观和公正的结果。假如，下级担心对上级不好的评价会遭到报复，那么下级对上级的评价就不会准确和客观。因而作为实施人员，一定要强调并切实保证做到 360° 评估全过程保密。

（三）反馈和应用

同其他绩效管理方式一样，考评结束后需要及时将相关的考核结果反馈给被考核者。通过 360° 绩效评估，被考核者收到来自上级、下级、同事、客户及自己的评估，可以更加全面地了解自己的优势和不足，更清楚地认识到客户对自己的要求，上级对自己的期望，有助于个人能力的提高及未来职业生涯的发展。

360° 绩效评估的结果可以应用于中高层管理人员岗位胜任能力评估、工作绩效考核、人才选拔、培训与发展等领域。考核是过程，应用是手段，提高组织和个人的绩效才是最终目的。因此，及时反馈，有效应用 360° 考核结果，对提升企业管理水平，提高干部整体素质，改善经营业绩都有重要的意义。

## 三、360° 考核的优势与劣势

（一）360° 考核的优势

1. 考核结果更加客观和全面。360° 绩效考核与其他绩效管理方式最大的不同是打破了由上级考核下级的做法，被考核者除了需要上级评价外，还需要下级、同级、客户进行评价，这样避免了员工前途完全由自己的"上级"掌控的局面，不同的考核者从不同的角度去评价一个人，得到的考核结果也更加地客观和全面。

2. 有助于被考核者更客观、全面地了解自己、提升自己。"橱窗理论"把对一个人的认识分为四个象限，犹如橱窗的四个格子。橱窗一为自己知道，别人也知道的部分，称为"公开我"，属于个人展现在外，无所隐藏的部分；橱窗二为自己知道，别人不知道的部分，称为"隐私我"，属于个人内在的私有秘密部分；橱窗三为自己不知道，别人也不知道的部分，称为"潜在我"，是有待开发的部分；橱窗四为自己不知道，别人知道的部分，称为"背脊我"，犹如一个人的背部，自己看不到，别人却看得很清楚。360° 绩效考核从各个维度去剖析、评价被考核者，这样有助于被考核者更加客观、全面地了解自己，认清自己的优势和劣势，找到提升的空间，不断地完善自己的知识结构，提高自己的技能水平。

3.监督和制约作用。当员工的奖惩完全由上级掌控的时候，个别员工会讨好上级，觉得"哄"好上级就可以了，其他人无所谓。这样就会出现员工行为上的偏颇，比如不重视与同事的关系，不关注下属员工的感受，不关心客户的需求等，因为他们和自己的"前途"没有太大关系。采用360°考核就不一样了，除了自己的上级外，其他人都有话语权，员工需要全方位地做好自己，做好工作，360°考核无形中起到了一定的监督和制约作用。

（二）360°考核的劣势

1.考核投入的成本较高。成本分为直接成本和间接成本，直接成本是购买360°考核调查问卷及相应咨询服务的费用，这部分是看得见的费用，另一部分是看不见的间接费用，这笔费用也不少。我们来算笔账，假如企业有20个中层干部需要考核，平均每个人对应一个上级、五个下级、五个同事、三个客户及员工自己来实施评价。假如每个考核者需要花费20分钟时间来完成这项工作，总共需要花费6 000分钟，也就是100个小时，这还不算人力资源管理人员前期准备、后期数据统计分析需要占用的时间。由此可见，360°绩效考核间接人力成本也非常高。

2.存在"抱团取暖""公报私仇""人缘外交"等不公平现象。在执行360°绩效考核过程中，我们会发现一些问题，比如，几个人私下商量好互相打高分的"抱团取暖"现象；平时工作中存在矛盾和摩擦，利用360°绩效考核机会故意给对方打低分的"公报私仇"现象；善于交际、人缘好的员工一般比平时兢兢业业、埋头苦干的员工绩效得分高的"人缘外交"现象。这些现象，是在打绩效考核制度的擦边球，说不上违规违纪，也很难找到确凿的证据，但确实造成了考核结果的不公平、不公正。

另外，因为涉及的人员比较多，并不是每个人都非常了解被考核对象的工作，也不掌握被考核者具体的工作成果数据。因此，360°考核一般以定性考核为主，定量考核为辅，这也造成考核结果存在人为判断不准确、不公平的现象发生。

3.造成一些管理上的障碍。管理人员在管理员工的时候，想到员工还要给他打分，会不会存在不敢管，"悠"着管，甚至"讨好"员工的现象发生呢？可能会的。笔者曾接触过一个企业，实施360°考核后，发现企业的执行力变差了。在实施360°考核之前，管理人员雷厉风行，对员工的要求非常严格，一旦员工没有按时完成任务，会给予严厉的批评，甚至扣罚绩效奖金。

当员工抱怨非常多，离职率非常高的时候，企业人力资源管理人员引入了360°考核，以制约管理人员的行为，实施的效果确实不错，员工的抱怨少了，离职率也降低了。但企业发现员工的执行力也跟着变差了，原来实施360°考核后，管理人员不怎么敢"管"了，员工没完成任务也不会像以前那样对待员工了，结果是员工从心态上放松了，行为上也懈怠了。

## 四、360°考核适用范围

1. 360°考核适用于中高层管理干部，不太适用于基层员工。一方面是因为实施的成本高、难度大，如果基层员工都参与，会造成较大的浪费；另一方面是因为基层员工更适合以任务为中心，以结果为导向的业绩考核，大动干戈地实施360°考核意义不大。

2. 360°考核适用于胜任素质考核，不太适用于工作业绩考核。如果企业准备提拔一位中层管理干部，想全方位地了解下这位候选人，那用360°考核再合适不过了。但是，如果是用于月度绩效考核并发放月度绩效奖金，那么企业可能会矛盾重重，冲突不断。

3. 360°考核适用于成熟期并具有一定规模的企业，不适用于初创期及员工较少的企业。实施360°考核需要彼此了解，内部沟通没有障碍，信任度比较高的企业，而初创企业人员流动性大，彼此缺乏信任和深度合作的基础，实施起来会比较困难。另外，企业员工的人数也限制了实施360°考核的效果，当企业人数很少的时候，谈不上全程保密，谁给谁打的分基本上心里都清楚，这样打分时很容易形成默契，你给我打多少，我就给你打多少。而且，与其大张旗鼓地实施360°绩效考核，还不如坐下来开个"沟通会"来的效果更直接、效率更高。

4. 360°考核适用于偏民主管理的企业，不适用于偏专制的企业。360°考核适用于那些偏民主管理的企业，大家都有发言权，强调集体决策，360°考核无疑是提升员工参与感非常好的一个管理工具。但对于那些强调执行、崇尚服从的偏专制的企业并不适用，因为360°考核会削弱领导的权威，降低执行的效率，这样的企业强调的是"不要讲条件""请给我结果"，不能说这样的企业不好，也不能说不对，只能说这样的企业不适合用360°考核。

5. 360°考核适用于信息化平台建设比较完善的公司，不适合信息化平台不健全的公司。360°考核涉及的人非常多，工作量非常大，没有完善的信息化平台，单靠人力去完成考核、统计和分析，会消耗大量的人力成本，并可能造成考核不能按期完成，甚至半途而废。

### 五、360°考核点评

360°考核的出发点非常正确，只有全方位、多角度地去了解员工，才能得到比较客观、准确的结果。因此，重要岗位的人员任命前，会通过360°考核的方式去衡量和判断一个人的真实情况。但由于360°考核涉及的人员多，实施成本高，以及存在前文中提到的一些劣势，很多企业并没有把它作为日常考核的工具，而是作为绩效考核体系的一种补充方式。我们不能完全否定它，也不能完全肯定它，关键要看在哪用、怎么用，360°考核在企业管理中仍具有重要的应用价值。

## 第六节　关键成功因素（KSF）

企业里每个岗位都由几个关键的工作职责组成，这几个关键工作职责履行的好坏，决定了这个岗位的价值，以及这个岗位上人员的绩效水平。按这个思路，我们对这些岗位的关键职责及行为进行激励，激励包含两个方面：一方面是正向的激励，当员工完成的关键工作职责达到或超过一定水平的时候，就给予正向的激励，完成的越好，激励越高；另一方面是负向的激励，当员工完成的关键工作职责达不到预期水平的时候，就要给予负向的激励，完成的越差，负向激励越多。以上管理思路，就是本章节要讲的关键成功要素绩效管理方法的核心思想。

关键成功因素（key success factors，简称KSF），又称为"关键成功因子""薪酬全绩效模式"，是指由决定岗位价值大小的最有代表性的影响因素或关键指标为基础进行薪酬激励的绩效管理方式。

根据"二八定律"，岗位价值的大小由那些少数关键因素决定，这些关键因素代表了岗位职责特定的价值，聚焦这些因素，并与员工的薪酬激励挂钩，从而促进岗位目标的达成，并追求更好的业绩表现。

关键成功要素，又叫薪酬全绩效模式，它既是一套绩效管理工具，也是一套薪酬分配工具，是根据员工创造的核心价值实施薪酬激励的绩效管理方法。关键成功要素通过将企业的绩效目标与员工的薪酬期望进行融合，寻找两者之间的平衡点，从而让企业和员工形成利益共同体，实现企业和员工共创、共荣、共赢。如图 3-5 所示，是薪酬全绩效模式中价值与薪酬的对应关系。

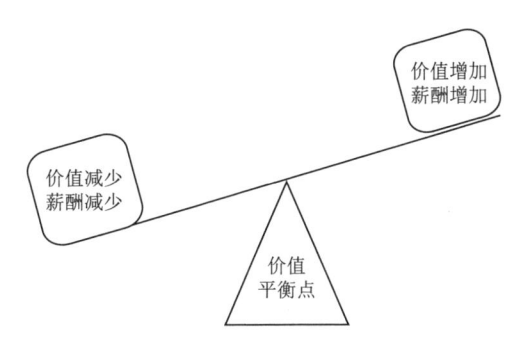

图 3-5　薪酬全绩效模式中价值与薪酬对应关系图

从名称和概念上看，关键成功要素（KSF）与前面章节讲到的关键绩效指标（KPI）、目标与关键成果法（OKR）非常类似，但实际上他们有着本质的区别，其中最大的区别是采用关键成功要素法的企业会为每个关键成功要素进行薪酬激励，而关键绩效指标（KPI）是根据最终的综合考核结果进行激励，不会为单个的关键绩效指标付薪；目标与关键成果（OKR）是一个单纯的绩效目标管理工具，它强调不与员工的薪酬挂钩，鼓励员工制定有挑战性的目标。

## 一、关键成功因素使用原则

（一）聚焦关键因素

决定岗位成就的只有少数关键因素，聚焦这些因素，并视其为核心目标，这样有助于部门及企业目标的实现。比如销售岗位，其成功的关键因素就是客户的开发、维护及销售额的增长；招聘岗位的关键成功因素是招聘人才的数量、质量和效率等。聚焦这些关键因素，只要这些关键因素完成的好，那么这个岗位上的人员业绩就好，部门和企业都会从中受益。

### （二）关键成功因素与员工薪酬紧密挂钩

关键成功因素是一套员工绩效与薪酬高度结合的管理工具，当员工完成的关键成功因素指标高于预先设计的平衡点时，薪酬就会增加；当员工完成的关键成功因素指标低于预先设计的平衡点时，薪酬就会减少。至于增加或减少的幅度，要根据业绩指标超过或低于平衡点的幅度，以及设定的奖励标准来决定。

在前面讲关键绩效指标（KPI）及其他绩效管理方式的时候，其结果应用中也有薪酬激励的内容，但是包括KPI在内的其他绩效管理方式，一般是把工资中的一部分拿出来作为绩效工资，大部分员工的绩效工资是按1.0倍发放，部分优秀员工绩效工资按1.2倍发放，部分绩效考核结果较差的员工绩效工资按0.8倍发放。因为绩效工资一般只占工资总额的20%~30%，这样导致绩优员工和绩劣员工的薪酬总额差别不大，并最终导致薪酬激励效果不明显。关键成功因素与员工薪酬紧密挂钩，薪酬多少完全由关键成功因素完成情况来决定，这样就产生了显著的激励效果。

### （三）正向激励为主

企业实施绩效管理最差的结果是让员工认为绩效管理就是克扣薪水的工具，只不过名字更好听一点，形式更"高大上"了一些罢了。关键成功因素作为薪酬分配的一种工具，一定要树立正向激励为主的思想，否则，可能会导致适得其反的效果。

关键成功因素法实现了企业业绩与员工收入的良性互动，持续正向激励的结果一定是企业经营业绩和员工收入的节节攀升，是企业与员工的共赢。

### （四）将企业目标转化为员工的目标，将岗位职责转化为有价值的行为

绩效管理的基本思想是"要什么就考什么"，关键成功因素作为绩效考核的一种方式，实施的目的是完成企业的总体目标，这就需要通过目标分解及计划管理，将企业的目标转化为员工的目标，员工在实现自身目标的同时，保证企业目标能够按时完成。每个岗位对应不同的岗位职责，不同的岗位职责对应不同的关键成功因素。关键成功因素绩效管理方法一个重要的思想是把岗位职责转化为有价值的行为，当员工完成这些有价值的行为时，企业就按预先设定的价值支付相应的报酬。如果无法衡量关键成功因素的价值，那么就无法进行有效的薪酬激励，也就失去了关键成功因素绩效管理方式实施的意义。

## 二、关键成功要素实施流程

（一）进行岗位初步分析，确定实施岗位

关键成功因素与薪酬激励挂钩，这就需要岗位的价值能够被明确地衡量，以便匹配相应的薪酬。也就是说，并不是所有的岗位都适合用关键成功因素法进行绩效考核，只有那些岗位价值容易被衡量的岗位才适合，比如销售岗位、招聘岗位等。因此，在实施关键成功因素法的时候，我们需要提前对企业内的岗位进行初步分析，来确定哪些岗位适合采用关键成功因素法实施绩效管理。

（二）对岗位职责进行价值提炼

确定实施的岗位之后，接下来需要对这些岗位的岗位职责进行价值提炼。所谓价值提炼，就是分析岗位能够产生的核心价值，并对这些核心价值进行量化，量化的形式可以用数量、质量、时间、成本等来表达。这些可量化的价值输出就可以作为关键成功因素考核法的考核指标，我们称之为关键指标，或 K（key）指标。

（三）测算平衡点

提炼岗位职责的价值后，接下来需要测算岗位价值的平均水平，也就是常规能够达到的水平，在关键成功因素理论中我们称之为平衡点，每个平衡点对应一个相应水平的薪资。当这个岗位上员工的业绩高于平衡点时，薪酬按比例增加；当这个岗位上的员工业绩低于平衡点时，薪酬按比例减少。测算平衡点的方法，可以采用比较法、收益法、倒推法等方式。比较法是对比历史数据、标杆企业的数据来确定平衡点；收益法是根据创造的价值能够在市场上取得的收益来确定平衡点；倒推法是根据企业总目标来倒推平衡点的方法。具体采用哪种测算方法，要根据企业及岗位的具体情况来定。

（四）确定各个成功因素的权重

虽然都是关键成功因素，但每个因素的价值是不一样的，这就需要进一步确定每个成功因素所占的权重，关键成功因素的权重也是薪酬分配的权重。确定权重有助于员工聚焦关键指标，突出岗位核心价值，有助于员工的目标和企业的目标保持一致。

（五）薪酬测算

薪酬测算分为两部分，一部分为固定薪酬测算，另一部分为绩效薪酬测算。固定薪酬测算一般根据企业内现有岗位薪酬水平或人才市场工资水平，按上一步确定的权重进行分配，为每个关键成功因素定价，当员工的业绩水平达到平衡点时，就可以足额拿到相应的报酬。绩效薪酬测算一般是测算员工业绩超过或低于平衡点多少，给予多少薪酬奖励或处罚。绩效薪酬是岗位价值之外的激励，可以适当灵活地设置，从关键成功因素绩效管理方法实施的原则出发，建议奖多罚少，这样更有助于激发员工的积极性，有利于团队的稳定。

（六）模拟试运行

关键成功因素与薪酬激励挂钩，涉及企业和员工的利益，在完成前面平衡点、权重、薪酬测算后，建议不要急于推行，以免由于绩效管理人员考虑不周、测算不准或其他客观情况变化等因素造成实施中出现意想不到的问题，最终造成企业利益损失，或挫伤员工积极性。在正式推行之前先模拟试运行，听取员工的意见，总结出现的问题，对关键成功因素实施方案做进一步的完善，适当调整相应指标，力争在正式实施时，能够取得预期的效果。

（七）正式实施

正式实施关键成功因素法时，一定要做好沟通与宣传工作，以免员工对方案理解上有偏差造成实施效果不理想。员工需要清楚知道自己岗位的考核指标、权重及计薪方式，当员工履行完岗位职责，完成关键成功因素相关指标后，能够清楚地计算自己应得的薪酬，这样才能真正实现责、权、利的统一，才能真正发挥关键成功因素的优势。

以下是某公司使用关键成功因素的案例。

公司人力资源主管岗位的岗位职责是招聘、培训新员工、收集绩效考核结果、核算薪酬和办理员工社保。这个岗位使用关键成功因素进行绩效管理的方案，见表3-19。

表3-19 人力资源主管岗位关键成功因素考核方案表

| 考核指标 | K1<br>招聘人数 | K2<br>培训次数 | K3<br>绩效收集 | K4<br>薪酬核算 | K5<br>社保申报 |
|---|---|---|---|---|---|
| 平衡点 | 8人 | 5次 | 每月3号前 | 出错率小于3% | 出错率小于1% |
| 权　重 | 30% | 20% | 20% | 20% | 10% |
| 薪　酬 | 1 500元 | 1 000元 | 1 000元 | 1 000元 | 500元 |
| 奖励标准 | 每增加1人奖励200元 | 每增加1次奖励200元 | 每提前1天奖励100元 | 每降低1%奖励200元 | 不出错奖励200元 |
| 惩罚标准 | 每减少1人扣减150元 | 每减少1次扣减150元 | 每延迟1天扣减100元 | 每增加1%扣减150元 | 每增加1%扣减150元 |

公司生产主管岗位的岗位职责是管理生产车间，生产出合格的产品，并按期交货。这个岗位使用关键成功因素进行绩效管理的方案，见表3-20。

表3-20　生产主管岗位关键成功因素考核方案表

| 考核指标 | K1<br>产　量 | K2<br>合格率 | K3<br>单件成本 | K4<br>安全事故 | K5<br>工人离职率 |
| --- | --- | --- | --- | --- | --- |
| 平衡点 | 10 000 件 | 96% | 200 元 | 0 | 5% |
| 权　重 | 30% | 30% | 20% | 15% | 5% |
| 薪　酬 | 1 800 元 | 1 800 元 | 1 200 元 | 900 元 | 300 元 |
| 奖励标准 | 每增加 100 件奖励 200 元 | 每增加 1%奖励 300 元 | 每降低 1 元奖励 100 元 | 零事故奖励 300 元 | 每降低 1%奖励 100 元 |
| 惩罚标准 | 每减少 100 件扣减 150 元 | 每减少 1%扣减 250 元 | 每增加 1 元扣减 80 元 | 每发生一起事故扣减 300 元 | 每增加 1%扣减 100 元 |

通过以上两个表，我们可以了解到关键成功因素使用的基本方法，在设计关键成功因素绩效考核方案的时候，会发现以下几个难点：一是考核指标难确定，尤其那些职能类岗位，他们日常工作比较琐碎，不好确定哪些指标是这个岗位的关键成功因素，即使确定了关键指标，那些非关键指标相关的工作也不能不做，即使这些工作并没有对应的付薪标准；二是平衡点难确定，不好确定标准定多少是合理的，是企业和员工都能接受的；三是权重难确定，每一项权重定多少合适？这点也比较难把握，一般是根据上级领导的感觉来定，也可以先由员工根据自己的判断确定一个权重，上级领导再进行调整，但不管过程如何，其实都没有太准确的依据，都是凭自己对岗位的理解进行主观的判断。关键成功因素虽然在实施过程中存在一些困难和问题，但它为企业管理人员提供了一种绩效和薪酬互动的全新思路，值得我们去探索实践。

## 三、关键成功因素的优劣势

（一）关键成功因素的优势

1.绩效和薪酬融合，最大限度地调动了员工的积极性。无论企业有多么宏大的愿景，员工有多么远大的理想，对员工来说，到企业工作首要目的是挣钱养家，或实现财富积累。因此，企业对员工最大的激励莫过于涨薪。关键成功因素将绩效考核指标与员工薪酬进行了融合，这样对员工的激励作用就会更加地明显,能够最大限度地调动员工的积极性。

2.实现企业和员工利益协同、共创、共赢、共享。员工为薪酬工作,企业为结果付费。关键成功因素实现了企业和员工利益协同,员工努力工作完成关键绩效指标,获得相应的报酬,企业为员工完成的绩效指标支付报酬。企业效益和员工的绩效、收入协同发展,实现了企业和员工利益共创、共赢、共享。

(二)关键成功因素的劣势

1.实施起来比较复杂。关键成功因素绩效管理方法原理非常简单,但实施起来却比较复杂,主要体现在关键成功因素的设定、权重的安排、平衡点的测算、付薪标准的设定等方面。绩效管理人员表面上是在做一套绩效管理方案,实际上也在做一套薪酬激励方案。主导过企业薪酬改革的HR同行都清楚,只要涉及员工的薪酬,那就是牵一发而动全身,没有经过缜密的思考、反复的测算和无数次的沟通很难取得理想的效果。这就要求实施关键成功因素绩效管理的人力资源管理从业人员具有非常过硬的专业素质和能力,起码能够驾驭得了这个工具,同时需要实施人员对企业非常了解,尤其对企业的组织架构、岗位设置、薪酬体系、企业文化、管理层的管理风格、员工的想法等都比较清楚,只有做到这些,实施起来才会比较顺利,而不至于被一堆困难阻碍的寸步难行,最终不了了之。

2.收入波动影响员工的积极性和稳定性。由于指标、平衡点、薪资支付标准或奖惩措施设置不当会造成员工收入减少,从而打击员工的积极性,这与关键成功因素实施的原则不一致,但这种情况的确会发生。另外,市场环境变化也会影响员工绩效指标的完成情况,造成员工收入随市场环境变化而上下波动,这与员工的努力程度无关,但却会引发员工心理上的抵触,并最终影响员工的稳定性。

3.员工为短期利益工作,不利于企业和员工长远发展。薪酬与绩效指标挂钩,能调动员工的积极性,但也会助长员工一切为薪酬,一切围绕关键指标开展工作的思想,从而忽略了那些有助于企业和员工长远发展的工作。比如,一个企业对人力资源专员实施绩效考核与激励,规定每招一名大专生奖励300元,每招一名本科生奖励500元,每招一名硕士生奖励1 000元。在高额奖励政策的刺激下,他们招聘人才的积极性很高,把大量时间和精力花在招聘上,而人力资源其他模块的工作无暇顾及。这就容易造成人力资源工作重心失衡,高入职率和高离职率并存，员工人均产能不高的情况发生。当员工仅靠利益驱动去工作的时候，是短视的、功利的，人不仅仅需要穿衣吃饭，还需要理想和信念。企业也一样，盈利是前提，但为客户提供有价值的产品和服务才是持续发展的基础。

## 四、关键成功因素适用范围

关键成功因素适用于中小型企业。关键成功因素需要对每个岗位的价值进行分析，需要对平衡点、薪酬给付标准进行反复测算，大型企业组织结构复杂、岗位繁多，需要实施人员花费大量的精力去完成这项工作，甚至可能是一项无法完成的工作。因此，关键成功因素比较适用于中小型企业，这些企业组织结构简单，岗位数量有限，有利于实施人员顺利完成项目的推进和实施。另外，中小型企业管理机制相对灵活，发现方案设计有问题或市场发生变化时，可以随时对方案做出调整，不至于发生系统性问题后再返回来补救，这时候可能为时已晚了。

关键成功因素适用于那些可以量化产出的岗位。关键成功因素核心思想是为员工工作成果付费，这些工作成果最好是能够量化的，如果不能量化，就很难确定支付的标准，就如市场买菜，一斤多少钱，一个多少钱，当不能用数字量化时，买家就不知道付多少钱合适了。在企业里面销售岗位的工作是可以量化的，招聘人员的工作是可以量化的，但财务岗位的工作就不太好量化，行政岗位的工作同样不好量化，在实施关键成功因素法的时候对那些不太适合实施的岗位，不必牵强、固守，可以灵活地设置，甚至可以结合其他绩效管理方式使用。

## 五、关键成功因素绩效管理方法点评

关键成功因素绩效管理工具有一定的适用场景，不能应用于所有企业，所有岗位。同时，在实际操作过程中也存在一些难点及需要凭主观判断的情况，因此它并没有得到非常广泛的应用。万物皆有其两面性，我们要吸收其优点，克服其缺点，灵活地运用它可能会产生意想不到的效果。关键成功因素为企业绩效、薪酬改革提供了一个很好的思路，值得企业去研究和尝试。

# 第七节 积分制管理

新中国成立后,在农业生产合作社和农村人民公社中普遍采用工分制来记录社员的工作成果,并以此作为发放劳动报酬的依据。市场经济兴起后,积分作为商户鼓励客户持续消费的一种商业激励手段,客户消费后可获得一定数量的积分奖励,客户可凭这些积分享受后续折扣优惠、换购礼品等,商户由此提高客户满意度和忠诚度,并形成对客户的二次和多次销售。

2012年起,部分一线城市采用积分制作为外来人口落户的依据。"积分制落户"的积分以居住年限、缴纳社保年限、学历、专业技能、贡献等指标为考核项,计算非本地户籍人才的"积分",积分达到一定标准即可申请在当地落户。

2015年起,积分制管理作为现代企业的一种绩效管理工具开始逐渐走向人们的视野。积分制管理,就是用积分(奖分和扣分)对人的能力和综合表现进行全方位量化考核,并用软件记录和长期使用。用积分来衡量人的综合价值,然后再把薪资、福利、晋升等与积分挂钩,积分高的员工可以得到更多的福利待遇和晋升机会,从而达到激励员工的主观能动性,充分调动员工的积极性的目的。

## 一、积分制管理使用原则

**(一)全方位考核**

积分制管理要求对员工的能力、综合表现进行全方位的考核,这样汇总得到的积分才能作为衡量员工整体表现的依据。

**(二)用软件进行记录**

员工的积分数据量非常庞大,单靠人工记录会非常麻烦。因此,必须通过软件进行记录和查询,这样可以大幅降低积分管理的工作量,提高使用的便捷性。

**(三)积分长期累积使用**

员工积分兑现后不清零,进行长期累积,并作为长期激励的依据,这样可以大幅提升员工的稳定性。

**(四)积分与薪资、福利、晋升等挂钩**

积分必须与薪酬、福利、晋升等挂钩,这样才能提高员工参与的积极性,否则会导致员工不在乎积分，甚至排斥积分制管理的现象。

（五）即时激励、短期激励与长期激励相结合

为了充分调动员工的积极性，发挥积分制管理的优势，在使用积分进行激励时要保证即时激励、短期激励和长期激励相结合，让员工有动力去获得更多的积分。

## 二、积分制管理使用流程

（一）确定积分的来源

每个企业可以根据企业的实际情况，确定积分的来源，也就是确定员工的积分由哪些部分组成。一般来说，积分可分为固定积分、工作任务积分、综合表现积分和绩效积分。

1.固定积分。固定积分由基础积分、学历积分、工龄积分、职级积分、职称积分等组成，积分随着员工学历、工龄、职级和职称的变化而变化，鼓励员工追求上进，不断提升自己的学历、职级、职称水平。基础积分是每个月固定给到员工的积分，设置基础积分的目的是防止因扣分出现负值的情况发生。

固定积分对应的积分项目比较稳定，不会出现大的波动，但固定积分需要与员工的考勤挂钩，根据当月出勤天数进行折算，这样就避免了员工当月未满额出勤，还拿到全部固定积分的不公平现象发生。

2.工作任务积分。工作任务积分主要来自日常工作完成情况。工作任务积分可以分为三种情况：第一种是完成每月固定工作的积分，即不同岗位的员工履行岗位职责获得的积分。第二种是额外任务分配奖扣积分。对于非计划内的工作，上级领导安排给员工进行处理时，每次根据安排工作的轻重缓急程度奖励责任员工不同的积分。第三种是临时奖扣积分。针对平时工作中员工的优秀表现及时地进行奖励，如主动加班、超预期交付工作成果等。同样对于表现较差的行为及时进行扣分处罚，如工作推诿、拖拉等。

3.综合表现积分。根据员工的综合表现获得的积分，比如做了好人好事，参加了企业组织的培训，担任了内部讲师，给企业提出了切实可行的发展建议等，这些积分由企业各职能部室归口管理，如企业大学、人力资源部、行政部、监察审计部等。

4.绩效积分。积分制本身就是一种绩效管理方式，但它与其他绩效管理方式并不冲突，可以并列运行。对还没有实施绩效管理的企业，可以直接使用积分制绩效管理方法，对已经实施了 KPI 或其他绩效管理方式的企业，可以同时实施积分制管理。积分可以作为其他绩效管理方式考核的依据，其他绩效管理方式的绩效考核得分可按比例折算成积分，这样就实现了两者互联互通、优势互补。

## （二）确定奖扣积分的规则

确定了积分的来源后，接下来需要确定奖扣积分的规则，也就是确定员工具备了哪些能力或完成了哪些工作就可以获得相应的积分。一般来说，对组织目标和团队业绩贡献最大的行为或指标可以获得更多的积分，并按这一标准进行排序，依次确定各种指标或行为的积分。比如完成当月销售目标奖励 50 积分，完成每天的工作总结可以获得 1 积分。

## （三）确定积分提报、审批、记录的工具和流程

确定了积分的来源和奖扣规则后，还需要确定积分提报、审批、记录的工具和流程。积分制管理的定义及使用原则中都提到积分需要使用软件进行管理，否则无法处理庞大的数据信息。有条件的企业可以自行开发积分制管理软件，没有条件的企业可以购买市面上比较成熟的积分制管理软件。一个好的积分制管理软件，应该具备以下特点和功能。

1.界面简单，清新。

2.注重用户体验，界面友好，对用户有吸引力，最理想的结果是让用户感觉像玩游戏通关一样去追求更高的积分，比如设置新手任务、阶段目标、积分排名、积分荣誉、自己和团队成员获得积分提醒等功能。

3.强调互动。自己完成一项工作任务可以申请积分奖励，也可以发布任务并悬赏积分，让下属或同事去完成相关工作赚取积分。

4.具有统计分析功能，能及时公示员工积分获取及排名情况。

5.具有多平台协同功能，实现手机、电脑互联互通。

6.具有积分录入功能，支持积分自动生成、单独申请和批量录入功能。

7.具有积分查询功能，支持个人、部门、集团不同权限、不同时间段的查询功能。

8.具有管理功能，支持组织架构、人员、管理权限的增减和调整。

9.具有显示功能，可以显示员工的信息、积分信息、可兑换的福利信息等。

10.具有积分使用功能，可以实现积分即时使用，阶段使用和终身使用，积分不清零，但需要显示积分是否已兑换相应福利。

如果没有积分制管理软件就一定不能施行积分制管理？当然不是，对于员工数量较多的企业，没有积分制管理软件实施起来确实非常麻烦，但规模较小的企业，使用常规的办公软件也能完成积分的记录、统计功能。表3-21和表3-22是采用手工模式记录和统计积分的模板，供大家参考。

表3-21 积分制管理奖（扣）表

日期：　年　月　日

| 被奖（扣）人姓名 | | 工　号 | | 部　门 | |
|---|---|---|---|---|---|
| 奖（扣）事由 | | | | | |
| 奖（扣）标准 | 奖励 | | 扣罚 | | |

被通知人：　　　　制表人：　　　　审核：　　　　录入：

表3-22 部门月份积分奖扣汇总表

| 序号 | 部门 | 岗位 | 工号 | 姓名 | 奖励积分 | 扣罚积分 | 积分汇总 |
|---|---|---|---|---|---|---|---|
| 1 | | | | | | | |
| 2 | | | | | | | |
| 3 | | | | | | | |
| 4 | | | | | | | |
| 5 | | | | | | | |

制表人：　　　　审核人：　　　　审批人：

固定类积分可由负责积分制管理的人员或人力资源管理的同事直接进行分配、记录和统计；工作任务积分由员工自行申报和上级领导直接奖扣两种方式相结合进行；综合表现积分由行政、人力、审计、财务等职能部门指定人员收集并录入积分数据；绩效积分由绩效管理人员进行核算、统计。

（四）积分的应用

积分应用的好，才能调动员工参与的积极性。就像商鞅变法中"徙木为信"的典故，商鞅实施变法后担心百姓不相信自己，就在国都集市的南门外竖起一根三丈高的木头。随即发出告示：有谁能把这根木条搬到集市北门，就给他十两黄金。百姓们感到奇怪，没有人敢来搬。商鞅又发出告示：有谁能把这根木条搬到集市北门，就给他五十两黄金。有个人壮着胆子把木头搬到了集市北门，商鞅立刻奖励给他五十两黄金。商鞅在百姓心中树立了威信，变法也得到了顺利实施。

企业根据员工的积分排名定期给予激励，这里需要注意的是积分制绩效管理中的积分一般不直接用于兑换礼品、奖金等，而是根据积分排名进行奖励，只奖励企业或部门内前多少名员工，奖励的形式可以是晋升、福利、奖金等。

以下是某集团企业实施积分制的案例，供大家参考。

某集团涉及地产、物业、教育等多个领域，目前企业施行的是关键绩效指标（KPI）绩效管理方式，企业内存在绩效管理流于形式，无法区分员工绩效、激励作用不明显、员工离职率高等问题。企业董事长在了解积分制管理后，认为积分制可以改变企业的现状，于是专门在人力资源中心下设了积分制管理办公室，在企业内推行积分制管理。在积分制管理办公室马主任的大力推动下，企业积分制管理得以落地实施并取得了显著成效。以下是企业实施积分制管理的具体办法。

## 某集团企业积分制管理实施细则

### 一、目的

为提高员工自我管理意识和工作积极性，鼓励员工全面发展，在全集团形成以成果为导向，自觉、自律、奋发向上的工作氛围，建设公平、分享、提升、创新的企业内部发展环境，特制定本实施细则。

### 二、定义

积分制管理是指以全方位综合积分来反映员工的综合表现，衡量员工的价值，员工的职位晋升、福利等与积分挂钩，并向高分人群倾斜，从而达到激励员工主观能动性的绩效管理工具。

### 三、适用范围

适用于集团中基层员工。各下属机构可在此框架基础上，结合业务实际制定实施细则。

### 四、职责分工

人力资源管理中心下设积分制管理办公室，负责积分制日常管理工作，督导与检查积分制的执行与落实，分析、研讨积分制管理中的问题，不断完善积分制管理体系。

集团下属机构参照集团总部人力资源管理中心组织架构，设立相应的积分制管理机构及岗位，并确定负责人员。

各部门按照所在部门职能，做好职责范围内的积分管理工作，收集、提报、录入相关积分数据信息，确保积分制得到贯彻与落实。

### 五、积分制管理实施原则

1. 尊重知识和能力的原则：对员工取得的学历、职称及资格证书进行奖分。

2. 以绩效积分和日常工作表现积分为主的原则：以绩效积分和工作表现积分为主要分值，其他赋分标准均以此两项为参考依据进行调整。

3. 限制单次奖扣分最高值的原则：对于单次奖扣分最高额进行限制，以确保积分制的公平性、合理性。

4. 及时向员工反馈积分信息的原则：定期向员工反馈积分信息及奖扣情况，以促进员工及时改进工作。

### 六、积分奖扣标准及计算方法

积分制管理中的奖扣分标准参照了集团现行的相关制度，包括："员工绩效考核管理办法""处罚条例""员工行为规范""培训管理办法""人事信息管理办法""组织绩效管理办法""员工奖惩管理办法""员工考勤管理办法""员工工龄工资管理办法""员工手册""公益捐助管理办法"等。以上管理办法的归口部门是本积分数据来源的责任部门，由各自归口部门制定相应的奖扣分标准并实施。

1. 固定积分。

根据员工在人力资源系统登记的相应资料进行积分奖励，此项按季度重复累计，并按实际出勤天数与应出勤天数进行折算。

1.1 基础奖励积分

因涉及扣罚积分项目较多，暂定所有参与积分人员基础奖励积分200分。

1.2 学历积分

学历分为博士、硕士、本科、大专、高中、初中及以下六个等级，奖励积分分别为：15分、12分、9分、6分、3分、0分。员工新取得学历的，自提报至人力资源管理中心的时间开始计算积分。

1.3 层级积分

分为工勤、专员、主管、经理、中副、中正、高副七个等级，分别对应奖励积分为 0 分、3 分、6 分、9 分、12 分、15 分、18 分。员工层级有变化的，自层级批示之日起，开始计算积分。

1.4　职称积分

为鼓励员工学习并掌握本岗位的专业技能，对持有的本岗位资格证书及职称进行奖励积分，证书暂定为国家相应机构认定的证书。证书种类暂定如下所列范围，后期会不断进行补充和完善：

律师资格证、IT 系统工程师、IT 网络工程师：均奖励积分 15 分；

IT 研发工程师：奖励积分 15 分；

造价师：造价员奖励积分 5 分，造价师奖励积分 10 分；

建造师：二级奖励积分 10 分，一级奖励积分 15 分；

电气工程师、土建工程师：初级奖励积分 5 分，中级奖励积分 10 分，高级奖励积分 15 分；

水暖工程师：初级奖励积分 5 分，中级奖励积分 10 分，高级奖励积分 15 分；

人力资源管理师：四级奖励积分 5 分，三级奖励积分 8 分，二级奖励积分 12 分，一级奖励积分 15 分；

会计师：初级奖励积分 5 分，中级奖励积分 8 分，高级奖励积分 12 分，注册会计师奖励积分 15 分。

此积分自员工提报相关证明材料至人力资源管理中心之日起开始计算积分，同时持有两个以上同类证书的，按较高的计分。

1.5　工龄积分

工龄积分参照工龄补贴方案，施行直线递进式积分制：在集团工作满 1 年以上的，每满 1 年，工龄积分增加 2 分；在集团工作满 20 年以上工龄积分固定为 40 分。

2. 工作任务积分。

为方便各部门负责人对部门内员工进行日常管理，并把管理落到实处，养成随时随地发现问题并及时处理问题的习惯，特给予各级领导一定的奖励及扣分任务和权限，部门负责人根据实际工作需要随时对部门内直属员工进行奖励和扣罚积分。

部门员工奖扣积分一般分为三种类型：固定工作积分、任务分配奖扣积分和临时奖扣积分。

固定工作积分：对于计划内工作或者每月的固定工作，可以采用此种奖分方式，根据每个员工承担的不同工作职责给予一定的奖分。

任务分配奖扣积分：对于非计划内的工作，在安排给部门员工进行处理时，每次根据安排工作的轻重程度预奖励责任员工不同的积分，在安排工作结束时，根据员工完成工作的质量核定最终的积分，这样方便及时对非计划内工作有效地跟踪和管理。

临时奖扣积分：针对平时工作中员工的优秀表现及时地进行奖分，如主动加班，超预期完成工作任务等。同样，对员工日常工作中的糟糕表现及时地进行扣分，如拖延、重大工作失误等。

不论哪种奖扣分形式，当一项工作由多名员工共同完成时，在安排工作时按责任大小进行奖励积分的合理分配，在工作结束时，根据各自完成工作的情况再进行适当调整，临时性奖扣分同样遵守此项规则。如工作安排后，中间工作分工有调整的，积分奖励重新进行分配。

3. 综合表现积分。

此部分积分根据员工的表现，分别由各项制度的归口部门，如人力资源管理中心、行政部、监察考核部、制度流程中等部门审核后获得相应奖扣积分，并由归口部门录入积分管理系统。具体奖扣分规则见表3-23（分数由各相应归口部门判定）。

表3-23 奖扣积分标准表

| 归口部门 | 积分项目内容 | 奖励积分标准 |
|---|---|---|
| 监察考核中心 | 违规违纪 | 根据集团处罚条例分为行政处分和经济处罚两类：<br>一、行政处分对应扣分<br>1. 通报批评：扣1~5分；<br>2. 降职、降级、降薪：扣6~10分；<br>3. 撤职：扣10~15分；<br>4. 辞退：积分清零<br>二、经济处罚对应扣分<br>1. 300元及以下：扣1~2分；<br>2. 301~500元：扣3~4分；<br>3. 501~1 000元：扣5~6分；<br>4. 1 001~5 000元：扣7~8分；<br>5. 5 001~20 000元：扣9~12分，如员工被辞退或开除积分清零<br>三、表彰奖励对应加分<br>1. 集团通报表扬，奖1~3分；<br>2. 经济奖励，5 000元以下奖4~5分；<br>3. 5 000~20 000元奖6~10分；<br>4. 20 000元以上奖11~15分； |
| | 工作延误 | |
| | 工作失误 | |
| | 表彰奖励 | |

续上表

| 归口部门 | 积分项目内容 | 奖励积分标准 |
|---|---|---|
| 制度流程中心 | 创新积分 | 1. 机制类：制定机制奖 10 分，修订机制奖 5 分；<br>2. 制度流程类：制定制度流程奖 8 分，修订制度流程奖 4 分；<br>3. 工艺流程、作业规范类：制定奖 6 分，修订奖 3 分 |
| | 课题积分 | 1. A 类课题完成奖 10~15 分，课题为多人时，积分进行分配；<br>2. B 类课题完成奖 5~10 分，课题为多人时，积分进行分配；<br>3. C 类课题完成奖 1~5 分，课题为多人时，积分进行分配 |
| | 专项创新奖励 | 根据获得的专利或者证书奖 5~15 分 |
| | 合理化建议 | 1. 建议被采纳：奖 10 分；<br>2. 没有被立即采纳，经认定，建议可行：奖 5 分；<br>3. 无效建议：不奖分 |
| 行政部 | 会议积分 | 参加企业组织的会议奖励 3 分 |
| | 宿舍检查卫生积分 | 卫生好的奖 1 分 / 人 / 次，差的扣 2 分 / 人 / 次 |
| | 办公室卫生积分 | 卫生好的奖 3 分 / 次，差的扣 2 分 / 次，奖扣分数进入部门领导奖扣分权限中 |
| | 就餐扣分 | 1. 提前就餐，根据刷卡和监控记录扣 2 分 / 次；<br>2. 就餐浪费，凭监控记录扣 2 分 / 次 |
| | 参加公益活动奖分 | 1. 参加公益活动奖 2 分；<br>2. 参加公益活动优秀或者获奖的奖励 3~4 分，仅参加的奖 2 分 |
| | 参加团体活动积分 | 1. 参加团体活动奖 2 分；<br>2. 不参加团体活动扣 1 分，如没有划定参加范围的不扣分 |
| 企业大学 | 参加培训 | 1. 参加奖励 2 分；<br>2. 无正当理由不参加并不请假扣 3 分 |
| | 导师制奖分 | 1. 所带徒弟（员工）转正后，根据徒弟不同层级对导师进行奖分。<br>2. 所带徒弟为中层以上，奖 5 分 / 人；经理级，奖 3 分 / 人；主管、专员级奖 2 分 / 人；工勤岗奖 1 分 / 人 |
| | 兼职讲师培训 | 兼职讲师讲课奖 2 分 / 课时 |
| | 兼职课程开发 | 根据课程完成情况及价值，奖 3~5 分 / 课件 |

4. 绩效积分。绩效积分以监察考核中心的考核得分为依据，赋值比例 1∶1 奖励积分，有以下几点需注意：以月度考核为周期的，按季度平均分为季度业绩类分值，年度积分为四个季度的合计值；以季度考核为周期的，累积季度分值为年度业绩类总分，年度积分满分为 400 分；以年度考核为周期的，考核总分为 100 分，其年度总积分为最终考核分数值乘 4；一年中有三个季度及以上考核分值在 90 分以上的，额外奖励积分 30 分。

实行计件工资制等无绩效考核的员工，由部门按季度进行积分制绩效考核，并汇总至各级监察考核部门录入积分制系统备案。

**七、积分数据的收集**

积分的收集和录入由各归口部门指定人员进行，积分数据的收集汇总根据时间不同分为三类：

第一类：用人部门提报的工作任务奖扣积分，由部门每个月 10 日前汇总上月积分情况，按月进行提报，相关材料存档备查；

第二类：由行政部、企业大学、制度流程中心、人力中心等职能部门指定人员收集并录入的积分数据按季度进行提报，在下一个季度第一个月 10 号前，统计汇总上一季度的积分并录入积分管理系统，同时将相关证明材料存档备查；

第三类：绩效积分由监察考核中心进行汇总和录入，按季度提供，在下一个季度第一个月 10 号前，完成上一季度绩效积分的收集和录入。

**八、积分奖扣分操作注意事项**

为了充分发挥积分制管理的能效，需注意以下事项：

1. 员工主动承认错误，主动申请扣分的，各部门可按扣分标准减半处理；

2. 员工可以自己申请奖扣分，但要有同事证明，并经领导签字审核确认；

3. 员工在职期间的积分永久有效，不清零、不作废，累计使用，员工离职后积分清零，再入职的重新计算积分。

**九、员工奖扣积分的申诉**

1. 积分制在实施过程中，员工可以每季度查询自己的积分，如员工对于个人积分有异议，相应归口部门有义务进行解释和说明，并承担相应责任；

2. 如员工因奖扣积分与归口部门发生争议，归口部门不能妥善协调解决的，须由积分制管理办公室召开专题会议进行研讨并最终裁定，如有必要可对相应制度进行修订。

**十、积分应用**

积分的使用是积分制管理的重要环节，为了充分发挥积分制管理的激励和推动作用，使全体员工享受到积分制管理的好处，积分按以下方式进行应用。

1. 积分使用。

1.1 储备干部选拔与晋升

在员工晋升时，按照积分排名顺序，上一年度积分总额前 20 名的员工可以申请提职（可以是同一层级的前10%），他们在本年度享受优先获得晋升的机会。同时，年度绩效积分需不得低于340分的门槛条件，从积分排名靠前的员工中产生，并应同时符合其他晋升条件。

对于积分符合条件的员工，可以由部门或者员工本人提出申请，按正常审批流程和权限审批后执行。

1.2 调整薪资

工龄满一年且上一年积分排名靠前的员工每年根据企业经营状况给予调整工资的优先权。

排名前20名的员工可以申请调薪资，如果在当年已经进行过薪资调整的员工，可再上调一档薪资；积分排名后10名的员工工资当年不予调整。

积分不作为员工薪资调整的唯一条件，符合条件的员工可以由员工本人或者部门按调薪规定进行提报、审批后执行，积分制管理办公室负责提供相应积分数据作为依据。

1.3 积分奖金

根据员工当年积分的名次分等级进行发放积分奖金（不是按积分多少），该奖金独立于原员工年度奖金。具体奖金及分配方案由积分制管理办公室单独进行申请，并以员工年度积分排名作为依据进行发放。

1.4 福利购房

积分总排名前10名且工龄在5年以上的员工，可以享受在现有销售政策基础上8折福利购房，享受此项福利的员工在5年内不可再次享受此项福利。

2. 积分其他应用及说明。

2.1 员工个人累计积分为负值时，说明不适合本单位管理模式，应该自动离职或者劝退，如不愿意离职的，每年可给予一次积分清零并留职查看的机会。

2.2 因集团积分制管理处于试行阶段，相关制度需不断完善，积分应用也会在后期不断地进行丰富。

**十一、其他**

本方案自下发之日起正式实施。

本制度解释权归积分制管理办公室，由积分制管理办公室负责研讨修订。

积分制管理办公室<br>××年××月××日

（五）积分制管理的优劣势

1. 积分制管理的优势。

（1）企业实现精细化管理。

积分与员工的学历、层级、职称，工作任务完成情况、综合表现及绩效等方方面面挂钩，实现企业精细化管理。

（2）便于对员工实施激励管理。

积分制赋予管理者奖扣积分的权利，日常奖扣积分实现短期激励，累积积分对应长期激励，短期、长期激励相结合，提升员工积极性和主动性，提高团队凝聚力和战斗力，促进员工及组织绩效目标的达成。

（3）促进员工全面发展。

员工不仅取得工作成果有奖励，在其他方面有良好表现亦能得到积分奖励，如取得相关职业资格证书、积极参加企业组织的活动、开发讲授部分课程等，这样可以促进员工不断完善和提升自己，实现全面发展。

（4）有助于塑造良性的企业文化。

积分制可以引导员工的行为、价值观朝着企业想要的方向发展，有利于员工好习惯的养成，有助于塑造良性的企业文化。如员工好人好事、发明创新、突出贡献等行为都可以获得相应的积分奖励，这种正向的引导有助于塑造团结友爱、积极向上的企业文化。

（5）吸引和保留员工。

随着积分的累积增加，员工的预期福利也将增加。同时，积分排名本身也是一种荣誉，所以积分制会起到一定吸引和保留员工的作用。

（6）容易被员工接受。

与现有管理制度不冲突，且原理简单，企业和员工容易接受和理解。积分制不需要改变现有的管理模式，不需要修改现有制度，不用给员工做过多的思想工作，将积分制融入其中即可，这样企业和员工更容易接受和理解，从而降低前期推广的阻力。

（7）防止考核的近因效应，考评结果更加客观。

积分是员工日常综合表现累计的结果，这样就避免了员工"临时抱佛脚"的现象，也规避了上级领导在给员工打分时受员工"最近表现"影响较大的近因效应，从而使考评结果更加客观和公正。

2. 积分制管理的劣势。

（1）积分记录难。

谁来记录？怎么记录？做了工作没被看见怎么办？会不会存在随意加分、恶意扣分现象？这些都是需要思考和解决的问题。

（2）耗时耗力，成本高。

积分制是偏过程管理的一种绩效管理方法，其需要对员工工作成果及日常表现进行一点一滴的记录，才能保证公平和有效，这是一项耗时耗力的工作，这也造成实施积分制管理隐性成本较高。另外，购买积分制软件的直接成本也不低，对于经济效益不好的企业来说，会造成一定的负担。

（3）积分平衡问题难解决。

积分奖扣多少与部门领导宽严程度及部门员工重视程度有很大关系，这样导致不同部门间的积分差距较大，不便于集团内整体积分排名。另外，新员工与老员工的积分差别，导致得到好处的总是那么几个老员工，新员工很难得到积分带来的激励。因此，新老员工积分平衡也是需要克服的问题。

（4）积分制见效慢。

积分制实施一段时间有了一定的积分基础之后，才能根据积分排名进行激励。因此，实施积分制前期不会有特别明显的效果。积分制实施容易，但要形成企业上下都重视积分的积分制文化，却非一朝一夕能够实现。

（5）需要各部门深度配合。

员工的积分来源于各部门方方面面的考核，需要企业各部门深度配合才能形成员工的综合积分，而要达到这样的要求，企业高层及各部门负责人必须高度认可并大力支持积分制才行，但据笔者多年职场经验来看，每个部门都更关注自己负责的那块业务，其他部门的工作多是应付一下了事。这也怪不得其他部门负责人，因为都很忙，每个部门都有指标，压力都很大，能够不明确反对或拒不执行就已经是比较理想的结果了，尤其那些需要耗费业务部门大量精力的职责范围外的工作。

（6）积分制管理适用范围。

积分制管理本身没有行业性质、企业规模的限制，但基于积分制管理的优势和劣势，企业在选择使用积分制时应对其有充分的认识和明确的预期。积分制是一种管理工具，它不能解决企业所有的问题，但可以实现某些具体的管理需求，从企业实践积分制的情况来看，全面推行积分制会导致管理"负担"加重，局部采用会收到非常明显的效果。有些企业采用积分制来管理会议出勤、培训讲师开发课程、收集合理化建议、处罚轻度违规行为等，起到了很好的激励和引导作用。

### 三、积分制管理点评

积分制管理是基于大数据平台的管理模式，它关注员工日常行为表现及工作成果，实现由阶段性考核到日常考核，由粗放式管理到精细化管理，由监督检查为主到自主自发管理为主的变革，同时，积分制与薪酬福利挂钩，能够起到激励和保留员工的作用。积分制是一种过程管理工具，与现在流行的结果管理工具相比略显"笨拙"，但利与弊相辅相成，过程管理和结果管理可以实现优势互补，共存共荣。实施积分制管理的企业对其运行状况及效果需及时进行分析、评估，以便更好地掌握其对企业运营的影响，不断提升企业整体运营效率。

## 第八节　其他考核方式（比较法、量表法、描述法等）

除了前面章节介绍的七种常见的绩效管理方法外，还有一些简单、实用的绩效管理方式可以在企业里面应用。

### 一、比较法

比较法，是通过观察、分析找出评价对象的相同点和不同点，从而得到相对的考评结果。比较法是一种相对评价方法，是通过员工之间的互相比较得出考核结果。常用的比较法有两两配对比较法、排序法和标杆比较法。

1.两两配对比较法。把每个员工和其他员工一一配对，两两进行比较，从而达到考评员工优劣的目的。具体可以按照如下方式进行操作：两个人进行比较的时候，表现相对较好的员工记"1"，表现相对较差的员工记"-1"，如果两个员工表现不相上下，可以都记成"0"，所有员工完成两两比较之后，汇总每个人的分数，并按照得分多少进行排序，排序的结果就是绩效考核的结果，可以按此结果进行奖金分配等应用。表 3-24 是两两配对比较法示例表，供大家参考。

表 3-24　两两配对比较法（示例）表

| 姓名 | 张明 | 刘涛 | 王月 | 赵丹 | 李力 | 合计得分 |
| --- | --- | --- | --- | --- | --- | --- |
| 张明 | 0 | 1 | 1 | 0 | –1 | 1 |
| 刘涛 | –1 | 0 | 1 | –1 | –1 | –2 |
| 王月 | –1 | –1 | 0 | –1 | –1 | –4 |
| 赵丹 | 0 | 1 | 1 | 0 | –1 | 1 |
| 李力 | 1 | 1 | 1 | 1 | 0 | 4 |

从上表可以看出，李力以 4 分成绩排第一，张明、赵丹得分都是 1 分，并列排名第二，刘涛 –2 分，王月 –4 分，分别排第三、第四名。配对比较法简单易行，但没有客观的评价标准，主观性强。如果部门人数较多时，因每个人的优点、缺点都不一样，岗位职责也有所区别，这样就缺少配对比较的基础，很难区分出优劣来。

2. 排序法。按一定的评估因素给员工排序，比如销售额排名、客户开发量排名、回款额度排名等。排序法又分为两种，一种是简单排序法，一种是交替排序法。

简单排序法非常简单，针对某一个评估要素把所有被评估人按分数从高到低的顺序全部排列起来。也就是说，先找第一名，再找第二名，接着找第三名、第四名，直到给全体人员排好序。

交替排序法，先找出评估要素上表现最好的员工，将他排在第一的位置，再找出该要素上表现最差的员工，将他排在最后一个位置，接着再找出次最好的员工和次最差的员工，分别将他们排在第二和倒数第二的位置上，按这种循环方式进行下去直到把所有被考核人排完。

排序法适合按单评估要素进行排序，如果是多个评估要素的话，需要按同样的方法，按第二个、第三个评估要素进行排序。最后的综合排名需要对评估要素按权重进行分配，同时对排名进行赋值，经综合计算才能得出综合排序结果，表 3-25 是排序法示例表，供大家参考。

表 3-25 排序法（示例）表

| 销售额（40%） | | | 回款额（40%） | | | 客户开发量（20%） | | |
|---|---|---|---|---|---|---|---|---|
| 姓名 | 排名 | 赋值 | 姓名 | 排名 | 赋值 | 姓名 | 排名 | 赋值 |
| 张明 | 1 | 10 | 刘涛 | 1 | 10 | 王月 | 1 | 10 |
| 刘涛 | 2 | 8 | 李力 | 2 | 8 | 李力 | 2 | 8 |
| 王月 | 3 | 6 | 赵丹 | 3 | 6 | 张明 | 3 | 6 |
| 赵丹 | 4 | 4 | 张明 | 4 | 4 | 赵丹 | 4 | 4 |
| 李力 | 5 | 2 | 王月 | 5 | 2 | 刘涛 | 5 | 2 |

从表中可以看出，销售额权重占40%，回款额权重占40%，客户开发量权重占20%，从排名第一到排名第五，分别赋值10分、8分、6分、4分和2分，据此计算每个被考核人的排序得分如下：

张明排名综合得分为：$10×0.4+4×0.4+6×0.2=6.8$；
刘涛排名综合得分为：$8×0.4+10×0.4+2×0.2=7.6$；
王月排名综合得分为：$6×0.4+2×0.4+10×0.2=5.2$；
赵丹排名综合得分为：$4×0.4+6×0.4+4×0.2=4.8$；
李力排名综合得分为：$2×0.4+8×0.4+8×0.2=5.6$。
综合得分排序结果见表3-26。

表 3-26 综合得分排序结果表

| 第一名 | 第二名 | 第三名 | 第四名 | 第五名 |
|---|---|---|---|---|
| 刘涛 | 张明 | 李力 | 王月 | 赵丹 |

排序法最适合销售团队，它会刺激员工的竞争意识，但却不利于内部和谐氛围的建立。排序的依据必须是明确的，最好是能量化的，否则排序结果可能会引发很多争议。另外需要注意的是，排序应当在同层级、同岗位间进行，如果经理级的员工和专员级的员工放在一起排序的话，显然是不合适的，这将失去比较的意义。

3. 标杆比较法。先确定团队内的一个标杆员工，其他员工与选出来的这位标杆员工进行比较，根据比较的结果，得出团队内员工的排序。标杆排序法也是针对每个评估要素进行排序，然后根据综合排序结果进行评定。需要注意的是，选出来作为标杆的这位员工，不能是团队内最优秀的，也不能是最差的，最好是表现为中等水平的员工，这样比较起来才有实际意义，否则会出现都优秀或都不及格的情况发生。以下是标杆比较法示例表，供大家参考。

团队中五个人，李力平时表现属于中等水平，所以选他为标杆员工，其他员工和他比较，特别优秀的打 5 分，比较优秀的打 3 分，差不多的打 0 分，比他差一点的打 –3 分，比他差很多的打 –5 分，打分结果见表 3-27。

表 3-27　标杆比较法打分结果表

| 姓　名 | A（5分） | B（3分） | C（0分） | D（–3分） | E（–5分） |
|---|---|---|---|---|---|
| 张明 | 5 | | | | |
| 刘涛 | | | | | –5 |
| 王月 | | 3 | | | |
| 赵丹 | | | | –3 | |
| 李力 | | | 0 | | |

按照上表的打分情况，得出团队中五个人的排序结果，见表 3-28。

表 3-28　标杆比较法排序结果表

| 第一名 | 第二名 | 第三名 | 第四名 | 第五名 |
|---|---|---|---|---|
| 张明 | 王月 | 李力 | 赵丹 | 刘涛 |

以上是单因素比较的情况下得出的结果，如果是多因素比较的话，可以参照排序法中数据处理的方法，算出综合得分排名。

标杆比较法激励作用明显，但同样会给员工造成很大的心理压力，导致内部关系紧张，甚至出现恶性竞争等不和谐因素。另外，选的标杆是中等水平的员工，会给大家造成一种不求最好，只求"刚刚好"的心态。因此，标杆也不能一成不变，标杆人选应该逐渐选择更高水平的员工。

## 二、量表法

量表法，是采用标准化的测量表来对员工进行考核，它是一种操作简单、效果良好、应用普遍的绩效考核方法。量表法采用统一的评价标准，对员工每个考核指标作出评价，这样可以保证评价的客观性和公正性。量表法（示例）见表3-29和表3-30。

表3-29 员工绩效评价表（示例）

| | 评分等级 | 工作态度<br>（25%） | 专业技能<br>（25%） | 工作业绩<br>（50%） | 备注 |
|---|---|---|---|---|---|
| 评分标准 | 优秀<br>（91~100） | 态度端正，工作主动，从不推诿，不讲条件 | 高度胜任岗位要求，能够独立完成工作任务 | 能够按时甚至提前完成工作任务 | |
| | 良好<br>（81~90分） | 态度端正，工作比较主动，对于难度较大的项目有为难情绪，但能够接受 | 胜任岗位要求，基本能够独立完成任务，很少需要协助 | 基本能够按时完成任务 | |
| | 合格<br>（71~80分） | 态度较为端正，工作主动性不是很强，对项目有畏难情绪，经过做工作也能接受 | 基本胜任岗位要求，需要协助才能完成工作任务 | 工作有拖延现象，很少能够按时完成任务，加班不多 | |
| | 不合格<br>（70分及以下） | 态度不够端正，工作比较消极，对于安排的任务有抵触情绪 | 不胜任岗位要求 | 工作严重拖延，不加班 | |
| 序号 | 姓　名 | 工作态度 | 专业技能 | 工作业绩 | 合计 |
| 1 | 员工1 | | | | |
| 2 | 员工2 | | | | |
| 3 | 员工3 | | | | |
| 4 | 员工4 | | | | |
| 5 | 员工5 | | | | |
| 6 | 员工6 | | | | |
| 7 | 员工7 | | | | |
| 8 | 员工8 | | | | |

### 表3-30 员工绩效评价表（示例）

姓名：　　　部门：　　　岗位：　　　评价日期：

| 评价项目 | 评价标准 | 等级与评分 优 良 中 差 劣 |
|---|---|---|
| 工作态度 | A．严格遵守工作制度，有效利用工作时间；<br>B．对工作持积极态度；<br>C．忠于职守，坚守岗位；<br>D．有团队精神，服从领导，团结同事 | 5　4　3　2　1<br>5　4　3　2　1<br>5　4　3　2　1<br>5　4　3　2　1 |
| 工作能力 | A．正确理解工作内容，制订适当的工作计划；<br>B．不需要上级详细的指示和指导；<br>C．及时与同事及合作者沟通，使工作顺利进行；<br>D．能够克服工作中遇到的困难 | 5　4　3　2　1<br>5　4　3　2　1<br>5　4　3　2　1<br>5　4　3　2　1 |
| 工作业绩 | A．工作速度快，不耽误工期；<br>B．业务处理得当，经常保持良好成绩；<br>C．工作方法合理，时间和经费使用十分有效；<br>D．工作中没有半途而废、拖延和不了了之现象 | 5　4　3　2　1<br>5　4　3　2　1<br>5　4　3　2　1<br>5　4　3　2　1 |
| 工作效果 | A．工作成果达到预期目的或计划要求；<br>B．及时整理工作成果，为以后的工作创造条件；<br>C．工作熟练程度能够达到岗位要求；<br>D．工作总结和汇报准确、及时 | 5　4　3　2　1<br>5　4　3　2　1<br>5　4　3　2　1<br>5　4　3　2　1 |
| 创新发展 | A．具有创新意识，积极改善工作方法；<br>B．以主人翁精神与企业共同发展；<br>C．认真学习专业知识，努力提升专业技能；<br>D．认同企业文化，践行企业价值观 | 5　4　3　2　1<br>5　4　3　2　1<br>5　4　3　2　1<br>5　4　3　2　1 |

1. 该员工的综合得分是：　　　分
2. 该员工的绩效等级是：A [ 　] B [ 　] C [ 　] D [ 　] E [ 　]
   A.90分以上；B.81~90分；C.71~80分；D.61~70分；E.60分及以下。
3. 评价人意见：

4. 评价人签字：　　　　日期：　　年　　月　　日

评价人只需按考核表中对应考核项目的评价标准给被考评人打分，最后汇总分数并确定考核等级。量表法使用起来非常方便，很适合刚开始做绩效管理的企业及不愿意在绩效考核上花费大量时间的企业。绩效管理人员可根据企业文化、领导要求、岗位特点及员工情况灵活设置量化考核指标及评价标准。

## 三、描述法

描述法，就是通过用语言或文字来描述员工过往的工作表现，来评判员工绩效的方法。描述法可以生动、形象地从具体案例中了解员工的表现，可以从一个点去深挖员工的发展潜力，但由于描述法是以点代面的考核方法，而且与员工口头、书面表达能力有很大关系。因此，作为绩效考核工具来说，考核结果的客观性上存在一定的问题，描述法更多地作为辅助的考核方法来使用，比如要深入了解一个员工的时候可以采用这种方式。其中，最常用的描述法是关键事件描述法。

1. 关键事件描述法。通过观察、了解、记录员工工作绩效有关的关键事件，来了解员工的行为动机、能力水平、工作成果，并以此作为考核员工的依据和标准。需要注意的是，关键事件一定要体现出"关键"性来，如果是日常工作，就很难找到有价值的信息。另外，关键事件一定是与岗位职责密切相关的，例如销售岗位关键事件可以是谈拢一个非常重要的客户，人力行政岗位关键事件可以是组织公司年会，这些工作是职责范围内的，但又不是每天发生的，是具有一定挑战性和典型性的。最后，记录时要记录事实和员工的想法，既要言简意赅，还要客观全面，关注那些影响关键事件成败的重要细节。

做过招聘的人力资源管理人员，在面试过程中一般都会用到STAR提问法来深入地了解应聘者，我们也可以用这种提问方式来了解发生在员工身上的关键事件。所谓STAR提问法，就是从背景（S:situation）、任务（T:task）、行动（A:action）、结果（R:result）四个方面去深挖关键事件的细节，从而达到通过关键事件全面了解员工的目的。

（1）situation：事件发生时的情境、背景、起因、人物、相互之间的关系等。可以从以下几个方面了解：

那时发生了什么情况？

你当时正面临的状况？

该项工作的特殊之处在哪里？

为什么会发生这样的事情？

这件事情涉及哪些人，你和他们是什么样的关系？

（2）task：主要任务和责任。可以从以下几个方面了解：

你想要达成什么样的目标？

你主要的职责是什么？

你承担的任务有哪些？

你需要处理哪些关键事情？

（3）action：当时采取的主要行动。可以从以下几个方面了解：

面对当时那种情况，你的反应是什么？

采取了什么方案？

采取了什么步骤？

遇到了哪些困难，采取了什么样的行动？

（4）result：事件的最终结果是什么？可让被访者总结一下为什么成功或为什么失败？可以从以下几个方面了解：

这件事情的结果是什么？

你的行为产生了什么影响？

你是如何确定你采取的行动有效/无效？

这个事情对你的启发有哪些？

关键事件描述法作为绩效管理的一种方法，具有事实清楚、简单易行的优点，但也存在以偏概全，以点带面的不足。所以，一般作为其他绩效考核方法的补充，或在企业没有建立起完整的绩效管理体系的时候，作为一种独立的考核方法来使用。

2. 工作总结法。员工把考核期内完成的重点工作进行总结，上级领导通过员工的工作总结来判断员工的工作表现。这是一种常见的绩效考核方式，工作总结一般包含以下三点：

（1）主要工作目标及完成情况、核心职能履行情况；

（2）目前存在的问题及改进建议；

（3）下一步工作思路及计划。

工作总结是员工阶段性工作成果的集中呈现，可以很好地反映员工的工作价值和成就。因此，工作总结可以作为员工绩效考核的重要依据。工作总结法也有一些问题需要注意：文笔好，会写工作总结的人可能把平平淡淡的工作成果，包装成非常"亮眼"的成绩，而做出很多贡献的员工，由于不重视或不善于写工作总结，不能把好的一面充分展现出来，从而导致绩效结果并不好，这就是职场上常说的"干活干得好，不如PPT做得好"。所以，工作总结法最好能结合其他考核方法一并使用，这样得到的结果才更加客观和公正。

## 四、工作任务罗列打分法

工作任务罗列打分法，就是在考核期结束后，员工罗列完成的主要工作任务，上级领导对员工完成的工作任务按统一的标准进行打分，从而得到员工绩效考核的结果，表3-31是工作任务打分法表（示例），供大家参考。

表3-31 员工工作任务完成情况评价表（示例）

| 一、个人基本信息 ||||||
|---|---|---|---|---|---|
| 姓 名 | | 部门 | | 岗位 | |
| 入职时间 | | 上级姓名 | | 上级职位 | |
| 二、主要工作任务罗列（员工填写） ||||||
| 列举要求： ||||||
| 1. 请列出主要工作任务8~10项； ||||||
| 2. 须列出主要工作任务需达到的标准； ||||||
| 3. 须从质量、进度、数量、成本、独立性五个方面具体描述任务实际完成情况 ||||||
| 主要工作任务： ||||||
| 工作任务1 | |||||
| 工作任务2 | |||||
| 工作任务3 | |||||
| 工作任务4 | |||||
| 工作任务5 | |||||
| 工作任务6 | |||||
| 工作任务7 | |||||
| 工作任务8 | |||||

续上表

| 三、工作完成情况打分（员工与员工上级填写） |||||||
|---|---|---|---|---|---|---|
| 评估说明： ||||||||
| 满分为10分，分为五个层级。具体标准如下：<br>A.10分 优秀：创造性地、完全超乎预期地达成目标；<br>B.8~9分 良好：明显超越目标；<br>C.6~7分 一般：基本达成目标；<br>D.4~5分 有所不足：离目标有一定差距；<br>E.1~3分 显著不足：与目标有明显差距。 ||||||
| 评估指标 | 标准描述 | 权重 | 自评得分 | 上级打分 | 隔级打分 |
| 质量 | 过程操作遵循流程；<br>结果符合标准，达成目标；<br>能满足内外部客户的需求；<br>工作差错率较低 | | | | |
| 数量 | 工作饱和度较大；<br>工作计划完成率较高 | | | | |
| 进度 | 工作计划能按时完成；<br>根据实际情况能及时调整工作计划 | | | | |
| 成本 | 能有效利用物质、信息、人力等资源，节约工作的总成本。总成本包括直接成本和间接成本，直接成本指物资、金钱等，间接成本指人力、时间等 | | | | |
| 独立性 | 工作中较少需要上级指导，能独立开展并完成工作 | | | | |
| 合　计 | | 100% | | | |
| 评估等级 | □ A（46分及以上） □ B（41~45分） □ C（33~40分） □ D（26~32分）<br>□ E（25分及以下） |||||
| 综合评价 | |||||

员工本人签名/日期：　　　　　　　　　　　员工上级签名/日期：

工作任务罗列打分法一方面可以让部门领导了解员工工作任务完成情况，另一方面，量化考核指标可以一定程度上保证考核的公正性。因此，工作任务罗列打分法具有广泛的应用价值，当然如果再加上工作态度、工作能力考核指标，会让绩效考核变得更加完美。

## 五、工作日志法

工作日志法，就是每天工作结束后提交工作日志，上级领导通过员工的工作日志判断员工工作完成情况以及工作的饱和度。工作日志是一种过程管理方法，这种方法要想取得理想的效果必须注意以下三点。

1. 认真对待，尤其各部门领导要认真对待。从以往经验来看，员工刚开始写日志都很认真，因为大家首先想到的是企业又要通过考核员工工作饱和度来进行减员增效了，但时间长了，员工就会变"疲"，工作日志逐渐走向形式主义。有些企业做得非常好，员工把写工作日志当成了一种职业习惯，每天认真写。究其原因，是其部门领导特别重视，不但会认真看，还会通过日志了解员工的工作进度和工作状态，并及时与员工进行沟通，针对员工工作中出现的问题和遇到的困难及时给予辅导和帮助。

2. 长期坚持，定期回顾。员工的工作日志短时间看不出什么问题，但时间长了，就会发现很多管理上的问题，比如有些员工就是整天拖拖拉拉"磨洋工"，一个简单的任务能连续写上好几天；有些员工勤勤勉勉效率还很高，每天能处理很多工作，解决很多复杂问题。如果能得到这些信息，再对这些员工分别进行鞭策和奖励，绩效管理的目的也就达到了。工作日志不仅要长期坚持写，还要定期回顾，这样才能不断总结提高，取得理想的效果。

3. 工作日志不用太复杂。工作日志不是年终总结报告，不用太复杂，只要把事情讲清楚就可以了。否则，占用员工太多时间不但造成时间成本的浪费，还可能引起员工的反感及高层领导的质疑。工作日志只要写清楚今天完成的重点工作，有什么收获或心得感悟，明天的工作计划这三部分内容就足够了。表3-32是工作日志（示例）表，供大家参考。

表 3-32 工作日志（示例）

姓名： 部门： 岗位： 日期： 年 月 日

| 今日工作成果 | | | | |
|---|---|---|---|---|
| 序号 | 开始时间 | 结束时间 | 工作成果 | 备注 |
| 1 | | | | |
| 2 | | | | |
| 3 | | | | |

续上表

| 今日工作成果 |||||
|---|---|---|---|---|
| 序号 | 开始时间 | 结束时间 | 工作成果 | 备注 |
| 4 | | | | |
| 5 | | | | |
| 明日工作计划 |||||
| 序号 | 工作事项 ||| 备注 |
| 1 | | | | |
| 2 | | | | |
| 3 | | | | |
| 4 | | | | |
| 5 | | | | |
| 收获和感悟： | | | | |
| 领导评语： | | | | |

随着信息化的普及，工作日志已经从线下走到线上，这样就大大提高了工作日志填写、审批的效率。企业可以使用办公自动化系统自带的工作日志功能模块，也可以利用内部资源开发一个适合企业的工作日志管理系统，开发这样一个系统并不复杂，成本也不会很高。

## 六、述职法

述职，古代指诸侯向皇帝陈述职守，现泛指干部向上级领导进行工作汇报。大家对述职并不陌生，很多企业都会组织述职会，但并不是所有员工都需要参加述职，述职法更多地应用于企业中高层管理干部向企业负责人或董事会进行工作汇报。述职报告可以分为以下几类。

1. 从内容上可分为：综合性述职报告、专题性述职报告、单项工作述职报告。

2. 从时间上可分为：任期述职报告、年度述职报告、季度述职报告、月度述职报告、临时性述职报告。

3. 从表达形式上可分为：口头述职报告、书面述职报告、现场述职报告、视频述职报告、制式（固定格式和流程）述职报告、非制式述职报告。

述职报告要简洁明了，重点突出，切忌流水账，一般述职报告内容包括以下五个部分。

1. 概述核心工作成果。干部用简短几句话概括阶段性核心工作成果，这样可以起到提纲挈领的作用，让上级领导对其工作履职情况有一个整体概念。

2. 详细工作汇报。这里需要根据岗位职责详细汇报工作开展情况，哪些工作完成了，哪些工作正在进行中，哪些工作准备开展但还在制定方案中。这部分内容是整个述职报告的核心，需要重点讲述。除了讲事实之外，还要有数据支撑，有深度分析，有归纳总结，有解决思路。只有这样述职报告才会显得有深度、有水准，也只要经过这样深度剖析的述职报告，才能起到总结过往、引领未来的作用。

3. 存在的问题、面临的困难和挑战。述职报告如果只讲成绩和亮点，就会显得浮躁，也会给上级领导留下避重就轻、报喜不报忧的印象。对工作中存在的问题、面临的困难和挑战都可以毫不避讳地讲出来，一方面让上级领导知道工作是有难度的，不是轻轻松松就可以获得鲜花和掌声的。另一方面，述职报告是获得高层支持的重要机会，俗话说"会哭的孩子有奶喝"，只有把问题、困难和挑战都抛出来，才有更多的机会获得额外的资源。这部分内容在述职时也要讲究方式和方法，否则容易让领导误以为是"倒苦水""找借口"。在做述职报告时，一方面要分析当前的问题、困难和挑战，还要找到解决问题的办法，表达克服困难，迎接挑战的决心和意志。

4. 下阶段重点工作计划及改善措施。针对下阶段的重点工作列出工作计划，对目前工作不足的地方提出改善措施，以便能更好地完成下阶段的任务。这部分内容能体现干部的规划能力和解决问题能力，能够让上级领导更好地了解干部的工作思路。

5. 目标、要求和决心。这部分内容主要讲在新的考核周期自己的目标，对自己和团队的要求，以及对未来的决心，这部分内容要给人以信心和力量。

以下是某公司述职制度，供大家参考。

## 某公司管理人员述职方案

### 一、目的

1. 掌握各级管理人员的业绩、工作状态和能力，为绩效管理、岗位调整提供事实依据。

2. 有效督导各级管理人员完成任务，实现目标。同时，强化管理人员责任意识，促使其在实际工作中不断总结工作方法，改进管理思路，持续提高工作业绩。

3.选拔优秀人才，践行公司"能上能下"的用人机制。

## 二、适用范围

本方案适用于公司经理级以上员工。

## 三、分类

1.定期述职：每年定期进行，旨在考核各级管理人员工作绩效、履职能力，并给予任期履职是否合格的评定。

2.临时述职：公司根据需要临时安排的述职。

## 四、形式

1.书面述职：述职人以书面报告的形式进行述职（经理级年度述职适用）。

2.公开述职：公司组织专项述职会议，由述职人向述职委员会相关评委做现场汇报（总监级及以上岗位年度述职适用）。

## 五、依据和内容

1.述职的依据主要是述职人的岗位职责和目标任务。

2.述职报告内容（详见表3-33）。

表3-33 述职报告（样表）

| 述 职 报 告 ||||
|---|---|---|---|
| 姓　名 | | 部门 | 职务 |
| 第一部分　工作业绩 ||||
| 关键指标、重点工作达成情况 | 序号 | 指标/重点工作 | 实际达成情况 | 备注 |
| | 1 | | | |
| | 2 | | | |
| | 3 | | | |
| | 4 | | | |
| | 5 | | | |
| | 6 | | | |
| | 7 | | | |
| | 8 | | | |
| 经验总结 | 1 | | | |
| | 2 | | | |
| | 3 | | | |
| | 4 | | | |

续上表

| 述 职 报 告 ||||||
|---|---|---|---|---|---|
| 姓　名 | | 部门 || 职务 ||
| 存在主要<br>问题及对策 | 1 |||||
| | 2 |||||
| | 3 |||||
| | 4 |||||
| 第二部分　团队建设 ||||||
| 团队建设工作<br>及成绩 | 1 |||||
| | 2 |||||
| | 3 |||||
| | 4 |||||
| 第三部分　个人成长 ||||||
| 个人成长<br>具体表现 | 1 |||||
| | 2 |||||
| | 3 |||||
| | 4 |||||
| 第四部分　其他需要报告事项 ||||||
| 报告内容 | |||||
| 第五部分　下期主要工作目标 ||||||
| 下期主要<br>工作目标 | 序号 | 工作目标 || 目标描述 | 备注 |
| | 1 | |||| 
| | 2 | ||||
| | 3 | ||||
| | 4 | ||||
| | 5 | ||||
| | 6 | ||||
| 下期工作思路<br>及改进措施 | 1 |||||
| | 2 |||||
| | 3 |||||
| | 4 |||||
| 评委意见 | 述职评分： ||| 评定意见： ||

备注：表格为述职报告的参考形式，述职人可根据自己的实际需要做丰富和延展，也可不受限于本表单，但表中内容为述职人必须在报告中体现的内容。

（1）述职人所承担的工作职责和工作任务完成情况（完成时间及效果）。

（2）学习贯彻公司制度、企业文化情况。

（3）团队建设情况。

（4）个人素质提高情况。

（5）述职期间存在的问题及改进措施。

（6）对本部门工作和本人工作综合评定，要求客观实际。

（7）其他需要报告事项及公司要求的专项述职内容。

3.述职报告撰写要求。

（1）述职报告内容须客观真实、文字应力求简练，各项指标描述尽可能量化。

（2）问题分析和改进措施要深入具体，避免泛泛而谈。

### 六、述职程序

1.述职人根据述职要求，客观真实撰写述职报告，提前报至述职评委处。

2.述职人进行述职报告陈述。

3.述职评委针对述职人的报告进行提问、质询，述职人答辩。

4.述职评委针对述职人所从事的工作岗位，通过提问对述职人进一步考察：

（1）工作目标是否明确，管理思路是否清晰；

（2）执行是否到位，领导布置的工作能否及时、准确完成，工作计划执行是否认真负责；

（3）成效是否明显，经营业绩、团队建设、员工管理、重要管理举措、制度建设、日常管理等方面是否得到改善和提高。

5.述职评委会现场评议。

6.述职结束一周内，给出评议结果。

### 七、述职评委会构成

1.公司高层（总裁、副总裁、中心总经理）述职，由公司董事会秘书组织。

述职评委：公司股东。

2.分公司总经理级述职，由总部人力行政中心组织。

述职评委：总裁、副总裁、中心总经理。

3. 总监级述职

（1）分公司总监级述职，由分公司组织，人力行政中心根据需要安排人员参加。

述职评委：直属总裁（或副总裁）、分公司总经理、副总经理、人力行政中心人员。

（2）总部总监级述职，由总部人力行政中心组织。

述职评委：直属中心总经理、副总经理、人力行政中心总经理。

4. 分公司经理级述职，分公司自行组织。

分公司经理级为书面述职，届时按时间要求将个人述职报告发至分公司人力行政人员处。由人力行政人员将述职报告传至如下评委处，评委阅览后给出述职评定意见。

述职评委：分公司总经理、副总经理、部门总监。

**八、述职评议**

1. 述职评议以超半数评委意见为准。

2. 述职评议结果分为三类：述职通过（80分以上）、责令改正（大于等于60分且不足80分）、不通过（不足60分）。若述职通过、责令改正、不通过的每项表决人数都不能达到绝对多数，由评委协商一致达成决议。

3. 对于述职未通过的，公司调整其工作岗位。对于责令改正者，要求其限期整改，限期结束后再次述职。再次述职仍未通过的，给予岗位调整。

4. 公司届时将述职评议结果反馈给述职人本人，作为述职人改进其工作或调整岗位的参考性建议。

**九、其他规定**

1. 各级管理人员严格依据本述职方案执行，如有特殊情况，报人力行政中心、总裁审批后执行。

2. 年度述职的具体时间，以公司下发的相关通知为准。

3. 述职结束后，要求各分公司按述职成绩进行强制性排名，划分绩效等级。

**十、本方案最终解释权及修订权为总部人力行政中心**

**十一、本方案自下发之日起执行**

×××有限责任公司

××年××月××日

述职法作为一种绩效考核方式，不仅可以全面地了解被考核人履职情况，还可以通过述职了解管理人员分析判断、总结归纳、逻辑思维、沟通表达等综合素质，对干部选拔、培养和任用都有重要的参考价值。

# 第九节　相关案例与图表

### 案例一：某通信产品研发制造企业绩效管理办法

**一、目的**

1. 考察员工的工作绩效；
2. 作为员工奖惩、调薪、晋升、辞退管理的依据；
3. 了解员工工作态度与能力，发现高潜力员工；
4. 作为员工培训与职业发展的参考；
5. 有效促进员工不断提高和改进工作绩效。

**二、名词解释**

绩效管理是指公司为了不断提高下属员工职业能力与工作业绩所做的一系列管理活动。

绩效考核是指上级对直接下级的工作结果进行定期评估并得出评定结论的管理活动，是绩效管理的一个重要环节。

**三、职责分工**

绩效管理和绩效考核是各级管理者不可推卸的责任，人力资源部负责指导、监督和提供技术方面支持。绩效管理的责任主体是员工的直接管理者，但员工的间接上级管理者拥有对员工考核结果调整的权力。

**四、适用范围**

公司全体正式员工（不含保安、保洁等劳务外包人员）；试用期（见习期）人员考核办法另行规定。

**五、绩效管理程序**

1. 制定绩效目标。

（1）工作业绩考核：根据公司阶段性（考核周期）整体目标，在与员工沟通协商的基础上确定员工阶段性（考核周期）工作任务目标（详见表3-34）。

本部分考核权重为70%，具体分配由考核责任人确定。

表 3-34　员工工作业绩考核表

| 姓　名 | | 职　务 | | 评价人 | | 评价日期 | 年　月　日 |
|---|---|---|---|---|---|---|---|
| 第一部分：关键绩效指标（权重50%，共50分） ||||||||
| 指标名称 | 目标标准 || 权重/% | 完成情况 ||| 评估分数 |
| | | | | | | | |
| | | | | | | | |
| | | | | | | | |
| 第一部分分数合计　（　　　）分 ||||||||
| 第二部分：重点工作目标（权重35%，共35分） ||||||||
| 重点工作名称 | 完成标准 || 权重/% | 完成情况 ||| 评估分数 |
| | | | | | | | |
| | | | | | | | |
| | | | | | | | |
| 第二部分分数合计　（　　　）分 ||||||||
| 第三部分：追加的工作目标和任务（权重15%，共15分） ||||||||
| 目标和任务名称 | 完成标准 || 权重/% | 完成情况 ||| 评估分数 |
| | | | | | | | |
| | | | | | | | |
| 考核总成绩：　　　分　　　被考核者签字： ||||||||

（2）工作能力与态度考核（详见表3-35），此项权重为30%。

表 3-35　工作能力与态度考核表

| 姓　名 | | 职　务 | |||
|---|---|---|---|---|---|
| 评价人 | | 日　期 | |||
| 1. 专业知识（满分20分） |||| 分值 | 评分 |
| 1.1 | 熟悉工作职责、要求、技能和程序； ||| 5 | |
| 1.2 | 掌握工作中使用的工具及专业知识； ||| 5 | |
| 1.3 | 了解通信研发制造行业及相关产品； ||| 5 | |

续上表

| | | |
|---|---|---|
| 1.4 熟悉工作领域相关的政策、实际情况及发展方向 | 5 | |
| 2.计划性（满分15分） | 分值 | 评分 |
| 2.1 能够有效制订工作计划及落实措施； | 5 | |
| 2.2 能够跟进工作计划并调整每项工作的完成期限； | 5 | |
| 2.3 能够预测可能出现的问题并制定解决预案 | 5 | |
| 3.决策力（满分10分） | 分值 | 评分 |
| 3.1 面对复杂问题判断准确并能够及时做出决策； | 5 | |
| 3.2 能够判断潜在的风险并能够采取果断的预防措施 | 5 | |
| 4.沟通能力（满分15分） | 分值 | 评分 |
| 4.1 能够清楚地表达自己的意见； | 5 | |
| 4.2 能够倾听别人的意见并做出积极的回应； | 5 | |
| 4.3 良好的书面表达能力，能够撰写符合公司要求的公文、报告 | 5 | |
| 5.责任心（满分10分） | 分值 | 评分 |
| 5.1 全心全意地投入到工作中，始终以高质量地完成工作为目标； | 5 | |
| 5.2 能够有效维护公司利益并为公司发展出谋划策 | 5 | |
| 6.主动性和创造性（满分15分） | 分值 | 评分 |
| 6.1 为达到工作目标而积极地做出各种有效的尝试； | 5 | |
| 6.2 主动开展工作并力求超越预期目标； | 5 | |
| 6.3 从有限的资源中创造出尽可能多的成果 | 5 | |
| 7.团队精神（满分15分） | 分值 | 评分 |
| 7.1 能够与本组人员一起有效地工作并共同完成团队的目标； | 5 | |
| 7.2 乐于协助领导、同事解决工作中的问题； | 5 | |
| 7.3 能够与团队成员和睦相处，团结一致，无障碍沟通 | 5 | |

（3）不良事故考核，此项目为否决项，根据不良事故的影响决定扣减的分数。

2.建立工作期望：为了确保员工在业绩形成过程中实现有效的自我控制，各级主管必须与所辖员工就考核表中的内容和标准进行沟通，沟通的内容主要包括：

（1）期望员工达到的业绩标准；

（2）衡量业绩的方法和手段；

（3）实现业绩的主要控制点；

（4）管理者在下属达成业绩过程中应提供的指导和帮助；

（5）出现意外情况的处理方式；

（6）员工个人发展与改进要点等。

3. 绩效辅导：管理者必须在下属绩效形成过程中予以有效的指导，并把下属在业绩形成过程中存在的比较突出的问题、良好的表现及时进行记录，以便为企业改进绩效管理水平提供客观依据。

4. 绩效考核：各级主管在考核时，必须依据客观事实进行评价，尽量避免主观臆断，同时做好评价记录，为后续绩效面谈提前做好准备。

5. 绩效面谈：考核结束后，各级主管必须与每一位下属进行绩效面谈，面谈的主要目的在于：

（1）肯定业绩，指出不足，为员工不断提高工作业绩和工作能力指明方向；

（2）讨论员工产生不足的原因，区分下属和管理者应承担的责任，以便形成双方共同认可的绩效改善点，并将其列入下一个考核周期的绩效改进目标；

（3）主管与员工互动过程中，同时需要确定员工下个考核周期各项工作目标；

6. 绩效申诉：任何员工对自己的考核结果不满，均可以在一周内向上一级主管或人力资源部申诉。接到申诉的主管或人力资源部，在接到申诉后的一周内，组织有关人员对申诉者进行再次评估，再次评估的结果为最终绩效考核结果。

## 六、考核结果应用

公司本着公正、客观的原则应用考核结果，具体如下。

1. 月度考核总分100分，划分为五个等级，考核结果实行强制比例分布，考核等级对应的分配比例和奖金系数见表3-36。

表3-36　月度考核等级对应的分配比例和奖金系数表

| 等　级 | A（优秀） | B（良好） | C（称职） | D（基本称职） | E（不称职） |
|---|---|---|---|---|---|
| 比　例 | 5% | 20% | 50% | 20% | 5% |
| 奖金标准 | 130%绩效工资 | 115%绩效工资 | 100%绩效工资 | 80%绩效工资 | 50%绩效工资 |

2. 年度考核总分100分，划分为五个等级，考核结果实行强制比例分布，考核等级对应的分配比例见表3-37。

表 3-37　年度考核等级对应的分配比例和奖金标准表

| 等　级 | A（优秀） | B（良好） | C（称职） | D（基本称职） | E（不称职） |
|---|---|---|---|---|---|
| 比　例 | 5% | 20% | 50% | 20% | 5% |
| 奖金标准 | 2倍月工资 | 1.5倍月工资 | 1倍月工资 | 0.5倍月工资 | 无 |

3. 不良事故考核根据事故造成不良后果的程度，划分为A（重大）、B（一般）、C（轻微）三个等级，具体不良事故等级由各部门根据具体工作情况确定。不良事故惩罚办法见表3-38。

表 3-38　不良事故惩罚办法表

| 系　列 | 等　级 | | |
|---|---|---|---|
| | A（重大） | B（一般） | C（轻微） |
| 年薪制 | 不享受考核年薪和奖励年薪 | 扣除50%考核年薪和奖励年薪 | 扣除20%考核年薪和奖励年薪 |
| 月薪制 | 不享受月度奖金 | 扣除50%月度奖金 | 扣除20%月度奖金 |
| 直接销售 | 扣除当月提成 | 扣除当月70%提成 | 扣除当月30%提成 |
| 销售支持 | 不享受月度奖金 | 扣除50%月度奖金 | 扣除20%月度奖金 |
| 生产计件 | 不享受年终奖 | 扣除50%年终奖 | 扣除20%年终奖 |

4. 绩效考核结果除应用于上述奖金发放外，还将应用于以下几个方面：

（1）薪资调整的确认；

（2）晋级、晋职资格的确认；

（3）培训资格的确认；

（4）其他资格的确认。

七、其他

（1）凡出现涉及劳动合同规定的严重违纪、违规行为，实行单项否决，予以辞退。

（2）病事假月度累计超过3天者，不予以月度考核，不计发月度绩效奖金；病事假全年累计超过20天者，不予以年度考核，不计发年度绩效奖金。

（3）本规定自颁布之日起生效，最终解释权归人力资源部。

××公司人力资源部

××年××月××日

## 案例二：某地产公司绩效管理方案

### 一、目的

为提高房地产项目的运作效率，充分调动项目部工作人员的积极性，结合本公司实际情况，制定本方案。

### 二、适用范围

本制度适用于房地产项目部全体工作人员，考核对象包括项目经理和项目部工作人员。

### 三、考核时间

考核周期为季度考核，每季度结束后一周内完成考核相关工作。

### 四、考核组织

1. 绩效考核委员会。

绩效考核委员会具体负责房地产项目考核的组织管理工作，其职责包括以下内容。

（1）负责对项目进行评审、项目考评工作的组织、监督与指导等。

（2）负责审核项目负责人制订的项目工作计划和项目考评指标。

（3）负责纠正项目考核工作中的不规范行为。

（4）负责审批项目考评结果。

（5）负责监督项目负责人对下属的绩效考核。

（6）受理项目人员的考评申诉。

2. 综合部。

（1）组织绩效考核委员会对项目实施考核。

（2）绩效考核方法的指导与培训。

（3）对项目部的考核结果进行汇总、整理。

（4）协调处理项目部绩效申诉的具体工作。

（5）负责为项目成员建立绩效考核档案。

3. 项目经理。

（1）负责项目绩效考核工作的落实。

（2）负责帮助本项目成员制订工作计划和绩效指标。

（3）指导项目成员收集整理考评信息。

（4）负责对所属项目部成员进行考核评价。

（5）负责所属员工的绩效反馈，并帮助员工制订绩效改进计划。

## 五、考核内容

考核内容具体见表 3-39 至表 3-47。

**表 3-39　项目总经理绩效考核表**

| 被考核人 | 职　务 | 考核阶段 | 考核时间 | 考核人 |
|---|---|---|---|---|
|  |  |  |  |  |

| 指标维度 | KPI 指标 | 权重 | 绩效目标值 | 考核得分 |
|---|---|---|---|---|
| 财务类 | 净资产回报率 | 10% | 净资产回报率在 ____% 以上 |  |
|  | 主营业务收入 | 10% | 主营业务收入达到 ____ 万元 |  |
|  | 销售收入 | 10% | 销售收入达到 ____ 万元 |  |
|  | 销售费用 | 5% | 销售费用控制在预算之内 |  |
|  | 货款回收率 | 5% | 货款回收率达到 ____% |  |
| 内部运营流程类 | 年度企业战略发展目标完成率 | 10% | 年度企业战略发展目标完成率达到 ____% |  |
|  | 销售计划完成率 | 10% | 销售计划完成率达到 ____% |  |
|  | 合同履约率 | 5% | 合同履约率达到 ____% |  |
|  | 销售额增长率 | 5% | 销售额增长率达到 ____% |  |
|  | 市场推广计划完成率 | 5% | 市场推广计划完成率达到 ____% |  |
| 客户类 | 市场占有率 | 5% | 市场占有率达到 ____% |  |
|  | 客户保有率 | 5% | 客户保有率达到 ____% |  |
|  | 客户满意度 | 5% | 客户满意度在 ____ 以上 |  |
| 学习发展类 | 培训计划完成率 | 5% | 培训计划完成率达到 ____% |  |
|  | 核心员工保有率 | 5% | 核心员工保有率达到 ____% |  |
| 本次考核总得分 |  |  |  |  |
| 被考核人 签字：　　日期： | 考核人 签字：　　日期： |  | 复核人 签字：　　日期： |  |

**表 3-40　工程项目经理绩效考核表**

| 被考核人 | 职　务 | 考核阶段 | 考核时间 |
|---|---|---|---|
|  |  |  |  |

| 主要指标 | 权重 | 目标值 | 得分 |
|---|---|---|---|
| 节点计划完成率 | 20% | 按计划完成全部工程节点 |  |
| 工期 | 20% | 在合同期内完成任务 |  |
| 工程质量 | 30% | 项目工程质量合格率 100%，优良品率达到 85% 以上，观感评分达到 85 分以上 |  |
| 费用控制率 | 15% | 控制在 100% 范围以内 |  |
| 安全生产 | 15% | 杜绝死亡，防止重伤，轻伤率控制在 0.5% 以下 |  |
| 合计得分 |  |  |  |

综合评价：

### 表 3-41 工程项目部成员绩效考核表

| 被考核人 | 职　务 | 考核阶段 | 考核时间 |
|---|---|---|---|
|  |  |  |  |

| 考核指标 | 权　重 | 关键事项记录 | 得　分 |
|---|---|---|---|
| 工作计划完成率 | 35% |  |  |
| 团队合作 | 20% |  |  |
| 敬业精神 | 15% |  |  |
| 工作态度 | 15% |  |  |
| 工作能力 | 15% |  |  |
| 合计总分 |||  |

综合评价：

### 表 3-42 销售人员绩效考核表

| 被考核人 | 职　务 | 考核阶段 | 考核时间 |
|---|---|---|---|
|  |  |  |  |

| 指　标 | 考核标准 | 权　重 | 得　分 |
|---|---|---|---|
| 销售额 | 绩效目标值为 ___%，每低于 1%，减 ___ 分，完成率< ___%，此项得分为 0 | 30% |  |
| 销售增长率 | 绩效目标值为 ___%，每低于 1%，减 ___ 分，完成率< ___%，此项得分为 0 | 20% |  |
| 销售计划完成率 | 绩效目标值为 ___%，每低于 1%，减 ___ 分，完成率< ___%，此项得分为 0 | 20% |  |
| 销售回款率 | 绩效目标值为 ___%，每低于 1%，减 ___ 分，完成率< ___%，此项得分为 0 | 10% |  |
| 销售费用率 | 绩效目标值≤ ___%，每高于 1%，减 ___ 分，费用率< ___%，此项得分为 0 | 10% |  |
| 市场占有率 | 绩效目标值为 ___%，每低于 1%，减 ___ 分，完成率< ___%，此项得分为 0 | 10% |  |
| 本次考核总得分 |||  |

| 被考核人 | 考核人 | 复核人 |
|---|---|---|
| 签字：　　　　日期： | 签字：　　　　日期： | 签字：　　　　日期： |

表 3-43  采购人员绩效考核表

| 被考核人 | | 职　务 | | 考核阶段 | 考核时间 | |
|---|---|---|---|---|---|---|
| 序号 | KPI 指标 | 权重 | | 绩效目标值 | | 考核得分 |
| 1 | 采购计划完成率 | 20% | | 考核期内采购计划完成率达到 ____% 以上 | | |
| 2 | 采购成本降低率 | 15% | | 考核期内采购成本降低率达到 ____% | | |
| 3 | 采购部门管理费用控制 | 10% | | 考核期内控制在预算范围之内 | | |
| 4 | 采购及时率 | 10% | | 考核期内采购及时率达到 ____% 以上 | | |
| 5 | 采购质量合格率 | 15% | | 考核期内采购质量合格率达到 100% | | |
| 6 | 采购计划编制及时率 | 10% | | 考核期内采购计划编制及时率达到 ____% | | |
| 7 | 供应商开发计划完成率 | 10% | | 考核期内供应商开发计划完成率在 ____% 以上 | | |
| 8 | 供应商履约率 | 5% | | 考核期内供应商履约率达到 ____% | | |
| 9 | 供应商满意率 | 5% | | 考核期内供应商满意率在 ____% 以上 | | |
| 本次考核总得分 | | | | | | |
| 被考核人 签字：　　　　　日期： | | | 考核人 签字：　　　　　日期： | | 复核人 签字：　　　　　日期： | |

表 3-44  招商部员工绩效考核表

| 被考核人 | | 职　务 | | 考核阶段 | 考核时间 | |
|---|---|---|---|---|---|---|
| 序号 | KPI 指标 | 权重 | | 绩效目标值 | | 考核得分 |
| 1 | 招商计划完成率 | 25% | | 考核期内招商计划完成率在 ____% 以上 | | |
| 2 | 策划方案成功率 | 15% | | 考核期内策划方案成功率在 ____% 以上 | | |
| 3 | 市场推广活动费用控制率 | 15% | | 考核期内推广费用控制率控制在 ____% 以内 | | |
| 4 | 推广活动销售增长率 | 10% | | 考核期内因推广活动销售增长率达到 ____% | | |
| 5 | 推广活动效果 | 10% | | 考核期内推广活动效果得分达到 ____ 分以上 | | |
| 6 | 部门管理费用控制 | 5% | | 考核期内部门管理费用控制在预算 ____ 之内 | | |
| 7 | 品牌市场价值增长率 | 5% | | 考核期内品牌市场价值增长率达到 ____% 以上 | | |
| 8 | 传播促销费用率 | 5% | | 考核期内传播促销费用率控制在 ____% 以下 | | |
| 9 | 媒体正面曝光次数 | 5% | | 考核期内媒体正面曝光次数在 ____ 次以上 | | |
| 10 | 市场调研计划完成率 | 5% | | 考核期内市场调研计划完成率在 ____% 以上 | | |
| 本次考核总得分 | | | | | | |
| 被考核人 签字：　　　　　日期： | | | 考核人 签字：　　　　　日期： | | 复核人 签字：　　　　　日期： | |

### 表 3-45 质控部员工绩效考核表

| 被考核人 | | 职 务 | | 考核阶段 | 考核时间 | |
|---|---|---|---|---|---|---|
| 序号 | KPI指标 | 权重 | | 绩效目标值 | | 考核得分 |
| 1 | 质量检验计划完成率 | 20% | | 考核期内质量检验计划完成率达100% | | |
| 2 | 部门管理费用控制率 | 10% | | 考核期内部门管理费用控制在预算范围之内 | | |
| 3 | 工程质量合格率 | 15% | | 考核期内工程质量合格率达100% | | |
| 4 | 原材料进厂合格率 | 10% | | 原材料进厂合格率达100% | | |
| 5 | 质量检验规程执行率 | 10% | | 质量检验规程执行率达100% | | |
| 6 | 工程质量检验报告编制及时率 | 10% | | 工程质量检验报告编制及时率达100% | | |
| 7 | 质量验收一次性通过率 | 10% | | 质量认证一次性通过率达100% | | |
| 8 | 质量体系推行计划完成率 | 5% | | 质量体系推行工作按计划完成率达100% | | |
| 9 | 检验仪器设备完好率 | 5% | | 检验仪器设备完好率达100% | | |
| 10 | 工程质量问题出现次数 | 5% | | 考核期内工程质量问题出现次数控制在____次以内 | | |
| 本次考核总得分 | | | | | | |
| 被考核人 签字： 日期： | | | 考核人 签字： 日期： | | 复核人 签字： 日期： | |

### 表 3-46 人力资源部员工绩效考核表

| 被考核人 | | 职 务 | | 考核阶段 | 考核时间 | |
|---|---|---|---|---|---|---|
| 序号 | KPI指标 | 权重 | | 绩效目标值 | | 考核得分 |
| 1 | 招聘计划达成率 | 15% | | 考核期内招聘计划完成率达100% | | |
| 2 | 培训计划达成率 | 15% | | 考核期内培训计划完成率达100% | | |
| 3 | 绩效考核计划按时完成率 | 10% | | 考核期内绩效考核计划按时完成率达100% | | |
| 4 | 薪酬调查方案提交及时率 | 10% | | 考核期内薪酬调查方案提交及时率达100% | | |
| 5 | 绩效评估报告提交及时率 | 10% | | 考核期内绩效评估报告提交及时率在____%以上 | | |
| 6 | 工资与奖金计算差错次数 | 10% | | 考核期内因人为原因造成差错的次数为0 | | |

续上表

| 序号 | KPI 指标 | 权重 | 绩效目标值 | 考核得分 |
|---|---|---|---|---|
| 7 | 员工保险、福利计算差错次数 | 10% | 考核期内因人为原因造成差错的次数为 0 | |
| 8 | 员工满意度 | 10% | 考核期内员工满意度评价达到 ____ 分以上 | |
| 9 | 档案资料完整率 | 10% | 考核期内档案资料完整率在 ____% 以上 | |
| 本次考核总得分 | | | | |
| 被考核人签字： 日期： | | 考核人签字： 日期： | | 复核人签字： 日期： |

表 3-47 财务部员工绩效考核表

| 被考核人 | | 职　务 | | 考核阶段 | | 考核时间 | |
|---|---|---|---|---|---|---|---|

| 序号 | KPI 指标 | 权重 | 绩效目标值 | 考核得分 |
|---|---|---|---|---|
| 1 | 工作计划完成率 | 15% | 工作计划完成率达 100% | |
| 2 | 管理费用控制 | 15% | 管理费用控制在预算范围之内 | |
| 3 | 财务计划编制及时率 | 10% | 财务计划编制及时率在 ____% 以上 | |
| 4 | 财务体系规范化目标达成率 | 10% | 财务体系规范化目标达成率在 ____% 以上 | |
| 5 | 公司财务预算控制率 | 10% | 公司财务预算控制率在 ____% 以内 | |
| 6 | 财务数据准确性 | 10% | 提交的各类报表、报告中数据出错的次数控制在 ____ 次以内 | |
| 7 | 报表编制及时率 | 10% | 报表编制及时率在 ____% 以上 | |
| 8 | 财务费用降低率 | 10% | 财务费用降低率在 ____% 以上 | |
| 9 | 现金收支准确性 | 5% | 现金收支出错次数在 ____ 次以内 | |
| 10 | 财务资料完好性 | 5% | 财务资料损坏、丢失、泄露的次数控制在 ____ 次以内 | |
| 本次考核总得分 | | | | |
| 被考核人签字： 日期： | | 考核人签字： 日期： | | 复核人签字： 日期： |

## 六、等级划分及应用

依据员工季度绩效考核总得分，将员工绩效评定结果分成 A、B、C、D、E 五个等级，具体等级划分及奖惩标准见表 3-48。

表 3-48　员工绩效考核等级划分及奖惩措施

| 等级名称 | 得分范围 | 奖惩措施 |
| --- | --- | --- |
| A 级 | 91~100 分 | 绩效工资上浮 20% |
| B 级 | 81~90 分 | 绩效工资上浮 10% |
| C 级 | 71~80 分 | 绩效工资不变 |
| D 级 | 61~70 分 | 绩效工资下浮 15% |
| E 级 | 60 分及以下 | 绩效工资下浮 30% |

连续两次考核为 E 级予以辞退，一年中出现两次 D 级或一次 E 级不予晋升，一年中至少两次 B 级或一次 A 级才具有加薪、晋升资格。

### 七、其他

本规定自颁布之日起生效，最终解释权归人力资源部。

××公司人力资源部

××年××月××日

## 案例三：某生物科技公司绩效管理方案

### 一、目的

为调动员工工作积极性，增强员工责任感和目标感，实现公司发展目标，特制定本方案。

### 二、适用范围

适用公司各部门，考核范围为在岗正式员工，不包括试用期员工、实习生、保安、保洁等岗位。

### 三、原则

1. 目标要有挑战性，甚至超出一定的能力范围。
2. 关键性结果要能够用简单的数字进行量化。
3. 考核指标在全公司内保持公开、透明。
4. 既要有质量标准，也要有效率标准。
5. 公司、团队和个人指标协调统一。

### 四、各部门职责

1. 公司总经理。

（1）下达公司战略目标、年度业绩指标；

（2）考核方案及考核结果的审定；

（3）考核申诉的最终裁定。

2.各部门负责人。

（1）明确团队的工作目标及关键工作成果；

（2）协助人力资源部将公司业绩指标分解到各部门，并评估、反馈目标完成情况；

（3）负责本部门考核工作的整体组织与管理，包括将本部门绩效指标分解到部门员工，并按要求对本部门指标完成情况及员工指标完成情况进行总结。

3.人力资源部。

（1）制定绩效考核管理办法；

（2）组织公司各部门负责人进行绩效管理培训；

（3）考核计划、指标的复审；

（4）跟进绩效计划的落实完成情况；

（5）绩效分数的汇总、核查、分析；

（6）建立绩效档案，为后期岗位轮换、培训、薪酬调整、职务调整、员工职业生涯规划等提供依据。

**五、绩效实施**

1.实施周期。

以季度为考核周期。

2.实施步骤。

（1）培训宣导。

因公司新导入的绩效管理方式与现行绩效管理方式存在差异，故在正式实施前进行全员分期、分批培训宣导，宣导工作由人力资源部绩效组负责组织实施。

（2）确定绩效目标。

每季度末召开绩效管理专题会议，总结本季度绩效计划执行情况，设定下阶段绩效目标。会议的流程首先由总经理重新描述公司愿景和战略，然后在这个基础上分组讨论并确定公司及部门的目标，最后召开部门级绩效管理推进会议，会议的核心内容是确定每个人的工作目标。

目标必须是具体的、可衡量的，具体到时间段、数量、金额等。目标必须是有野心的，有一些挑战的，如果是可以轻松达成的目标不能作为本次绩效管理的目标。目标必须达成共识，目标必须是管理者与员工充分沟通后达成的共识，没有达成共识的目标不能算作目标，目标的设定以达成共识为终点。确定目标后，接下来要明确每个目标的关键结果。所谓的关键结果就是为了完成这个目标必须采取的行动和需要完成的工作。目标与关键成果考核表（示例）详见表3-49。

**表3-49　目标与关键成果考核表（示例）**

| 部门：技术部　　姓名：张天赐　　岗位：技术部主任 |
| --- |
| 考核期：第四季度　　填表日期：20××年××月××日 |

| | | | 计划表 | | 考评表 | | | |
| --- | --- | --- | --- | --- | --- | --- | --- | --- |
| 序号 | 目标O | O权重 | 关键成果KRs | KR分值 | KR完成情况 | KR得分 | O得分 | O得分合计 |
| 1 | 完成新项目配方研制 | 50% | 设计六套初步配方方案 | 15 | 完成三套主方案，三套对比方案 | 13 | 40 | 76 |
| | | | 完成初期筛选测试 | 15 | 完成初测，其中两套方案通过初筛 | 10 | | |
| | | | 完成中期对比实验 | 10 | 完成中期对比实验，B方案更优 | 8 | | |
| | | | 完成最终产品交付测试 | 10 | 完成客户交付测试，达到客户要求 | 9 | | |
| 2 | 通过质量体系认证 | 20% | 完成技术部质量控制制度编制 | 5 | 完成7项制度文件的编制、完善 | 4 | 12 | |
| | | | 梳理、优化技术部所有工作流程 | 5 | 梳理、优化了9项工作流程 | 4 | | |
| | | | 质量体系内审不合格项≤5项 | 5 | 内审不合格项7项 | 2 | | |
| | | | 质量体系内审不合格项≤2项 | 5 | 外审不合格项3项 | 2 | | |
| 3 | 研发费用不超标 | 20% | 完成原产品技术改良，降本增效 | 8 | 对原产品配方进行了优化 | 6 | 17 | |
| | | | 完成重点项目供应商招标工作 | 7 | 完成招标工作，确定了主材供应商 | 7 | | |
| | | | 每月完成研发费用统计、分析报告 | 5 | 完成统计、分析，并制定了改进措施 | 4 | | |
| 4 | 完成3项专利申请 | 10% | 筛选并确定专利代理机构 | 3 | 确定了两家合作机构，同时合作 | 3 | 7 | |
| | | | 编制完成专利申报稿 | 3 | 编制并审核完成3项专利申报稿 | 2 | | |
| | | | 跟进申请进度，以取得受理号为准 | 4 | 2项已取得受理号，1项因故延期 | 2 | | |
| 综合评价：整体工作完成情况较好，尤其新项目推进顺利，不足之处是部分专利申请有延期。 | | | | | | | | |
| 被考评人：张天赐　　考评人：刘一达　　日期：××年××月××日 | | | | | | | | |

（3）公示目标与关键成果。

公示制定的目标与关键成果，保证所有员工知晓并了解公司各部门、各级员工绩效目标及要完成的关键成果。

（4）推进执行。

①制定具体落地方案。各部门员工应根据制定的关键成果制定详细的落地方案，也就是具体的行动计划。

②定期检查。定期检查主要是为了能够及时发现问题，调整偏差。原则上各部门每周进行常规检查，公司每月做专项检查，检查的内容主要包括：目标、进度、遇到的问题、问题的原因、解决的办法、需要的支持和下一步计划等。

③必要时调整。执行过程中，如果发现设定的目标与关键成果有明显问题，比如有的关键成果对目标实现没有多少帮助，或者目标制定的过高或过低等，这时就需要果断做出调整。所有调整必须经过部门负责人签字并报人力资源部备案。

（5）定期复盘。

每季度结束，在公司召开的绩效管理专题会议上，总结本季度绩效目标完成情况，并制定下季度指标。复盘考核周期内绩效目标是什么，大家做了什么，遇到了什么问题，怎么解决的，最终的结果是什么，有什么经验和教训，下一步计划等，同时员工给自己打分，上级主管完成对下级的评价打分。

3. 实施注意事项。

（1）每个考核主体最多设5个目标，每个目标下最多设4个关键成果。

（2）百分之六十的目标最初来源于基层，自上而下和自下而上沟通同步进行。

（3）随时关注市场环境的变化，随时关注绩效目标的合理性、时效性，必要时做出相应调整。

4. 打分及评价规则。

每季度末，各参评人须将自己的绩效执行情况上报给直属上级，由上级领导针对执行情况进行打分，具体打分规则如下：

（1）目标O合计满分为100分；

（2）单个目标O得分为所辖单项KR分数之和；

（3）原则上，目标O得分在60~80分表明项目运作良好，60分以下需改进，目标O得分达到100分，则需要审视最初制定OKR的时候该目标O是否设置的标准太低，不具有挑战性。

（4）评价规则见表3-50。

表3-50　绩效评价规则表

| 目标O得分合计 | 评价等级 | 等级描述 | 复盘提示 | 备注 |
|---|---|---|---|---|
| 95分以上 | A | 卓越 | 进一步考察目标合理性 | |
| 81~95 | B | 优秀 | 胜任工作，完成目标 | |
| 61~80 | C | 良好 | 基本胜任工作 | |
| 40~60 | D | 一般 | 审视目标设置的合理性 | |
| 40分以下 | E | 较差 | 进一步考核工作能力、态度 | |

## 六、考核结果的应用

1. 考核结果不与绩效奖金直接挂钩。
2. 作为年底晋升及职业规划的依据。
3. 岗位轮换、培训及职务调整的依据。
4. 作为降级及淘汰的依据。
5. 作为调薪的依据。

## 七、绩效面谈与申诉

1. 绩效面谈。

绩效考核结果确定后，部门负责人应及时跟每一名员工进行一对一绩效面谈。面谈主要包括向被考核者反馈当期绩效考核结果，肯定其成绩和优势，给予进一步提升的建议。同时，要指出其不足和需努力的方向，并最终使考核者与被考核者对当期考核结果达成一致意见。

2. 考核申诉。

考核周期结束后，对考核过程或结果有异议的员工需提交书面申诉材料给到人力资源部，由人力资源部对员工申诉内容进行复核，如有必要可组织相关部门进行复评，复评成绩为最终考核结果。

## 八、附则

1. 本方案解释权归公司人力资源部。
2. 本方案自发布之日起执行，与公司原绩效管理制度并行实施。

××公司人力资源部<br>××年××月××日

# 第四章

# 绩效管理战术——流程

　　绩效管理流程犹如田忌赛马，按既定的策略和顺序出马，才能大概率地赢得比赛。企业绩效管理成效的好坏，一方面与选取的绩效考核指标和考核方法有关，另一方面与绩效管理各环节执行的效果密不可分。本章重点介绍绩效管理的六大流程，绩效管理人员需要掌握绩效管理每个环节的操作要领和注意事项，并能够树立绩效管理全局意识和全流程管理理念，这样才能让绩效管理在企业发挥最大价值。

## 第一节 绩效计划

绩效计划,是绩效评估者与员工通过沟通确定员工在考核周期内应达到的绩效标准或目标,并最终将达成的一致意见形成契约。这个契约一般通过绩效计划书、目标责任书、绩效考核表等形式呈现。

绩效计划是绩效管理的第一个环节,是绩效管理的方向,企业要达到什么样的目标,就制订什么样的绩效计划。我们可以从以下三个方面来理解。

1. 绩效计划的制订主体是评估者和员工。制订绩效计划是考核主体形成契约的过程,这里需要绩效评估者和员工充分沟通后确定。员工最了解自己的工作职责和个人能力,由他们来制订绩效计划会使整个计划更具有现实性和可操作性。评估者一般是被评估者的直接上级,他们了解员工的工作,并且站位更高,格局更大,掌握的信息更加全面,因此在制订绩效计划过程中能起到把关和指导作用。人力资源管理部则应提供制订绩效计划的工具和方法,供各个部门员工去使用,并且控制绩效计划完成的时间,审核绩效计划的质量。

2. 绩效计划是个双向沟通的结果。制订绩效计划的过程无论是自下而上,还是自上而下,都是双向沟通的过程。无论绩效目标制定得高还是低,无论里面有多少博弈和讨价还价,最终都是双方认可的结果。企业应该避免制定不切实际的高目标,以至于强压员工,造成员工内心的抵制,使其放弃努力,消极应对,甚至直接离开企业,这就是我们常见到的绩效指标"逼走"员工的现象,很多企业都存在这种情况。

3. 绩效计划是以书面形式体现的关于绩效标准的契约。绩效计划是上级管理者与下级员工达成的关于绩效标准的契约,既然是契约,就要用书面的形式固定下来,以免在考核时互不认账,同时也能起到时刻督促被考核者的作用。

## 一、绩效计划的作用

绩效计划的作用主要体现在以下五个方面。

（一）导向作用

绩效管理的核心是管目标，只有目标清晰了，员工才有奋斗的方向。绩效计划对员工要达到的目标和标准进行了准确、清晰地描述，可以作为员工行动的纲领和指南，具有重要的导向作用，能够确保员工始终朝着企业既定的目标前进。

（二）激励作用

人有了目标才有奋斗的动力，当员工不清楚方向、目标在哪里，不知道完成工作的标准是什么的时候，就很容易产生懈怠情绪，影响绩效目标的达成。绩效计划为员工树立了目标，确定了标准，员工在工作中始终能感觉到绩效目标的牵引和推动作用，绩效计划始终激励着员工朝着既定的目标和标准前进。

（三）聚焦作用

绩效计划所列工作都是部门或岗位的重点工作，这样有助于员工抓住重点，聚焦那些影响企业战略目标实现的核心工作。如果没有绩效计划，员工会更倾向于把精力放在那些简单的、例行的、容易达成的工作上，而不会去聚焦在那些具有挑战性的、影响深远的、全局性的工作上来。

（四）促进沟通作用

绩效计划形成的过程是上下级不断沟通形成共识的过程，这个过程可以帮助上级领导更好地了解员工的实际工作内容、工作动机及工作态度，员工可以更好地理解企业的要求、发展方向及对自己的期望。良好的沟通可以大大降低企业运营的成本，提升运营的效率。

（五）契约作用

绩效计划一旦确定，企业和员工就形成了基于工作目标的契约关系，员工完成绩效计划作为考核周期内的核心目标，企业按员工绩效计划完成情况进行奖惩，企业及员工都有据可依。绩效计划通过契约的形式将企业的利益和员工的个人利益整合在一起，保证大家都朝着共同的方向努力。

## 二、绩效计划的分类

绩效计划按层级分可分为：企业级绩效计划、部门级绩效计划和员工级绩效计划三个层级。

绩效计划按考核周期可分为：年度绩效计划、季度绩效计划、月度绩效计划三个阶段。

## 三、制订绩效计划的原则

（一）符合 SMART 原则

制订的绩效计划要符合 SMART 原则，即具体的、可衡量的、可实现的、相关的、有时限性的。

（二）层层分解原则

员工的目标、部门的目标和企业的目标必须保持一致，这样才能形成合力，共同推动企业战略目标的达成。这就需要将企业的目标进行层层分解，并最终保证员工执行的绩效计划和企业的发展方向是一致的。

（三）重点突出、主次分明原则

工作计划无法做到事无巨细地把所有工作罗列出来，当然也没必要这么做。根据"二八原则"，只需要把那些影响最终结果的关键指标列出来就可以了，聚焦关键工作，突出重点事项。同时，通过权重的设定，把重点工作再进一步区分出主次、轻重来，让员工把精力集中在最关键的绩效指标和工作目标上。

（四）充分沟通原则

绩效计划的制订一定要在领导、员工充分沟通的基础上建立，否则就会出现阳奉阴违，执行不到位的情况。

（五）激励性原则

绩效计划不单单是制订工作计划，同时需要设定相应的激励措施。绩效和激励是相辅相成的，缺一不可。一般在制订绩效计划时，需要同时公布完成计划后会得到的激励，对绩优员工怎么奖励，对绩劣员工怎么惩罚。企业和员工必须形成这样的契约，才能激励先进、鞭策后进，让企业整体绩效水平达到新的高度。

## 四、绩效计划的内容

1. 基础信息：被考核人姓名、部门、岗位、考核周期、日期等。
2. 重点工作事项：被考核人在绩效周期内计划完成的重点工作事项。
3. 绩效指标：衡量重点工作事项完成情况的指标，如数量、质量、时间、成本等。
4. 标准：各项指标需要达到的目标值。
5. 权重：按工作事项的重要程度进行权重分配，分清主次。
6. 计算公式或说明：衡量工作指标完成情况的计算公式或说明。
7. 评分方法：衡量工作指标完成情况的计分规则和方法。
8. 数据来源：计算工作指标完成情况的数据来源。

表 4-1 是某公司人事主管岗位绩效计划示例表。

**表 4-1 人事主管绩效计划表**

部门：　　职位：　　姓名：　　考核周期：　　填表日期：

| 重点工作 | 考核指标 | 目标值 | 权重 | 计算公式/说明 | 评分方法 | 数据来源 |
| --- | --- | --- | --- | --- | --- | --- |
| 人才招聘 | 招聘到岗率 | 85% | 30% | 招聘到岗率＝实际按时到岗人数÷计划应到岗人数×100% | 此项满分100分。低于目标值1%扣5分，扣完为止；高于考核值1%，加5分，最高为120分 | 招聘统计报表 |
| 员工培训 | 培训学分达标率 | 95% | 15% | 培训学分达标率＝已达标人数÷员工总人数 | 此项满分100分。低于目标值1%扣5分，扣完为止；高于考核值1%，加5分，最高为120分 | 培训统计表 |
| 绩效考核 | 员工评价率 | 95% | 15% | 员工评价率＝评价员工总数÷员工总人数×100% | 此项满分100分。低于目标值1%扣5分，扣完为止；高于考核值1%，加5分，最高为120分 | 绩效分析统计表 |

续上表

| 重点工作 | 考核指标 | 目标值 | 权重 | 计算公式/说明 | 评分方法 | 数据来源 |
|---|---|---|---|---|---|---|
| 薪酬核算 | 薪酬差错率 | 4% | 15% | 薪酬差错率=差错数÷核算薪资总人数 | 此项满分100分。高于目标值1%扣5分，扣完为止；低于目标值1%加5分，最高为120分 | 薪酬核算表 |
| 人才保留 | 正式员工辞职率 | 7% | 15% | 正式员工辞职率=正式员工辞职人数÷（正式员工辞职人数+期末已转正总人数） | 此项满分100分。高于目标值1%扣10分，扣完为止；低于目标值1%加10分，最高为120分 | 人事报表 |
| 内部运营流程 | 内部客户服务满意度 | 80% | 10% | 由其他部门对行政人力综合工作情况进行满意度评价 | 此项满分100分。低于目标值1%扣5分，扣完为止；高于目标值1%，加5分，最高为120分 | 满意度调查表 |

备注：绩效奖金＝考核基数×考核系数；其中考核基数为元。
考核系数：A级—1.5 B级—1.2 C级—1 D级—0.8 E级—0（考核等级：排名前10%—A级；前30%—B级；前60%—C级；后40%—D级；后10%—E级）

被考核人签名：　　　　考核人签名：　　　　日期：　　年　月　日

## 五、制订绩效计划的流程和方法

（一）制定企业整体发展目标，形成企业级的绩效计划

从企业经营的角度，每个企业应该在年末复盘公司的发展战略，并制定新的发展目标。企业战略分析最常用的工具是SWOT，即从优势（strengths）、劣势（weaknesses）、机遇（opportunities）和威胁（threats）四个方面进行盘点和分析。

企业发展目标清晰之后，就可以制订企业级的绩效计划，比如企业人员规模达到多少、营业额达到多少、利润达到多少、市场占有率达到多少等，同时年度绩效计划要逐步分解到季度及月度。

企业级的绩效计划执行主体一般是总经理、副总经理及企业其他主要负责人，考评主体一般是董事会、董事长、总裁等企业高层领导。

（二）企业的发展目标分解为各部门的目标，形成部门级的绩效计划

企业的发展目标需要落实到各个部门去执行。人力部门提供人才保障，

运营部门提供政策支持,业务部门承担销售业绩指标,只有各个部门各司其职,同时又协同配合,才能实现企业整体目标。

企业目标分解为各部门的目标,保证部门目标与企业目标一致。各部门的目标形成部门的绩效计划,并以此为基础设立部门负责人的考核指标,保证企业及部门目标能够被有效地执行。

(三)员工根据部门的目标及绩效计划,制订个人绩效计划草案

企业再宏伟的战略目标,最终都需要落实到每一位员工身上。企业和部门计划是员工绩效计划的依据和方向,员工的绩效计划是企业和部门计划的根基和源泉,只有调动全体员工的积极性和聪明才智,才能形成巨大的合力,在千变万化的市场上勇立潮头。因此,员工的绩效计划不是企业和部门计划的简单分解,而是以企业和部门计划为依据,以岗位职责为边界,制订切实可行、又具有一定挑战性的目标和计划,这样才能超越组织的期望,达到更高的绩效水平。通常的做法是,员工根据企业和部门的绩效计划,制订个人的绩效计划草案并提交给上级领导审核。

(四)上级领导审核员工制订的绩效计划,并与员工沟通形成最终的绩效计划

上级领导根据自己掌握的信息并站在部门全局的角度对员工提交的绩效计划进行审核,并与员工沟通形成一致意见,作为员工最终的绩效计划。

绩效计划沟通是形成最终绩效计划的核心环节,绩效计划沟通需要注意以下三点。

1. 沟通的氛围尽量轻松自由,并充分调动员工的能动性,只有这样才能保证沟通的效果,否则可能会变成讨价还价的争论或者是命令式的执行。

2. 不仅要确定个人绩效目标,还要确定衡量的标准,同时需要探讨可能会遇到的困难和需提供的支持。

3. 沟通的结果要及时通过书面的形式固定下来。通常的做法是员工根据沟通的结果修改已提交的绩效计划草案,签名后交给上级领导签字,双方签字后就是最终的绩效计划了。

(五)明确绩效计划执行效果的奖惩措施

绩效计划制订好之后,需要进一步明确绩效计划执行效果的奖惩措施,也就是绩效结果怎么应用。虽然绩效应用是绩效管理的最后一个环节,但在制订绩效计划时,同时要思考和确定绩效结果的应用计划。没有激励措施的

绩效计划，很难调动员工的积极性和奋斗精神，当完成计划与否结果一样的时候，员工就没有动力冲锋陷阵，努力朝着目标奔跑了。

很多企业在制订绩效激励计划的时候，说得比较模糊，比如绩效结果用于员工薪酬调整、职业发展规划、职级晋升、培训等，但没有具体的实施方案，看起来就像画的一张"饼"，绩效激励效果肯定也会大打折扣。尤其销售类型的企业或岗位，应明确绩效计划完成后给予多少物质方面的奖励，完不成计划要扣除多少绩效奖金，只有这样才能激励员工不断冲刺绩效目标。

## 六、制订绩效计划注意事项

1.绩效计划不是一成不变的，而是需要根据市场环境的变化做出动态调整。市场环境瞬息万变，绩效计划会出现个别指标不合时宜的情况，这时就需要及时做出调整，一味固守，只能造成资源的浪费。一般情况下，年度计划调整幅度不超过30%，季度计划调整幅度不超过20%，月度计划调整幅度不超过10%，如果调整的幅度太大，我们就需要反思当时制订计划的合理性和准确性。

2.绩效计划中各项绩效指标要均衡、全面发展。管理指标和经营指标、财务指标和非财务指标、短期指标和长期指标、结果指标和过程指标等都应该涉及，避免一边倒，一味地追求完美的经营结果、漂亮的财务数据，最终效果可能适得其反或为企业长远发展埋下隐患。

3.绩效计划制订要以清晰的组织架构，明确的岗位职责为前提。组织架构变动频繁、岗位职责不清晰，这样就很难制订出规范、合理的绩效计划来，即使制订出来绩效计划，也会因组织架构及岗位职责的变动，导致绩效计划无法实施。因此，清晰、稳定的组织架构，明确、规范的岗位职责是制订绩效计划的基础和前提。

无论企业规模大小，性质如何，绩效管理是企业管理的基础，没有绩效管理，企业很难走上正轨。绩效计划是绩效管理的第一步，也是非常关键的一步，只有做好了绩效计划，员工工作才能做到有的放矢，公司绩效考核才能有据可依。做好绩效计划，对提升企业绩效，实现企业目标有着至关重要的作用。

# 第二节　绩效督导

"员工只会做你要检查的工作，不会做你期望的工作"这是管理界流传的一句非常经典的话，这句话的出处已经无从考证，但做过管理的人都能体会这句话的含义。

绩效督导，是指管理者通过监督、检查、辅导员工的工作，掌握员工工作的进度，发现员工工作中存在的问题和障碍，并给予员工必要的支持和帮助。

## 一、绩效辅导的作用

（一）督促

督促员工执行绩效计划。绩效计划制订后如果不进行督促，员工可能会将绩效计划束之高阁，直到最后考核时，才发现当初制订的绩效计划没有完成，这时只能是"亡羊补牢，悔之晚矣"。当员工在执行绩效计划过程中，上级领导定期或不定期地进行督促，员工会随时关注绩效计划的完成情况，不至于把精力放在无关紧要的事情上，而忽略了绩效计划中核心指标的存在。

（二）纠偏

纠正员工执行绩效计划的偏差。执行绩效计划的偏差包含进度偏差、成本偏差、质量偏差、数量偏差等，定期检查员工绩效计划的执行情况，发现存在的偏差，并针对性地采取解决方案，使绩效计划能够不折不扣地落实。

（三）辅导

对员工的技能和心态进行辅导。员工能不能很好地执行绩效计划，跟员工的技能和心态有很大的关系。作为管理人员，要对员工进行赋能，这种赋能一方面是技能上的赋能，让员工有能力去完成职责相关的工作，另一方面是心态上的赋能，让员工有动力、有信心去完成有挑战性的工作。

（四）协助

对员工执行绩效计划过程中遇到的困难给予支持和帮助。员工在执行绩效计划过程中，难免会遇到各种各样预想不到的困难和障碍，作为管理者需要及时发现这些问题，并及时给予员工一定的协助，帮助他们克服困难、扫平障碍，顺利地执行绩效计划。

## 二、绩效督导的程序和内容

（一）了解绩效计划执行的情况

做绩效督导，首先要了解员工绩效计划执行的情况，了解的途径一般有三个，首先是通过员工本人的工作汇报进行了解；其次是通过观察员工的行为和表现进行了解，比如员工组织了月度总结会，那么会议的秩序、流程、效果都可以通过观察得到很多有价值的信息；最后是通过查看工作资料、听取内外部客户的反映来进行了解。

（二）分析存在的问题和背后的原因

了解员工绩效计划执行的情况后，需要进一步分析存在的问题及问题背后的原因。存在的问题一般是进度、数量、质量、成本达不到预期的要求，背后的原因可以从员工自身的知识、技能、态度及外部障碍来进行分析。当然，也有超预期完成的员工，可以分析员工能够超预期完成的原因，并可作为经验在团队内做交流分享。

（三）思考解决问题的办法并制订改进计划

针对存在的问题和造成问题的原因，管理者和员工需要进一步思考解决问题的办法，并针对性地制订工作改进计划。领导者如果发现是员工本身知识、技能上的问题，那么就加紧这方面的培训，并在执行的过程中多给予指导和帮助；如果是员工态度的问题，那么就需要给予鞭策和督促；如果是心态上的问题，那么就给予更多的鼓励和引导；如果是外部的障碍，那么就给予更多资源上的倾斜或帮助其克服困难和障碍。绩效督导是管理者和员工双方充分沟通的过程，也是共同复盘绩效计划，不断突破和进步的过程。

（四）跟进执行情况，关注改善效果

绩效督导是一个不断循环往复的过程，没有终点。管理者需要持续关注员工的工作表现，跟进员工的执行情况，关注改善的效果。作为员工，需要随时汇报自己的工作进展情况，取得的成绩、遇到的问题、后续的计划等都可以随时与上级进行沟通，让上级领导清楚自己的工作进展情况。无障碍沟通是职场人必备的素质和技能，是改进工作绩效非常重要的途径。

## 三、绩效督导注意事项

**（一）督与导缺一不可**

督导，即监督和指导，很多绩效管理人员把这个环节叫绩效辅导，其实是不全面的。就像这个章节开头写的那句话：员工只会做你要检查的工作，不会做你期望的工作。管理者不单单要辅导员工，还要经常监督、检查员工绩效进展情况。大部分员工都是有惰性的，真正"不用扬鞭自奋蹄"的员工只占很小一部分，员工需要被督促和检查，这是取得良好绩效非常重要的一点。很多职场人为了追求职业、生活、灵魂的自由，选择了自由职业，但真正从事了自由职业之后才发现工作效率较之前大幅降低，迟迟做不出工作成果来，想想还是上班时有人盯着、催着做事效率更高，现在多希望有个人来监督、督促自己，这样或许更能出成绩。

**（二）注重沟通的方式和技巧**

绩效督导是双方深度沟通的过程，不同的沟通方式导致不同的沟通结果，在绩效督导过程中，要注意沟通的方式和技巧，具体要注意以下几点。

1. 营造宽松、自由的沟通氛围。

2. 对事不对人，评价具体事实，而非评价员工本人。

3. 不同员工，不同策略。能力强，态度好的员工以鼓励为主；能力弱，态度好的员工以培养为主；能力强，态度差的员工以引导为主；能力弱，态度差的员工以鞭策为主。不同的员工，采取不同的督导策略，才能起到事半功倍的效果。

4. 注意沟通的技巧。尤其在批评员工的时候更要注意沟通技巧，否则容易形成"争辩"和"对抗"，这个时候"三明治"沟通法是个不错的选择。"三明治"沟通法，指在给别人提出建议尤其是批评性建议时，为了让对方能接受，先表达友好、认同和关爱，然后再提出核心观点，意见表达完毕，最后再给沟通对象提出希望和鼓励。这种前面有铺垫，后面有回应，核心内容夹在中间层的"三明治"沟通方式，更容易让员工接受，也更能起到良好的沟通效果。

5. 面对现实，更要着眼未来。绩效督导一方面是解决存在的绩效差距，另一方面是为了最终能高质量地完成绩效计划。因此，解决问题时要面对现实，避免泛泛而谈、不着边际。同时，要着眼未来，通过顾问式沟通的方式构建未来绩效目标,把沟通的重点放在未来需要采取的改进措施和需要提供的资源上来。

绩效督导是绩效管理重要的一环,对绩效结果的好坏起着关键作用,而很多企业往往忽略这一点,只强调结果,不注重过程管理,这样往往事与愿违,达不到理想的效果。绩效督导,不是可有可无,而是不可或缺。

## 第三节　绩效评价

绩效评价,也叫绩效考核,它是运用科学的方法对员工的绩效计划完成情况及其他综合表现进行考核、评价的管理活动。绩效评价是绩效管理的核心环节,决定着绩效管理水平的高低和成效的好坏。

绩效管理的指标在本书第二章进行了阐述,绩效管理的方法在本书第三章进行了阐述,本章站在绩效管理全流程的角度,重点阐述绩效评价的作用、原则、流程、内容和注意事项等。希望读者能够对绩效评价有全局性的认识和更深刻的理解。

### 一、绩效评价的作用

(一)衡量员工工作绩效

绩效评价的核心目的是衡量员工的工作绩效。如果企业里的员工完成计划与否的结果一个样,那么还有多少员工愿意付出努力去工作呢?制订的绩效计划又有谁会去认真地执行呢?绩效考核是绩效管理的中间环节,起着承上启下的作用,它衡量绩效计划的完成情况及绩效督导的效果,同时绩效考核的结果作为后续绩效反馈、分析、应用的依据。科学、准确衡量员工工作绩效是绩效管理的核心内容,也是绩效管理成功的关键。

(二)提升员工工作绩效

评价不是目的,而是过程,绩效考核最终目的是提升员工的工作绩效。企业要什么,就考什么,这是绩效管理的基本逻辑。因此,我们做绩效评价,不能为了评价而评价,而是要站在不断提升企业管理水平,提高员工工作效率和业绩的角度去做绩效评价。

（三）优化人才队伍

绩效评价的结果一般会应用于员工薪酬调整、晋升与淘汰、培训与开发、职业生涯规划等方面，这些正是人才管理的核心内容。因此，绩效评价的作用不单单是绩效的衡量及提升，同时也是企业建设高质量人才队伍，实现稳健经营，持续发展的基本要求。

## 二、绩效评价的原则

（一）公平、公正、公开

这个原则自然不用说，在很多场合都适用，尤其在涉及员工利益的绩效考核中，更要保证采用公平、公正、公开的方式进行考核，只有这样才能最大限度地确保考核结果的准确性，才能发挥绩效管理的作用。

（二）以工作业绩为中心，以价值为导向

业绩是企业生存的根本，是员工价值的核心体现，因此绩效评价应以业绩为中心、价值为导向，这样才能避免绩效管理误入歧途，出现绩效评价热热闹闹，甚至轰轰烈烈，但就是不见效果的情况发生。绩效评价也应当关注员工的工作能力、工作态度等指标，但从本质上看，之所以评价员工的工作能力和工作态度，是因为这两个指标和工作业绩密不可分。我们有理由相信，如果一个员工工作能力和工作态度都没有问题，他的工作业绩也一定不会差。

（三）定量为主、定性为辅

绩效评价尽量用可量化的数据作为评价的依据，这样能最大限度地保证评价的公平性和公正性，同时也最有说服力。当然，我们也不能为了量化而量化，一些定性的指标，同样有其重要的作用和价值，比如员工的工作积极性、主动性用定性的指标去评价会更合适。因此，对于绩效评价我们要坚持以定量为主、定性为辅的原则。

（四）结合企业文化，与管理者的管理理念相一致

每个企业有各自的特点，照抄照搬从来不会取得理想的效果，尤其在企业管理方面，学习华为、阿里巴巴管理方式的企业不在少数，但却没有几个取得成功的。绩效评价是企业一项重要的管理活动，涉及上上下下各层级员工，以及企业经营活动的方方面面。因此，绩效考评一定要结合企业的企业

文化，并与管理者的管理理念相一致。否则，就会出现水土不服或阻力重重推动不下去的情况发生。

（五）评价方式多元化

绩效评价的方式有几十种，如果一刀切地用其中一种方式进行评价，那么就会出现绩效评价流于形式的现象发生。由于评价方式不适合，员工又不得不做，就只能应付着做一下，久而久之，绩效评价就会形同虚设，绩效管理变成了走过场的"游戏"。企业应该根据不同层级、不同岗位，采用灵活多样的评价方式。

### 三、绩效评价的主体

评价人和被评价人是绩效评价的核心主体，他们是绩效评价的主要参与方。被评价人一般指员工，在对部门或团队进行考核时，虽然表面上考核的是一个组织，但本质上考核的是这个组织的主要负责人。

被评价人在绩效考核时，一方面需要总结考核周期内取得的成绩，并提供必要的佐证资料,同时需要对自己的工作成绩进行自我评价。在多数企业内，被评价人的自我评价不作为绩效成绩核算的依据，但这个动作却有其存在的意义，它可以促使员工审视自己工作完成情况，同时也增加了员工的参与感，不至于让员工认为绩效评价是领导的事，和自己没有关系。

评价人可以是直接上级、间接上级、下属、同事以及客户。作为评价人，需要熟悉被评估者的工作内容和工作性质，了解被评价人的工作表现。因此，从这一点上来看，直接上级是最合适的评价人，很多企业都是由员工的直接上级来评价员工绩效的，当然也可以根据企业实际情况，把间接上级同时列为员工的绩效评价人，至于直接上级和间接上级打分的权重，可根据具体情况进行设定，四六分（间接上级40%，直接上级占60%）、三七分（间接上级30%，直接上级占70%）的企业比较普遍，也有企业采用直接上级打分，间接上级提出最终修改意见的操作方式。到底哪种方式好，管理上没有绝对正确的答案，适合企业就好。

在360°评价中，把被评价人的下属、同事、客户都列为评价人，也有其合理的逻辑，全方位的评价能够全面反映被评价人的表现，但这种方式花费的时间和资源成本相对会高一些。

## 四、绩效评价的内容及流程

绩效评价的核心内容是考评周期开始时制订的绩效计划，也就是考评绩效计划中所列的工作项目和指标。除此之外，员工表现出来的工作能力和工作态度，也是被评价的内容。绩效评价的流程可分为以下几步。

1. 公司人力资源部编制考评实施方案并通知到各部门。方案的内容应当包括评价的主体、评价的规则、评价结果的提交、评价的注意事项等。
2. 各部门负责人督促员工根据绩效计划填写工作总结并进行自评。
3. 绩效评价人根据员工提交的工作总结考核表进行评价、打分。
4. 人力资源部收集、汇总各部门员工的考评结果，呈公司领导审阅、签批。人力资源部在收集、汇总各部门的考评结果时，会发现很多问题，比如信息不全、数据错误、评分过高或过低等异常情况，这时要及时进行核实，确保数据准确无误。
5. 公司领导审批完的绩效评价结果，人力资源部进行存档并及时反馈给各部门负责人，作为后续绩效面谈的依据。

## 五、绩效评价注意事项

（一）方法得当

绩效评价方法各有利弊，选择适合自己企业特点的就是最好的，一味地逐新趋异，或者照搬其他企业的经验，只会让企业失去管理的定力，迷失管理的方向。

（二）双向沟通

如果绩效评价就是上级给下级打下分，那么绩效评价的意义就会大打折扣。绩效评价虽然是以评价人评价下级为主，但这也是双方进行有效工作沟通的过程。管理者通过员工提交的工作总结，了解员工的工作情况，同时听取员工的意见，了解员工需要的支持和帮助。员工通过上级领导的评价，认识自己的长处和不足，并在后续工作中扬长避短，做出更好的成绩。

（三）宽严有度

人力资源部在统计绩效结果时会发现，有些部门的绩效成绩普遍偏高，有些部门的绩效成绩普遍偏低，这和评价人的宽严程度有关，与员工的实际绩效关系不大。如果在全公司内按绩效分数进行排名或按强制比例分布的方式进行绩效等级划分，绩效评价的公平性就令人怀疑。可以通过提高量化指标的比例来规避这种现象，但不可能完全消除这种情况，因为再量化的指标，也会受到人主观判断的影响。我们应该做的是最大限度地避免刻意宽松或严苛，尽量客观、公正地进行评价。

## 第四节　绩效反馈

绩效反馈，就是评价人将绩效评价的结果通过沟通交流的方式反馈给被评价人。绩效反馈是绩效管理中一个非常重要的环节，它是评价人和被评价人就评价结果进行沟通的过程。

绩效反馈的主体是绩效评价的评价人和被评价人，反馈的内容是绩效评价的结果，反馈的目的是让员工了解自己在本绩效考核周期内的业绩、能力和态度是否达到公司的要求，认识自己后续需要提升的方向和空间。反馈的方式可以是书面的形式，也可以是面谈的形式，从效果上来说，面谈的效果一定比书面的效果好。绩效反馈的成果是员工认可自己的绩效评价结果并在面谈表上签字，同时能够清楚地知道后续如何改进自己的绩效。

### 一、绩效反馈的作用

（一）达成共识

绩效反馈不仅仅是告知员工绩效评价的结果，更重要的是让员工认可评价的结果。评价结果一般是评价人根据自己掌握的员工工作成果和员工日常工作表现进行的评价，是自上而下单向管理的结果，员工未必认可，尤其那些绩效评价结果较差的员工，需要通过绩效面谈来消除误解，达成共识。

（二）纠正偏差

这里说的偏差一方面是被评价人认识上的偏差，另一方面是评价人认识上的偏差。人对自己的评价往往高于别人对自己的评价，自我感觉良好和企业对自己评价良好完全是两回事。绩效反馈能够让员工知道自己加分、扣分的原因，认识自己真实的绩效表现，了解自己的长处和不足，帮助员工纠正自己绩效表现认识上的偏差，理解企业的要求和上级领导对自己的期望。

绩效评价不能保证百分之一百准确，绩效评价无论形式、内容设计的多么科学合理，都避不开人的因素，避不开评价人认知上的局限性和倾向性。如果绩效反馈没有达成共识，员工始终不认可自己的考核成绩，这时就需要增加绩效申诉环节，通过复评来确定最终的评价结果，纠正绩效评价中的偏差。

（三）找到方向

员工通过绩效反馈知道了自己的绩效评价结果，这才是第一步，更重要的是员工需要通过绩效反馈，知道自己后续的努力方向，需要提升和改进的地方，这才是绩效反馈最有价值和意义的地方。

（四）留下证据

绩效反馈应该有所侧重，对于中间层次的员工，可以不用付出太多的精力，对于处于两头的员工要给予特别的关注，尤其那些绩效特别差的员工，后续可能要面临调岗甚至辞退，让这些员工认可绩效评价结果并自愿在绩效面谈表上签字，就显得特别重要了，这会成为将来处理可能出现的劳动纠纷的关键证据，用于证明企业有合情、合理的依据，并采取了合法、合规的程序。

## 二、绩效反馈的原则

（一）充分准备

绩效面谈前，应该收集被评价人绩效有关的相关案例，并做好被评价人做出各种反应的心理准备。

（二）以事实为依据

绩效反馈应以事实为依据，避免空洞的说教，这样才能更有说服力，让员工更好地接受评价的结果。

（三）双向沟通

管理者要鼓励员工敞开心扉说出自己的真实想法，这样更有利于发现问题，改进绩效，而不能仅仅以通知的方式告知被评价人其绩效评价的结果。

（四）着眼未来

绩效反馈不是批判、拉仇恨，而是要在总结过往的基础上，着眼未来绩效的改善。

（五）鼓励为主

绩效反馈既要肯定其工作中的成绩，又要指出工作中存在的问题。但整个反馈过程要以鼓励为主，营造积极的沟通氛围，让员工树立信心、充满斗志。

### 三、绩效反馈的内容和流程

1. 准备员工绩效评价相关资料，并通知员工绩效面谈的时间和地点。准备的资料包括绩效计划、绩效总结、绩效评价表、绩效表现记录、企业发展规划、部门工作重点等。

2. 告知员工绩效评价的结果。按约定的时间和地点与员工进行面谈，面谈的核心内容是告知员工绩效评价的结果。评价的结果除了分数、等级等信息外，还包括绩效表现在企业或部门内所处的水平。

3. 总结优势和亮点，分析差距和不足。绩效反馈不仅仅是告知员工绩效评价结果，而是要看到结果背后的原因，总结员工的优势和工作中的亮点，分析员工能力与岗位要求的差距和工作表现上不足的地方。绩效反馈的过程也是管理者和员工复盘阶段性工作的过程，要从过往的经验和教训中，找到改善下一阶段绩效的方式和方法。

4. 制订改进计划及措施。针对存在的问题，管理者和员工共同制订针对性的绩效改进计划和措施，这是绩效反馈的核心意义所在。如果这一步做不好，绩效反馈就会流于形式，这也是很多企业绩效管理没有效果的原因。绩效结果好的员工绩效始终好，绩效结果差的员工，无论怎么考核，考核多少次，结果始终差，这里面问题的关键就是没有做绩效的复盘和改进。

5. 了解员工需要的支持和帮助。绩效反馈最后还要了解员工需要得到企业或部门哪些支持和帮助，以便员工能更好地完成下阶段的工作目标。一方面，让员工能够感受到团队的力量，他不是一个人在战斗，另一方面，团队能更好地帮助员工扫除工作中的障碍，为取得下阶段理想的绩效结果铺平道路。无论对企业还是对员工，都是最希望得到的结果。

表4-2是绩效反馈面谈表（示例），供大家参考。

表 4-2 员工绩效反馈面谈表（示例）

| 填写说明： | | | | | | |
|---|---|---|---|---|---|---|
| 1. 本表适用于员工绩效评价结果的反馈及绩效改进面谈。 | | | | | | |
| 2. 面谈人提前做好面谈前的准备，绩效面谈时间不少于 20 分钟。 | | | | | | |
| 3. 面谈内容含绩效评价结果，指出不足，明确改进点，制订切实可行的提升计划与措施。 | | | | | | |
| 4. 面谈结束后，面谈双方就面谈的内容进行签字确认，并交人力资源部备案。 | | | | | | |
| 被考核人 | 姓名： | | 部门： | | 岗位： | |
| 考核人 | 姓名： | | 部门： | | 岗位： | |
| 考核周期 | 第　季度 | 考核等级 | | 面谈时间 | 年　月　日 | |
| 主要业绩描述（含业绩、能力和态度，请用数量、质量、时间、成本/费用、客户满意度等标准进行描述）：<br>1<br>2<br>3<br>…… | | | | | | |
| 不良业绩描述（含业绩、能力和态度，请用数量、质量、时间、成本/费用、客户满意度等标准进行描述）：<br>1<br>2<br>3<br>…… | | | | | | |
| 原因分析（不良业绩/存在不足主要原因分析）：<br>1<br>2<br>3<br>…… | | | | | | |
| 绩效改进措施/计划（由员工上级领导负责辅导、跟进与督办）：<br>1<br>2<br>3<br>…… | | | | | | |
| 需要提供的支持与帮助： | | | | | | |
| 绩效面谈结果确认：<br>　　员工本人签字：　　　　　　　　　　　　　　上级领导签字：<br>　　　　　　　年　月　日　　　　　　　　　　　　　　年　月　日 | | | | | | |

## 四、绩效反馈注意事项

### （一）注意绩效反馈的环境和氛围

应避免在人员嘈杂的公共办公区进行绩效反馈面谈，而应选择在安静、不易被人打扰的独立空间进行，如洽谈室、会议室等。另外，面谈人应积极营造轻松、自由的谈话氛围，同时控制自己的情绪，不刺激员工的情绪，不谈论员工的个人隐私，不伤害员工的自尊心，这样才能使绩效面谈顺利地进行下去，并最大限度地保证绩效面谈的效果。

（二）认真对待，提升技能，注重实效

在以往的绩效管理实践中，我们经常会发现负责绩效面谈的领导并不重视绩效面谈，认为绩效面谈无非就是告诉员工绩效等级，让员工签字认可了就万事大吉了。当然还有一部分管理者，不知道怎么做绩效面谈，没有这方面的技能，缺乏技巧，只是简单聊上几句。这两种情况都会让绩效反馈流于形式，起不到绩效反馈面谈的作用。因此，人力资源部要加强宣导，让各级管理者重视绩效反馈，同时需要加强培训，让负责绩效反馈面谈的领导掌握这方面的技能和技巧，只有做到这两点，才能真正让绩效反馈有实效。

（三）注意谈话内容的保密

绩效反馈鼓励领导和员工敞开心扉，开诚布公地深入交流，这个过程中难免会涉及员工的隐私或企业的机密，这就需要绩效反馈面谈的双方都能保守谈话的秘密，避免流言蜚语、小道消息在企业内部传播，进而对企业、员工产生不利影响。

人力资源部或绩效管理委员会组织各部门做员工的绩效反馈时，会发现个别员工不认可绩效评价的结果，拒绝在绩效反馈面谈表上签字的情况，这就需要增加一个绩效结果申诉程序，人力资源部或绩效管理委员会对申诉的内容重新进行审议，给出最终的评审结果并反馈给员工。

# 第五节　绩效分析

很多企业做完绩效评价和绩效反馈之后，就直接将绩效评价的结果应用于绩效奖金的发放、职级的调整等，其实这里面缺少了很重要的一个环节，那就是绩效分析。

一方面，绩效分析是微观层面的，主要分析员工绩效结果形成的影响因素，用于制订改进计划和提升后续的绩效，这部分工作一般由员工的上级领导与员工做绩效反馈面谈时完成。每个员工的情况不一样，需要员工的上级领导单独进行分析，这里不再赘述。另一方面，绩效分析是从宏观层面分析绩效管理的有效性、合理性和严密性，只有在评价指标是有效的、评价等级是合理的、评价过程是严密的情况下，才能保证绩效结果的客观性和公平性，这样应用起来才能真正起到奖优惩劣，优化人才队伍、提升企业竞争力的作用。绩效分析主要包括以下几个方面。

## 一、绩效等级分布比例分析

绩效等级分布比例，即绩效考核结果各个等级的员工数量占被考核员工总数的比例，用公式表示如下：

A类员工占比=（绩效考核结果为A的员工人数÷被评价员工总人数）×100%

B类员工占比=（绩效考核结果为B的员工人数÷被评价员工总人数）×100%

……

E类员工占比=（绩效考核结果为E的员工人数÷被评价员工总人数）×100%

理想的绩效评价结果应符合正态分布原则，即两头占比小，中间占比大，如果出现A类员工过多或者E类员工过多的情况，则应该重新审视绩效考核标准是否定的过低或过高，评价人主观认识是否过于宽松或严苛。

## 二、组织绩效结果分析

组织绩效结果分析，即对整个企业及各部门绩效指标完成情况进行分析。组织绩效分析可采用两种方式进行，一种是纵向指标分析，即分析哪些指标完成的好，哪些指标完成得差，来找到影响绩效的主要原因；另一种是横向比较分析，即与外部同行业企业或企业内部不同部门进行横向比较，来找到组织绩效中存在的优势和不足、强项和弱项，从而为绩效改善提供依据。

## 三、绩效管理体系分析

绩效管理体系分析，即根据整体绩效考核实施情况、考核结果、各级领导及员工的反映，总结分析绩效管理体系的合理性、有效性。

绩效体系分析至少包括以下内容：

1. 绩效计划（目标）合理性；
2. 绩效评价方式合理性；
3. 绩效评价指标合理性；
4. 绩效改进情况（结合上期评价结果）；
5. 绩效管理成本分析；

6.绩效管理进度分析;

7.绩效管理覆盖率分析。

绩效管理体系分析，是站在绩效管理全局的角度去审视整个绩效管理过程，总结经验，查找不足，为进一步优化绩效管理体系提供参考。

以下是某公司的绩效分析报告，供大家参考。

### ××公司第三季度绩效管理分析报告

**一、目的**

为总结公司第三季度绩效管理实施情况，不断完善绩效管理体系，持续改进公司绩效管理水平，保证公司全年经营目标的实现，人力资源部对第三季度绩效管理整体情况进行汇总分析。

**二、数据分析**

1.绩效管理覆盖率。

参与公司第三季度绩效考核人员共计680人，占公司总员工人数的96%，剔除休产假人员及临时人员，参评率100%，实现了应考尽考，体现了公司很强的执行力。

2.绩效等级分布。

绩效等级人数及占比见表4-3。

表4-3 各绩效等级人数及占比表

| 绩效等级 | A | B | C | D | E | 合 计 |
|---|---|---|---|---|---|---|
| 人 数 | 105 | 225 | 272 | 70 | 8 | 680 |
| 占 比 | 15.4% | 33.1% | 40% | 10.3% | 1.2% | 100% |

不同绩效等级人数占比及正态分布情况，如图4-1所示。

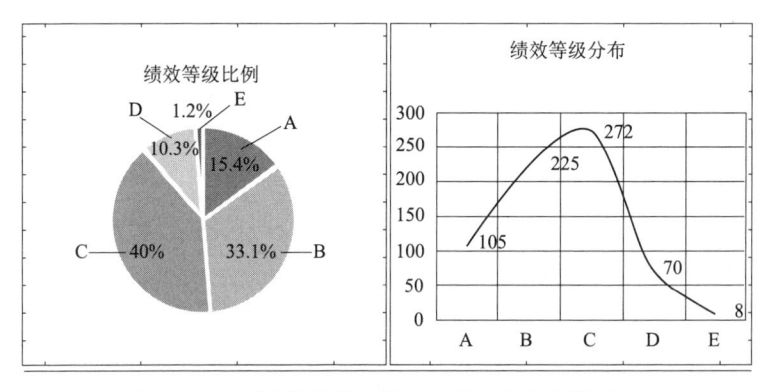

图4-1 不同绩效等级人数占比及正态分布情况图

从绩效等级比例及正态分布图中可以看出，员工绩效等级整体上呈现两头小、中间大的正态比例分布态势，但仍然存在绩优人数高于绩差员工人数的情况，绩效评价整体偏宽松，与绩效管理制度中强制比例分配的原则有一定出入。另一方面，也反映出公司整体业绩向好，大部分员工能够较好地完成公司的业绩指标。

3. 各部门绩效等级结构分析见表 4-4。

表 4-4　各部门绩效等级结构分析表

| 部　　门 | 人事部 | 财务部 | 营销部 | 设计部 | 采购部 | 生产部 |
|---|---|---|---|---|---|---|
| A+B 人数 | 10 | 10 | 120 | 18 | 10 | 142 |
| 部门总人数 | 15 | 12 | 155 | 20 | 18 | 460 |
| 占　　比 | 66.7% | 83.3% | 77.4% | 90% | 55.5% | 30.9% |

从统计表中可以看出，绩效等级在各部门内分布不均匀，设计部、财务部和营销部 A 等级、B 等级占比明显偏高，尤其设计部达到了 90%，采购部和生产部 A 等级、B 等级占比明显偏低，尤其生产部只占 30.9%。

各部门绩效等级分布存在结构不合理的情况，后续需优化绩效管理监督审核机制，对不符合公司强制比例分布要求的部门，予以退回重新评审，以保证各部门之间的平衡，保证绩效考核的公平性和公正性。

### 三、存在的问题分析

1. 制订绩效计划时部分指标设置不合理，存在不能量化、权重设置不当、偏离岗位职责等情况。

2. 部分部门没有按公司规定进行绩效反馈面谈。

3. 绩效等级分布没有按公司绩效管理制度的规定进行强制比例分布，且缺乏有效的评价纠偏机制，导致绩效考核等级不合理，成绩普遍偏高。

4. 部分部门领导不够重视，存在走形式、应付考核的现象。

5. 部门内绩效评价等级分布不合理，如设计部绩效等级为 A 和 B 的人数占到部门总人数的 90%。

6. 绩效管理资料没有按人力资源部规定的时间提交，存在延迟的现象。

### 四、绩效管理改善建议

1. 加强绩效管理制度宣导，转变管理人员观念，让各级员工重视绩效管理。

2. 建立公司及部门绩效指标库，按绩效管理制度中绩效指标设定原则设定绩效指标。

3. 各部门内绩效等级分布不合理，后续严格按强制比例分布的要求进行等级确定。

4. 缺乏对各部门的考核，后续逐渐完善绩效管理体系，把部门考核成绩和员工绩效等级关联起来。

5. 人力资源部加强对绩效反馈面谈环节的监控，各部门严格按照绩效反馈面谈指导书上的流程和内容进行绩效面谈。

**五、总结**

绩效管理制度是公司一项重要管理制度，虽然目前还存在一些问题，但只要不断总结、不断改善，绩效管理的作用会越来越明显。另外，也希望各级管理人员重视绩效管理的每一个环节，提升员工绩效，实现公司管理目标。

公司人力资源部<br>××年××月××日

绩效分析是不断提升企业绩效管理水平的重要环节和工具，管理没有终点，绩效管理永远没有完美的时候，这就需要绩效管理人员抱着永不满足现状的心态，不断总结和分析绩效管理中存在的问题，找到需要改进的点进行完善。只有这样，企业绩效管理水平才会不断提高，绩效体系才能不断完善，个人价值才能得到充分发挥，企业竞争力才能不断增强。

## 第六节　绩效应用

绩效应用，就是将绩效评价的结果应用于绩效奖金发放、薪酬调整、职级晋升、员工培训等方面。绩效应用不是绩效管理的目的，而是绩效管理的手段，通过绩效应用来激励员工不断提升绩效水平，实现个人及企业绩效目标。

绩效结果一般应用于以下几个方面。

### 一、绩效奖金发放

绩效结果应用于绩效奖金发放，是企业最常用的激励方式。绩效奖金和绩效结果挂钩，根据考核评价等级确定绩效奖金发放的系数，比如绩效等级为优秀可以拿 1.5 倍的绩效奖金，绩效等级为差，只能拿 0.5 倍甚至拿不到绩效奖金。需要注意的是，绩效等级、绩效奖金的基数及绩效奖金系数都是需要在绩效管理制度中事先进行明确，这样才能起到激励员工的作用，同时也能避免绩效奖金发多发少的争议。

### 二、薪酬调整

能者多劳，多劳多得，这是企业利益分配的一个基本原则，让那些做出突出贡献的员工有更高的收入，调控那些好恶逸劳、投机耍滑的员工的薪资水平。绩效评价结果作为薪酬调整的依据，是打破"大锅饭"现象最好的手段。

### 三、岗位调整

绩效好的员工，给予晋升的机会；绩效差的员工，降低职级，或者调整到更适合的岗位上去，实现内部人才能上能下，动态调整的机制，以增强企业的活力。绩效考核结果作为员工岗位调整的依据，可以降低执行过程中员工的阻力，同时也减少了管理人员暗箱操作，任人唯亲的现象，毕竟有一把尺子作为人才衡量的标准，那就是员工的绩效结果。

### 四、培训开发

绩效好的员工可以作为培训讲师，分享自己的成功经验，绩效差的员工分析产生绩效差距的原因，是知识、技能还是态度上的问题，找到原因后，针对性地进行培训，进而提升绩效结果。人力资源部可以分析哪些指标整体偏弱，比如沟通能力不强、文化认同度不高等问题，可以专门开设相关的课程，给员工进行培训和宣导。

### 五、员工职业生涯规划

绩效结果可以反映一个员工能否胜任工作岗位，同时也能反映出员工在哪些方面有突出的优势，在哪些方面存在着不足，擅长什么，不擅长什么，这些信息可以有效地帮助员工做好职业生涯规划，实现自身价值。

## 六、岗位胜任能力素质模型构建

岗位胜任能力素质模型指员工胜任某一岗位需要具备的素质和能力。建立岗位胜任素质模型首先需要取绩优员工和绩差员工两组样本作为研究对象，通过测评分析出绩优员工具备的素质和能力，再对比绩差员工的能力和素质，最后归纳、总结出相应岗位的胜任素质要求。由此可见，绩效评估结果是建立岗位胜任素质模型的前提和基础。用好绩效评价结果，构建企业岗位胜任素质模型，对企业甄选优秀人才有重要的参考价值。

## 七、人员优化淘汰

《中华人民共和国劳动合同法》第三十九条规定，"……（一）在试用期间被证明不符合录用条件的……"这里说的被证明不符合录用条件、不能胜任工作，怎么证明？最好的方式就是绩效考核，看员工是否能达到岗位设定的绩效目标。从提供证据的角度，一方面需要员工签字认可绩效计划，另一方面需要员工签字认可绩效评价结果，绩效结果是优化、辞退不胜任岗位要求员工的依据和条件。有一些企业按绩效排名进行末位淘汰，这是不合法的，绩效结果不能这么用，因为绩效评价结果排名末位的员工，未必不能胜任工作要求，只是相比其他员工差一点而已，从法理上说这不能作为辞退员工的理由。

绩效应用是绩效管理最后一个环节，也是非常重要的一个环节，绩效结果应用的好坏，直接决定了绩效管理能否顺利推行下去，能否真正起到改善员工绩效，提升企业人才竞争力的作用。绩效应用涉及员工的切身利益，绩效管理人员应抱着严谨、认真的态度去开展这方面的工作，如果稍有不慎或考虑的不够周全，很有可能会伤害员工的积极性，影响团队的稳定。因此，绩效结果不仅需要用好，而且需要用心地去用好。

# 第七节　相关案例与图表

宏盛物业是一家物业管理公司，员工 800 余人，管理物业项目 16 个，之前是各项目独立运营，没有统一管理，因企业计划向全国开展业务，需要建立统一的管理平台，施行集团化管理，人力资源部制定了各项规章制度，其中绩效管理实施方案具体如下。

**宏盛物业公司绩效管理实施方案**

一、目的

为保证集团绩效管理公平、公正、有效实施，提升工作效率，形成积极向上、共同进步的工作氛围，根据集团发展规划及企业特点，特制定集团绩效管理实施方案。

二、适用范围

适用于集团全体员工。

三、实施原则

1. 主次分明原则：突出重点工作，合理分配权重，避免避重就轻、主次不明。

2. 目标明确原则：考核以公司制定的目标节点为依据，强化目标，明确责任。

3. 客观、公正原则：考核以事实为依据，以业绩为导向，客观、公正反映员工的真实表现。

四、考核周期

1. 基层员工：月度考核 + 年度考核。

2. 中层员工：季度考核 + 年度考核。

3. 高层管理人员：年度考核。

五、考核办法

1. 工作计划制订：考核周期期初被考核人制订工作计划，工作计划制订应满足以下要求：

（1）个人工作计划节点与公司确定的工作计划节点一致；

（2）个人工作计划与部门工作目标结合，突出重点工作，避免避重就轻，只罗列个人能完成的工作；

（3）工作计划各工作项目分类清楚、明确、简洁，避免过度细分、繁杂冗长。

2. 工作总结：考核周期期末被考核人填写工作总结并对工作完成情况进行自评，工作总结及自评应满足以下要求：

（1）工作总结如实反映工作实际完成情况，明确与计划节点的差距；

（2）工作完成情况自评及上级评定做到客观、公正，避免过于苛严或宽松。

3. 绩效评定。

3.1 考核人及考核权重：直接上级考核权重占比 50%、间接上级考核权重占比 50%；

3.2 员工绩效考核结果分为 A、B、C、D、E 五个等级，对应考核分数见表 4-5。

表 4-5 考核分数与考核等级对应关系表

| 绩效成绩 | 95 ≤ X | 90 ≤ X < 95 | 80 ≤ X < 90 | 70 ≤ X < 80 | X < 70 |
|---|---|---|---|---|---|
| 绩效等级 | A | B | C | D | E |

3.3 中基层员工绩效等级比例分布要求。

中基层员工月度、季度考核等级不做强制比例分配，但须满足三个要求：

（1）"A+B"等级人数不能超过 30%；

（2）"A+B"人数比例 ≤ "D+E"人数比例 ×1.5；

（3）A 等级人数 ≤ B 等级人数 ×50%。

年度绩效考核等级比例分配要求见表 4-6。

表 4-6 年度绩效考核等级分配比例表

| 组织绩效等级 | 员工绩效等级 | | | | |
|---|---|---|---|---|---|
| | A | B | C | D | E |
| A | 15% | 10% | 5% | 5% | 0% |
| B | 20% | 20% | 15% | 10% | 5% |
| C | 60% | 60% | 60% | 60% | 55% |
| D | 5% | 10% | 15% | 15% | 25% |
| E | 0 | 0% | 5% | 10% | 15% |

## 六、绩效结果应用

1. 绩效等级与奖金系数对应关系见表 4-7。

表 4-7 绩效等级与奖金系数对应关系表

| 月度/季度绩效等级 | A | B | C | D | E |
|---|---|---|---|---|---|
| 系 数 | 1.3 | 1.2 | 1 | 0.9 | 0.8 |
| 年度绩效等级 | A | B | C | D | E |
| 系 数 | 1.5 | 1.3 | 1 | 0.8 | 0.5 |

2. 绩效奖金计算。

2.1 月度÷季度绩效考核奖金＝月度÷季度绩效考核奖金基数×个人绩效等级系数×出勤系数。

2.2 年底绩效考核奖金＝年度绩效考核奖金基数×组织绩效系数×个人绩效系数×出勤系数。

2.3 年度内绩效等级连续两次为 D 等或一次为 E 等的员工，经过培训与指导，仍不能达到公司要求者则进行淘汰。

**七、其他**

本办法自公布之日起实施，最终解释权归集团人力资源部。

人力资源部

20××年××月××日

该方案实施一段时间后，发现存在以下问题：

1. 集团全国扩张的计划推进缓慢，总经理认为是绩效管理的问题；

2. 员工绩效没有改进，绩效好的员工和绩效差的员工一直是那几个人；

3. 部分员工对绩效评价结果不满意，认为自己做得不错，绩效等级却是 D 等，实在无法接受，也没有合理的解释；

4. 员工对绩效结果应用不满意，绩效奖金拿的少的员工不高兴，绩效奖金拿的多的员工认为自己付出也多，企业没有给自己足够的发展空间。

人力资源部了解到以上问题后，分析了其中的原因并制定了以下改善措施：

1. 集团的战略目标必须逐层分解到部门及员工的绩效计划中；

2. 增加绩效督导环节，尤其加强对绩差员工的督导；

3. 增加绩效反馈面谈环节，上级领导与员工当面沟通绩效评价结果，并共同制定改善方案；

4. 增加绩效分析环节，审视绩效管理体系各环节存在的问题，并及时进行改进，不断提升企业绩效管理水平；

5. 丰富绩效结果应用的范围，除了绩效奖金外，还与员工的晋升、淘汰、培训、薪酬调整等方面挂钩，激励员工不断进步。

# 第五章

# 影响绩效管理成功的五大因素

　　企业推行绩效管理容易，但做好绩效管理不容易。做好绩效管理涉及方方面面的内容，除了前面几章讲到的绩效指标设定要合理、绩效考核方式选择要得当、绩效管理各环节管控要到位等，还有一些影响因素对绩效管理成功与否起着非常重要的作用。本章从影响绩效管理成效的五个方面的因素进行分析，希望能够引起读者对绩效管理产生更深入的思考。

## 第一节　分解落实企业战略目标

先举个例子，一家多元化经营的企业，主营业务逐渐萎缩，新项目只见投入不见产出，经营业绩逐年下滑，但每次绩效考核，除了和经营业绩紧密挂钩的一两个部门绩效评价结果较差外，其他部门员工的绩效评价结果都不错。企业管理者就非常纳闷，为什么部门的绩效评价这么高，员工的工作计划完成的这么好，企业经营业绩怎么就上不去呢？究其原因，是企业的战略目标和部门、员工的考核指标脱节了，员工站在自己职业的角度做自己专业的工作，至于企业制定什么目标和自己没关系，即使觉得有关系，也不知道怎么在日常工作中体现，长此以往，绩效管理逐渐变成了员工集体"自嗨"的游戏。

绩效管理和企业战略密不可分，绩效管理是企业战略目标落地实施的工具，战略目标是绩效管理的基础和方向，绩效管理要上承战略，下接业务，站在公司战略发展的高度，以战略目标为导向，推动企业业绩增长。

企业战略目标要清晰。绩效管理分解战略目标的前提是企业战略目标清晰，如果企业战略目标不清晰，分解战略目标就无从谈起。成功的企业一般每年都会召开战略发展会议，讨论下一年度战略发展问题，确定企业战略后，还会细化企业发展目标，制定出具体的指标及行动方案。越是大企业，越要战略清晰，就像一艘大船需要明确的航向，否则在海上漫无目的地漂泊，会让所有船员失去工作的动力和对未来的信心。

各级员工要理解战略目标。企业战略目标确定后，不是高层管理人员知道就好，而是各级员工都需要知道并能深刻理解企业的战略目标，这就需要企业加强宣导和培训，让全体员工知道企业要向哪个方向发展，会发展到什么程度，以及制定这个战略目标的初心和依据。只有这样，企业战略目标才能得到最大限度地落实。

战略目标分解的方法有 KPI 分解法、平衡计分卡分解法、价值树分解法、目标职责对应法等。

KPI 绩效管理方法在前面章节做过详细的介绍，KPI 本身就是企业战略目标分解的一种工具。企业的战略目标分解为企业的关键绩效指标，企业的战略绩效指标再分解到部门，部门再分解到员工，通过层层分解，把企业的目标变成全体员工的奋斗目标。比如企业的战略目标是战略扩张，企业的关键绩效指标是营业收入增长 30%，营销部门的关键绩效指标是销售额增长不低于 30%，人力资源部的关键绩效指标是新招聘业务人员 50 人，企业和部门的目标上下一致，相互承接。

平衡计分卡绩效管理方法也是前面章节讲到的内容，平衡计分卡从财务、客户、内部运营流程、学习与成长四个维度去分解企业战略目标，实现了财务指标与非财务指标的平衡，短期指标和长期指标的平衡，内部指标和外部指标的平衡。因此，它是一种非常好的战略管理工具，可以全方位地对公司的战略目标进行分解，并通过绩效管理各环节进行有效的落地执行。

关键成功要素法也可以应用于企业战略目标分解。首先寻找企业战略目标实现的关键成功因素，再依次确定部门和具体岗位的关键成功因素，然后依据提炼出来的关键成功因素设定绩效考核指标，使企业的战略目标能够通过绩效管理得以落实。

目标—职责对应法，这是一种简单、直接的战略目标落实方法，很多企业都在用。首先在确定了企业的战略目标后，根据部门及岗位职责设定绩效考核指标并制订绩效计划，这里始终需要思考和关注的重点是：岗位职责和企业战略目标的对应关系是什么？需要完成职责范围内哪些指标和工作任务才能实现企业的战略目标？比如，企业的战略目标是由区域公司发展成全国公司，即业务范围由本省扩展到其他各省份。在这个战略目标下，市场部需要完成哪些工作，达到什么样的标准？人力资源部需要完成哪些工作，达到什么样的标准？其他部门需要完成哪些工作，达到什么样的标准？确定了部门的绩效计划和标准后，再根据每个岗位的岗位职责来分解部门的绩效目标，并最终实现企业战略目标逐层分解到每个部门和员工上。

战略目标分解需要注意以下事项。

1. 逐层分解。战略分解不能脱节，如果中间脱节了，或者走歪了，那么再往下分解肯定会越走越偏，离目标越来越远。

2. 双向沟通。战略目标分解是自上而下逐层分解，但也需要上下双向充分沟通，否则就会出现上面制定的战略虚无缥缈、不切实际，下面执行起来稀里糊涂、自娱自乐。企业管理，很大程度上就是沟通管理，只有充分的双向沟通，才能保证绩效管理能够支撑战略目标的实现。

3. 协作配合。各部门、全体员工都应该围绕企业的战略目标去开展工作，但在具体操作过程中会出现不同部门员工站在各自立场去思考和行动的情况，比如销售部门希望加大营销费用投入，运营部门希望降低营销成本，生产部门希望增加员工数量，人力部门希望控制人员编制，提高工作效率。企业内部部门间存在相互制约和平衡的关系，这是管理的需要，合理的监督能够减少经营风险发生的概率，但协作配合同样重要，起码不能出现不同部门间指标相互"打架"的现象，也不能出现员工之间过度"内卷"的情况发生。

4. 定期总结。绩效管理运行一段时间之后，就要总结、审视是否偏离了企业战略目标，如果出现了偏差，就需要分析出现问题的原因，并寻找解决问题的办法，定期总结、复盘，才能保证绩效管理始终在企业战略目标的框架之下。

分解落实企业战略目标是企业管理的需要，也是绩效管理的基本原则，脱离企业战略目标的绩效管理，犹如脱缰之马，虽奋蹄狂奔，却毫无目的，最终会导致越努力离目标越远。把分解落实企业战略目标这项工作融入绩效计划制订、绩效督导、绩效评价等绩效管理的各个环节中，是保证绩效管理行之有效的必要条件。然而，很多绩效管理人员往往会忽略这一点，仅为了做绩效管理而做绩效管理。绩效管理人员要在思想上和行动上，把企业战略目标分解与落地作为绩效管理的基本指导方针和核心原则。

## 第二节　全员参与企业绩效管理

绩效管理实施涉及企业各个部门、各级人员，企业领导足够重视，全体员工认真参与，绩效管理责任明确到人，才能保证绩效管理顺利实施、有效执行。

## 一、领导重视是关键

企业高层领导重视绩效管理是绩效管理成功实施的关键因素，这是从多年绩效管理实践中得出来的结论。绩效管理是一项耗时耗力的工作，如果没有高层领导的支持，那么将没有员工愿意在自己职责范围之外的工作上投入时间和精力。

绩效管理是与员工切身利益密切相关的一项工作，没有高层领导的支持，绩效管理和绩效奖金、薪酬调整、职级调整很难挂起钩来，绩效管理的发挥空间和激励效果也会大打折扣。

绩效管理直接成本和间接成本开支需要高层领导的同意。做绩效管理也是有成本的，除了绩效管理人员的工资、福利等间接成本外，还有购买绩效管理相关系统软件的直接成本。有一家集团性企业首次购买绩效管理系统需要花费一百六十万元，费用申请单到管理者那很顺利就签了，管理者重视绩效管理，认为绩效管理带来的效益一定远不止这点钱。如果换了别的企业，这款绩效管理系统很可能因为费用问题就中途夭折了。

领导重视很重要，那怎么让领导重视绩效管理呢？从理论上说，领导都很重视绩效，但未必都重视绩效管理。绩效是结果，除了竞争对手，没有人希望自己经营的企业业绩很差。绩效管理是过程，是包含从目标制定到结果应用的一系列管理活动，既然绩效管理是为了有更好的绩效结果，那为什么有的企业负责人不重视绩效管理呢？究其根本原因，大体可归纳为以下几种情况。

1. 企业管理者也全力推行过绩效管理，但没有达到预期的效果，逐渐流于形式，没有好的办法去改变现状。

2. 企业管理者也想推行绩效管理，可惜没有合适的人才去推动这件事情，即使招聘了绩效管理人员，但却迟迟落不了地，做过几次尝试之后，干脆把这件事情放下了。

3. 企业管理者"一言堂"，强权文化比较严重，谁好谁坏，给谁多发奖金，给谁少发奖金自己说了算，不相信绩效管理，只相信能人，只要招来精英，就会有好的绩效结果。

4. 企业管理者担心破坏团结、友爱的环境氛围，打破"家文化"的格局，造成上下级、同事关系紧张，这样反而不利于企业经营管理。

5. 管理人员认为条件不成熟，员工素质跟不上、配套管理措施不完善。

6. 企业基于成本的考虑，担心绩效管理占用员工时间，线下考核浪费纸张、线上考核还需要购买软件和服务器。

分析上面这几条，第一条和第二条其实不是企业管理者的原因，而是实施绩效管理的人员综合能力的问题，需要人力资源从业者不断精进自己的技能，提升自己的理念，让绩效管理能落地，并产生实实在在的效果。第三条到第六条，其实是管理人员理念的问题，没有真正树立现代企业管理先进管理理念。绩效管理是得到广泛管理实践验证、行之有效的管理方法，能够帮助企业实现从人治到法制的转变，能够帮助企业不断提高企业经营管理水平和效益。人力资源管理人员要做到向上管理，在潜移默化中影响企业经营者的思想，让企业经营者能够从思想上和行动上支持绩效管理工作。

## 二、全员参与是核心

有些企业为了降低推行绩效管理的阻力，只在基层员工中推行，甚至只在营销、生产等关键经营环节实施，其实这种做法并不可取，绩效管理需要绩效管理文化去支持，否则很难有效地推行下去。

绩效管理需要将企业战略目标层层分解下去，如果没有中高层人员的参与，那么战略目标分解就处于断层状态，绩效管理也就很难保证企业战略目标的实现。

绩效管理没有局外人，全员参与才能真正发挥绩效管理的作用，评价人在评价下级员工绩效的同时，也是被上级评价的对象，只有全员参与了，大家才认为这是一件企业中的所有人都在做的重要事情，才能形成绩效管理文化，认真落实绩效管理的各项制度规定。

绩效管理实施之初，可以小规模地选择部分部门作为试点，在总结经验的基础上，再在整个企业中推广，这是值得肯定的，但要避免一遇到挫折就止步不前，绩效管理没开始就结束了的情况发生。

## 三、责任明确是前提

绩效管理过程中，人力资源部的职责是什么，其他部门的职责是什么，管理人员的职责是什么，员工的职责是什么，这些都应该在绩效管理方案实施之初就明确好，只有责任明确了，才能各司其职顺利地推行绩效管理。很多时候绩效管理推行不下去，是因为谁都觉得它和自己没关系，甚至觉得绩效管理增加了自己的工作量，暗地里再施加些负面影响，导致绩效管理成功的概率越来越低。

绩效管理有高层领导的大力支持，全体员工的认真参与，再加上明确的责任分工，绩效管理一定能顺利推行并取得良好的效果，最终实现企业绩效管理的成功。

## 第三节　考核周期、权重、等级应合理

绩效考核周期、权重、等级是否合理影响绩效管理的效果。绩效考核周期指多长时间考核一次；权重指根据各项考核指标的重要程度确定的占整个考核指标体系的比重，越重要的考核项目分配的权重越高；等级指考核结果划分的标准和层次，一般最多五个等级，最少三个等级。

### 一、考核周期

绩效考核周期一般分为月度、季度和年度三种，但也有不按自然月、季、年划分的，比如试用期转正考核是按试用期时间长短来划分的，还有一些高层管理人员是按聘用期来考核的，聘用期考核合格则进入下一个聘用期，还有一些阶段性的工作是根据项目的节点来考核的，考核期可能是几周，也可能是几个月。

考核周期需要考虑哪些因素，又该如何设定绩效考核周期呢？

1.绩效考核需要耗费一定的人力、物力，设定考核周期需要考虑管理成本因素。过短的考核周期无疑会增加企业管理成本，尤其一些规模庞大的集团性企业，考核一次耗费的员工时间成本就是一项巨大的开支。绩效考核周期太短，缺乏足够的工作成果作支撑，无法充分体现员工价值，也就无法可靠衡量员工的绩效；绩效考核周期太长，又会降低绩效考核的准确性和激励

性，不利于员工工作绩效的改进，从而影响绩效管理的整体效果。

2. 岗位工作内容和工作性质同样影响绩效考核的周期。投入产出周期短的岗位，考核周期可以短一些，投入产出周期长的岗位考核周期可以长一些，比如高层管理岗位，其管理成效不是一个月或两个月就能体现出来的，考核周期可以适当长一些；基层岗位工作成果比较容易在短时间内呈现，所以考核周期可以适当短一些。

3. 绩效考核周期会受到工作节奏的影响。比如销售类岗位需要快节奏地推动工作，短时间内给予绩效结果的反馈和激励，因此绩效管理周期越短越好。研发类岗位有时候需要一年甚至几年才能出成果，因此考核周期不能太短。

4. 绩效考核周期与考核指标也有关系。工作业绩指标考核周期宜短，长了不容易记录工作成果；工作能力和工作态度类指标宜长，因为人的能力和态度具有一定的稳定性，短了不容易发现其变化情况，频繁考核的意义不大。

综上所述，绩效管理不能一刀切地固定绩效管理周期，而是应该根据企业规模、岗位性质、考核指标、考核有效性、考核目的等多方面因素进行灵活设定。

## 二、权重

绩效考核指标权重设置的意义是确保工作分出主次、轻重，保证核心指标的完成。权重分配应该遵循以下原则。

1. 对公司战略目标和团队整体目标影响大的指标权重要高。

2. 体现工作岗位核心价值的指标权重要高，比如招聘经理岗位人才到岗率是体现岗位核心价值的指标，该项指标权重应该设置得足够高。

3. 有难度的专项工作权重要高，容易完成的例行性工作权重要低。

4. 占用被评价人精力多、时间长的工作权重要高，反之权重应该低一些。

5. 领导关注的工作权重要高，反之可以适当低一些。

确定权重可以按以下步骤进行。

1. 根据权重确定的原则，对工作项目进行排序。

2. 根据排序先确定核心工作的权重，再确定次要工作的权重，在确保合理分配且不超标的情况下，提交上级领导审核。

3.上级领导根据公司和部门工作重点，对员工提交的考核指标权重进行适当调整，并反馈给员工作为最终的考核指标权重系数。

以上是绩效指标权重确定的原则和步骤，每项指标的权重具体设定为多少没有统一的标准，需要绩效评价人和被评价人根据这些原则和步骤，结合自己的经验、过往绩效数据、未来的目标等综合权衡确定。

绩效指标权重系数属于绩效计划的一部分，可以同绩效计划其他内容一并制订、审核。

## 三、等级

绩效考核等级可以按 A、B、C、D、E 或优秀、良好、中等、较差、差，分为五个等级，也可按 A、B、C 或优良、合格、不合格，分为三个等级。等级划分越多，对绩效考核的要求越高，激励作用也越强，然而也容易造成一些争议和不满，因为绩效等级为 D 或 E 的员工将面临奖金减少、薪酬降低甚至被辞退的风险。绩效等级划分的少，对绩效考核的要求相对较低，同时可以减少一些矛盾纠纷，但绩效激励的效果就会打一定的折扣。

绩效等级划分的方法，一种是分数对应法，即绩效考核的分数在哪个区间，就对应哪个绩效等级。这种做法不容易控制绩效等级的人员比例，可能会造成集中趋势，出现绩效等级普遍偏高或偏低的现象。另一种是强制比例分布法，即根据员工绩效成绩进行排序，前百分之多少比例的员工是什么等级、后百分之多少比例的员工是什么等级，即每个等级的员工占比是确定的。强制比例分布法可以控制每个等级的人数及比例，但也因此被很多企业员工所诟病，问题就出在"强制"两字上，因为强制要求得"E"的员工必须占一定的比例，本来表现还不错的员工因为排在后面只能得最低的绩效等级，这就会造成考核的不公和员工的不满。

国内很多企业都会把绩效等级分为五个等级，甚至在 A 等级之前加个 S（super）等级，即卓越等级，这样绩效等级就分成了六等。员工对绩效评价的结果非常在意，谁也不愿意被列入末等，因为这基本上就等于宣告这个员工在企业中的表现很不好。不分这么多等，好像显得绩效管理不专业，同时也不符合大多数企业中能者上、庸者下、劣者汰的管理思想。

国外很多企业把绩效等级分为三等，A 等级代表非常棒，B 等级代表还不错，C 等级代表还需要继续努力。企业把绩效等级分为三等并且这样描述各个等级的含义，员工的压力就没那么大了。这样会不会影响绩效管理的效果呢？可以肯定地说：不会！因为只要把绩效管理的各个环节做到位了，绩效考核的结果反而就没那么重要了。企业通过绩效督导、绩效反馈等环节，帮助员工找到与岗位要求的差距和应该努力的方向，让员工不断地进步和成长，这不正是绩效管理的核心意义所在吗？

考核周期、权重、等级合理是绩效管理成功的关键影响因素，那么什么是合理？合理就是在符合基本逻辑的前提下适应企业的文化和领导的要求，这就是合理。这个章节主要讲到考核周期、权重、等级设置的一些方法和思路，在实际应用的时候，还需要绩效管理人员结合企业的具体情况，合理安排，灵活运用。

## 第四节　"三公"与"SMART"原则

"三公"即公平、公正和公开，这条原则在很多地方都适用，用在绩效管理中，怎样保证这个原则能很好地被执行，我们来做些探讨。

绩效管理中员工最容易感到不公平的地方是"干得多，错得多，挨骂多"，最不满意的地方是"干得好，不如人缘好"，最不能接受的是"上面压下来的指标根本完不成"，最不愿意看到的是"绩效评价结果和预期情况出入比较大"。这些都是绩效管理中经常出现的现象，那么怎么避免这些问题呢？绩效管理如何更好地保证公平、公正和公开呢？我们至少需要做到以下几点。

1.绩效指标设置合理。绩效指标要有一定的挑战性，但要保证在正常工作条件下，大部分员工经过努力能够达到，如果仅有个别员工能够达到，这个指标设置的就不合理，容易遭到员工的抵制。另外，绩效评价的标准应该统一，并尽可能地量化，减少人为干扰因素。

有一个公司的销冠，连续几个月绩效打分都很低。人力资源部经过调查研究后发现，员工工作业绩考核部分得分很高，因为工作成绩在那摆着呢，但工作态度考核部分打分很低，而且这部分得分占的权重还比较大，所以拉低了总分。这个员工工作态度考核打分低的原因是他和上级领导的工作思路不一致，没有按上级领导制定的营销方案执行，完全按照自己的方式去做销售。对于销售岗位来说，业绩就是王道。这个案例里面，绩效指标设置明显出现了偏差，这也必然导致绩效评价的不公。

2. 绩效评价方法使用得当。每种绩效评价方法都有其使用原则和适用范围，这在前面章节中都有详细说明，在使用这些绩效评价方法时，要注意这些工具的特点和企业的实际情况，能够预判可能会出现的问题并针对性地采取预防措施，最大限度地保证绩效管理的公平和公正。比如，企业内部人际关系比较复杂，那么用360°考核法显然就不合适，因为人情关系会影响评价的客观性和公正性，还可能加剧人际关系的紧张程度。

3. 绩效管理各环节执行到位。目前国内企业绩效管理实践中，大部分企业能够做到的是绩效评价和绩效应用，而其他环节执行的并不好，尤其绩效督导和绩效反馈这两个环节。然而，这两个环节在很大程度上决定着员工对绩效管理公平性和公正性的感受。绩效督导让员工对绩效结果的预期更贴合实际，员工能够感受到绩效结果不是在最后一个环节突然从天而降的，而是在上级领导不断督导下完成的。绩效反馈让员工对绩效结果的接受程度更高，因为员工认识到绩效结果不是领导暗箱操作随便打出来的，而是经得起推敲和面对面讨论的。只有绩效管理各个环节执行到位了，才能最大限度地保证绩效管理的公平和公正。

4. 畅通沟通渠道。企业管理很大程度上就是沟通管理，畅通的沟通渠道是减少企业内耗最有效的途径。在绩效管理实践中，绩效计划制订需要沟通，绩效督导需要沟通，绩效评价需要沟通，绩效反馈需要沟通……各个环节都需要沟通，沟通渠道畅通了，绩效管理也就变得简单了，也就更容易做到公平、公正了。否则，员工有想法不说，领导有意见不提，员工做下总结，领导打下分，打好打坏谁都没意见，这样何谈绩效管理的公平和效果呢？

5. 加强监督与宣导。很多时候，公平和公正是监督出来的，没有监督，容易让人懈怠，甚至藐视公平和正义。因此，企业内应该有一套机制来保障包括绩效管理制度在内的各项规章制度能够被有效执行。最极端的情况是部分管理人员肆无忌惮地徇私舞弊、妒贤嫉能，员工却毫无办法，只能忍气吞声。在这种体制下，怎样才能保证绩效管理的公平和公正呢？一方面，得靠行之有效的监督、制约机制才能从根本上改变这种现状。另一方面，也要加强绩效管理制度和方法的宣导。很多时候，不是管理人员不想做到公平、公正，而是掌握的绩效管理技能达不到这样的要求，导致绩效计划制订、绩效督导、绩效反馈等环节不能很好地被执行，这就需要人力资源部加强宣导，让各级领导、员工都能从思想上重视绩效管理，从技能上能够有效实施绩效管理，这是绩效管理公平和公正性的前提。人力资源管理从业人员不能把自己专业的东西想当然地认为别人都懂，并能很好地按你的思路去执行，这是一种理想，甚至理想都谈不上，只能是空想。

6.打造以价值为导向的企业文化。一个企业有没有前途，很简单，就看这个企业的员工是不是都在为业绩而拼搏。换个说法，企业的员工是否都在真正以价值为导向开展工作。以价值为导向就是以创造价值为核心，以价值大小作为衡量业绩的标准和利益分配的依据。相反，不以价值为导向，员工做表面文章、弄虚作假、溜须拍马、阿谀奉承将大行其道，在这种文化氛围下，绩效管理很难做到公平和公正。因此，打造以价值为导向的企业文化，是绩效管理的要求，更是企业发展的前提。

上面更多地提到公平和公正，接下来我们重点说下公开。公开是公平和公正的保障，只有在阳光下运行的绩效管理，才能做到公平和公正。在讲OKR绩效管理法时，公开、透明是其基本原则。那么是不是绩效管理所有内容都要公开、透明？答案是否定的。前面章节中提到，绩效面谈的内容是需要全程保密的。另外，绩效评价结果（OKR评价结果除外）要不要公开，也是需要视情况而定的。目前来说，大部分企业是不会公开的，即使大家可能都清楚自己和别人的绩效等级是什么。大部分企业是出于情面考虑，要给绩效等级靠后的员工留个情面。

SMART原则是制订绩效计划的基本原则，SMART是五个单词首字母的组合，S（specific）代表具体的，M（measurable）代表可衡量的，A（attainable）代表可实现的，R（relevant）代表相关的，T（time-bound）代表有时限性的。

具体到绩效管理中，制订的绩效计划必须是具体的，不能是模棱两可的，否则执行起来就非常困难；绩效指标是可以衡量的，如果不能被准确地衡量，完成与否没有统一的标准，那么就没有办法准确地评价，更无法保证绩效管理的公平性和公正性；绩效指标必须是可以实现的，过高的、实现不了的指标放在绩效计划中没有意义，甚至会打击员工的积极性，没有人会为了一个无法实现的目标去努力；绩效计划与企业和部门的目标必须有关联性，与岗位职责有关联性，绩效计划中各个指标之间也需要有关联性；绩效计划需要有时间限制，一般以考核周期结束为最后的时间节点，可以提前完成，但不能超出绩效考核周期，如果一项工作需要几个考核周期来完成，那么就把这项工作按考核周期划分为几个节点，节点计划完成时间即为考核周期结束的时间。

SMART 原则是绩效管理应遵循的基本原则，它让绩效计划更具有操作性，让绩效评价更具有客观性，SMART 原则对绩效管理有效实施有着重要的指导意义。

## 第五节　定量与定性指标相结合

定量指用数量的形式表示事物的属性；定性指通过描述性的词语来表达事物的特征。

绩效管理中定量指标指可以用数字表示的工作成果，比如营业额、净利润、市场占有率、成本降低率、产品合格率、客户满意度、离职率、培训计划达成率等。定量指标可以通过公式进行计算，它更有利于绩效目标的把控和绩效结果的准确衡量。

定性指标用于那些不能通过数字来表达的考核内容，比如诚实守信、吃苦耐劳、乐于奉献等关于人的品质的指标，他们可以用定性的词语来表达，却很难用一个公式来计算。定性指标是定量指标无法替代的，但定性指标需要通过赋值的方式进行量化，以便有统一的衡量标准。比如吃苦耐劳指标可以按十分制进行打分，非常符合打十分，基本符合打七分，基本不符合打三分，非常不符合打零分，通过这样的量化赋值，定性指标就可以按绩效评价分数进行汇总、分析，并得到最终的绩效评价等级。

从绩效管理有效性和公平性上来看，定量指标是理想的考核指标，但是我们也不能为了量化而量化，把原本不能量化的定性指标进行量化，如果这样做表面看上去是更加科学了，但实际上可能导致绩效指标不能很好地推动绩效目标实现，达不到绩效管理预期的效果。定量指标为主，定性指标为辅，定量与定性指标相结合才是最理想的绩效管理路线。

## 第六节　相关案例与图表

以下是某医药公司绩效管理方案，我们通过这个方案来看影响绩效管理成功的几大因素是如何体现的。

### ××医药公司员工绩效管理办法

**一、目的**

为建立以业绩为导向的激励机制，提升员工工作积极性和主动性，打造"爱岗敬业、团结奉献、自律向上"的员工队伍，促进公司战略目标实现与员工个人成长，特制定本方案。

**二、原则**

1. 以目标为导向：各层级员工绩效目标应该根据公司及部门目标进行逐级分解，上下承接；

2. 以价值为驱动：将核心经营指标的实现作为主要考核指标及绩效奖金兑现的依据；

3. 以结果为导向：坚持以结果为导向，以贡献为评价标尺，牵引和驱动各层级员工积极投入、努力付出，取得良好的工作成果；

4. 客观、公平、公正原则：考核以事实为依据，定量和定性相结合，客观、公平、公正地反映员工的真实表现。

**三、适用范围**

适用于公司各层级员工。

**四、职责权限**

1. 行政人事部职责。

1.1　负责起草与解释绩效管理办法；

1.2 负责指导和推动各部门开展绩效管理工作；

1.3 负责汇总和分析考核结果，制定考核结果的应用方案；

1.4 处理员工绩效考核申诉，提出初步解决方案；

1.5 建立、维护员工绩效考核档案，不断完善绩效管理体系。

2.各部门职责。

2.1 积极配合公司绩效管理工作；

2.2 根据公司整体年度目标及各部门工作目标，设定岗位关键考核业绩指标、工作任务指标、下达专项工作任务等；

2.3 根据既定考核方案实施绩效考核工作，出具员工绩效考核结果；

2.4 根据绩效考核结果，进行绩效面谈，不断提升员工工作表现。

### 五、考核主体

1.考核相关主体：被考核人、直接上级、间接上级、工作相关方。

2.各考核主体责任与权重占比，具体见表5-1。

表5-1 各考核主体责任与权重占比表

| 考核主体 | 责任 | 考核权重 | 备注 |
| --- | --- | --- | --- |
| 被考核人 | 认真制订工作计划，努力完成绩效指标，客观填写考核指标完成情况 | 0 | |
| 工作相关方 | 与被考核人有直接工作关系的单位或个人对被考核人的工作质量进行评价 | 10% | |
| 直接上级 | 1. 审核、评价被考核人绩效计划制订及达成情况；<br>2. 对被考核人进行工作指导和监督，帮助其高质量地完成工作任务；<br>3. 实施绩效面谈，不断提高被考核人的绩效成果 | 70% | |
| 间接上级 | 对被考核人的工作计划、考核结果进行复核和评价 | 20% | |

### 六、考核实施

1.考核指标。

1.1 工作业绩：以完成工作任务的进度、数量、质量和成本等作为衡量标准；

1.2 工作能力：包括解决问题能力、领导能力、创新能力、沟通能力、学习能力等；

1.3 工作态度：员工对待工作、公司、领导、同事的态度，具体包括敬业度、忠诚度、执行力、奉献精神、合作意识等；

1.4 工作行为：对工作行为产生的结果进行奖惩，奖励包括并不限于超预期完成工作成果、创造超额经济效益、为企业获得重大荣誉、挽回经济损失等情形；惩罚包括并不限于违反公司规章制度、管理失职、工作推诿等情形。

2. 考核形式。

2.1 高层管理人员以年度工作述职的方式进行考核；

2.2 中层员工以季度计划总结完成情况评价加年度述职的方式进行考核；

2.3 基层员工以季度计划总结完成情况评价加年度综合表现评价的方式进行考核。

3. 考核流程。

3.1 季度考核。

每季度第一个月的 3 日前，中、基层员工填写"员工季度计划总结考核表"（表 5-2），对上季度工作计划完成情况进行总结和自评，并制订下季度工作计划，交考核人审核；

表 5-2 员工季度计划与总结考核表

部门：　　　　姓名：　　　　岗位：　　　　填表日期：　年　月　日

| 工作业绩（80 分） | | | | | | |
|---|---|---|---|---|---|---|
| 序号 | 重点工作事项 | 完成标准或目标（目标的设定要遵循 SMART 原则） | 权重 | 完成情况 | 直接上级 | 间接上级 |
| 1 | | | | | | |
| 2 | | | | | | |
| 3 | | | | | | |
| …… | | | | | | |
| 工作业绩评分合计 | | | | | | |
| 工作能力（10 分） | 高度胜任岗位要求，能独立完成任务（9~10 分）；胜任岗位要求，基本能独立完成任务，很少需要协助（7~8 分）；基本胜任岗位要求，需要协助才能完成任务（5~6 分）；不胜任岗位要求，无法完成任务（4 分以下） | | | | | |

续上表

| 工作业绩评分合计 | | |
|---|---|---|
| 工作态度<br>（10分） | 工作态度良好（10分）；工作态度较好（8分）；工作态度一般（6分）；工作态度较差（4分）；迟到、早退每次扣2分，事假每天扣1分，病假每天扣0.5分，旷工本项0分；上班时间做与工作无关的事情每次扣2分；不服从工作安排每次扣2分 | |
| 加分项<br>（0~5分） | 无（　）有（　）具体事由： | |
| 减分项<br>（0~5分） | 无（　）有（　）具体事由： | |
| 工作相关方评分：　　分（满分10分，从工作配合度、沟通协作能力、专业程度、交付成果的质量、时效性等方面考量） | | |
| 综合得分：　　分（综合得分 = 直接上级打分合计 ×0.7+ 间接上级打分合计 ×0.2+ 工作相关方评分） | | |
| 员工签字： | 直接上级签字： | 间接上级签字： |

备注：1. 重点工作事项一般为3~5项，可根据实际情况增减；2. SMART: 具体的（S）、可衡量的（M）、可实现的（A）、相关的（R）、有时限的（T）。

每季度第一个月的5日前，考核人完成对下属工作完成情况的评价，各任务项的得分根据相应指标的权重进行加权平均，即为季度考核得分；

每季度第一个月的8日前，行政人事部汇总季度考核成绩并存档。

3.2 年度考核。

高层员工填写"年度工作述职报告"（表5-3），于每年1月10日前统一汇总至行政人事部，由行政人事部组织年度述职报告会，并由公司董事会做出评价。

表5-3 ××年度工作述职报告

| 一、××年度主要工作总结（含主要业绩目标及完成情况、核心职能履行情况等） |
|---|
|  |
| 二、××年度重点工作计划（含核心工作思路及主要项目计划等） |
|  |

续上表

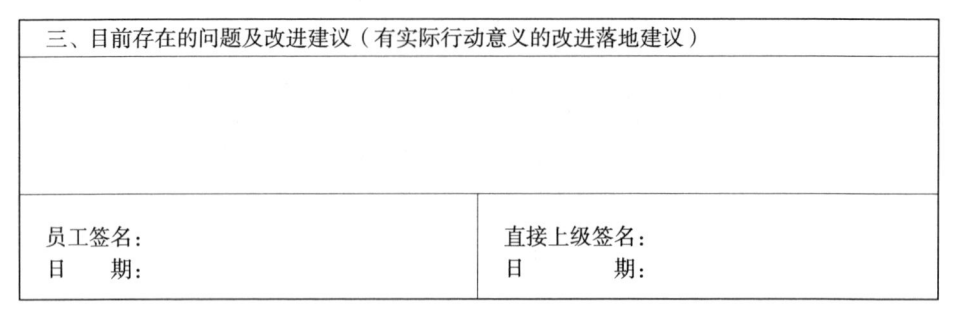

| 三、目前存在的问题及改进建议（有实际行动意义的改进落地建议） | |
|---|---|
| | |
| 员工签名：<br>日　　期： | 直接上级签名：<br>日　　期： |

4.考核周期、核算方式（表5-4）。

表5-4　不同考核对象的考核周期与核算方式表

| 层　级 | 考核对象 | 考核周期 | 考核成绩构成 | 备注 |
|---|---|---|---|---|
| 高　层 | 副总经理、总助 | 年度 | 年度绩效 ×100%+ 奖惩 | |
| 中、基层 | 部门负责人、基层员工 | 季度 | 季度绩效考核成绩 ×100%+ 奖惩 | |

5.考核等级、占比、奖金系数及表现描述（表5-5）。

表5-5　考核等级、占比、奖金系数及表现描述表

| 绩效成绩 | X≥95 | 80≤X<95 | 70≤X<80 | X<70 | 备　注 |
|---|---|---|---|---|---|
| 绩效等级 | A | B | C | D | |
| 占　比 | 20% | 40% | 30% | 10% | |
| 奖金系数 | 1.1 | 1 | 0.9 | 0~0.8 | |
| 表现描述 | 优秀/超额或提前完成 | 良好/正常完成 | 合格/滞后完成 | 不合格/严重滞后 | |

6.绩效反馈。

6.1　考核结果经公司审批通过后，原则上需对员工的绩效结果进行反馈；

6.2　员工绩效反馈是指直接上级与员工进行正式面谈，肯定工作成绩，沟通绩效改进措施；

6.3　绩效面谈的目的是通过坦诚的沟通，让被考核人了解工作目标和标准，消除对考评的误解，也使考核人了解下属的需求和困难，以便后续正确、

有效地管理员工；

6.4 绩效面谈结束后，考核双方应将面谈达成一致的内容填写于"绩效面谈记录表"（表5-6）中，并经双方签字。A级和D级人员的"绩效面谈记录表"需提交至行政人事部备案。

表5-6 绩效面谈记录表

| 姓　名 | | 部　门 | | 职　位 | |
|---|---|---|---|---|---|
| 考核日期 | 年　　月　　日 | | | | |
| 工作成功的方面 | | | | | |
| 工作中需要改进的地方 | | | | | |
| 对考核结果有什么意见 | | | | | |
| 希望从公司得到哪些帮助 | | | | | |
| 需要接受哪方面的培训 | | | | | |
| 下一步重点工作计划 | | | | | |
| 面谈人签名 | | | 日　期 | | |

7. 争议处理。

7.1 个人的自评分仅作为参考，不作为绩效考核依据，主要以其上级考评意见为准；

7.2 如对个人的绩效考核结果有异议，应在考核结果评定后3个工作日内向行政人事部书面提出复议要求，否则视为员工本人已同意绩效考核结果；

7.3 行政人事部负责对申诉情况进行调查核实，并将结果上报公司领导核定，核定结果为最终绩效考核结果。

**七、结果应用**

绩效考核结果与员工的绩效奖金挂钩，同时作为员工培训、晋升、奖励、辞职（退）的重要依据。

1.员工绩效考核结果直接应用于员工季度及年度绩效奖金核算,具体比例及金额根据各部门实际情况确定,以下奖励方式供参考。

月薪制人员工资中10%用于季度绩效奖金,10%用于年度绩效奖金,具体以各部门实际情况确定。

年薪制人员工资中20%用于年度绩效奖金,具体以各部门实际情况确定。

2.员工年度绩效奖金核算与公司整体经营业绩达成情况、员工所在部门绩效、员工个人绩效等级及员工出勤情况挂钩。

3.绩效考核结果将作为其薪酬调整、岗位调整、奖励、任用、培训的重要依据,具体调整办法依据公司相关制度执行。

### 八、补充说明

1.本办法为公司总体考核指导方案,各部门参照本方法制定符合本部门实际业务特点的绩效考核方案,经批准后实施。

2.本办法由行政人事部起草,经公司审批通过并公示后生效。

3.本办法的最终解释权归行政人事部。

行政人事部<br>20××年××月××日

# 第六章

# 绩效管理与人心

　　古人有云：得民心者得天下。人心向背，决定着国家兴亡成败。同样，企业内的员工能否心往一处想，劲儿往一处使，决定着企业能否发展壮大，能否基业长青。企业管理很大程度上就是管人心，企业通过一系列绩效管理动作，提升员工工作热情，激发员工工作潜能，帮助员工完成甚至超额完成业绩目标。本章从人心的角度阐述怎样做好绩效管理，让企业管理者和 HR 人员理解绩效管理背后的逻辑。

# 第一节　绩效管理需要理解人性

人性是人与生俱来的本能反应，我们不讨论人性本善或人性本恶，我们只探讨人性与绩效管理的相互关系。

## 一、绩效管理与人的需求

马斯洛需求层次理论把人类的需求分为五个级别，从下往上，第一个层级是生理的需求，如食物、水、空气等；第二个层级是安全的需求，如稳定、安全、有秩序的环境；第三个层级是社交需求，如结交朋友、获得爱情等；第四个层级是获得尊重的需要，如自尊和受到认可；第五个层级是自我实现的需要，如发挥才能、创造价值、取得成功等。

由此可以看出，人的需求是从低级阶段向高级阶段不断发展的，绩效管理不能一成不变地把目光停留在一个层级上。曾经有一个企业，员工只要达成绩效目标就请员工到当地一家豪华饭店吃上一顿大餐，刚开始很有用，大家为了每月能有机会吃上这顿大餐，都拼命地冲业绩，但是慢慢地这项激励措施就不怎么管用了，原来随着员工收入水平的提高，对吃饭这件事不那么感兴趣了。后来企业改变了策略，通过给优秀员工配股、提供晋升机会、荣誉表彰等多种形式的激励手段来满足员工不同阶段的需求，员工又恢复了原来的斗志和激情，企业业绩蒸蒸日上，取得了很大的成功。

不同的员工有不同的需求，同一个员工在不同的阶段也有不同的需求，企业要采用差异化的策略来激发员工的潜能，提升员工的绩效。比如刚参加工作的员工，要支付房租、水费、电费、购买食物和衣服等，但整体收入不高，生存是他们首要考虑的问题，要从这个出发点去设定绩效激励计划。

工作过几年的员工，他们追求稳定的平台、上升的空间，以及丰富的朋友圈，从绩效管理的角度，要给他们设定有挑战性的目标，并提供展示才华的机会，让他们担负更大的责任，为整个团队的业绩负责。这样既满足了员工的需求，也实现了企业的发展目标，何乐而不为呢？但前提是要找准员工的需求。

在企业工作过很多年的老员工，他们该有的都已经有了，对物质的追求也没有像以前那么强烈了，他们最希望能得到大家的尊重，能够实现自身更高的价值，绩效管理要从这个角度入手，让他们从被尊重和自我实现的层次，激励他们持续为企业作出贡献。

马斯洛需求层次理论揭示了人的需求是分层次的，是不断变化的，当满足一个层次的需求后，会追求更高层次的需求。需求是激励的基础，无欲无求"躺平"的人最难管理。当然，并不是这些人无药可救，而是他们没有更高的追求，但起码有生存和安全的需求，当绩效结果与员工的职业前途联系在一起的时候，绩效管理才能真正显现出它的威力来。

## 二、绩效管理与人性的优点

不管岁月如何变迁，人类追求幸福的脚步从未停歇。人都希望自己和家人过得好，希望自己能够取得职业的成功，因此无论被动还是主动，人都是会努力的，只是努力的程度不一样，能力、专业水平不一样罢了。这是绩效管理的前提和基础，绩效管理就是要不断激发员工努力奋斗的勇气和动力，不断帮助员工去实现过上美好生活的愿望。

1. 希望得到赞扬。一个销冠得到一大笔佣金，会暗自窃喜一两天，但如果给他开个表彰会，送上一捧花，让他在大会上发表下获奖感言，估计他会高兴上一两周，因为谁见了他都要夸上两句，他自己也觉得头上戴有光环，走路都神气十足。同时，这也能起到激励他人的作用，榜样的影响力要远远大于空洞的说教。相反，受到批评的员工可能好几天都郁郁寡欢、没精打采。绩效管理并非一定要拿出多少真金白银做激励，理解人性，懂得人心，一些小的、低成本的激励措施也能起到事半功倍的效果。

2. 希望能够实现自我价值。员工都希望自己是人才，能为企业做出巨大贡献，同时能够实现自身的价值。那些"躺平"的人无非是在实现自我价值的过程中受到了挫折，无法正视自己的缺点和不足，失去了追求更高价值的信心和勇气。绩效管理就是要通过给人树立目标，并进行有效的督导、考核、反馈和激励，来帮助员工取得更好的成绩，实现自身更大的价值。

3. 有责任感。每个人都承担着多个社会角色，每个角色都带有自身独特的责任，员工承担岗位赋予的职责，领导负有管理团队的责任。驱动人前进的动力很多时候不是来自金钱，而是源于责任。如果军队靠保家卫国的责任感提升战斗力，那么就会涌现出无数奋勇杀敌的英雄，历史也证明了这一点。

绩效管理要激发人内在的动力，就要提升员工发自内心的责任感，要让员工体会到工作的意义和肩负的使命。物质奖励不可或缺，但精神激励往往能起到物质奖励不能起到的效果。

### 三、绩效管理与人性的缺点

人有与生俱来的优点，同时也有与生俱来的缺点，认识、规避甚至利用好缺点，也是值得我们认真思考并需要着力去解决的问题。

1. 有恐惧心理。人会产生对未来的恐惧、对变化的恐惧等心理，在绩效管理中，最大的恐惧是对目标不确定和绩效结果不理想的恐惧。对目标和结果过度的反应容易让人丧失信心，适当的反应能激发人的潜能、焕发人的斗志，对绩效的完成起到促进作用。

2. 不能自律。自律的人更能抵御懒惰和拖延，更能坚守目标、持续行动、达成结果。然而，绝大多数人在没有监督的情况下是不能自律的。举个例子，如果企业没有规定上班时间不能玩手机，那么很多人会把大量时间用在刷短视频、朋友圈、聊天、打游戏上。我们看到的一些"落马"官员，不是一开始就贪污腐败，而是在金钱诱惑下不能"自律"，权力还不能被有效地监督、制约，最终走向堕落。绩效管理一方面要辅导，另一方面要监督，让不能自律的员工，在制度和上级主管的督导下，顺利地完成既定目标。

3. 趋利避害。制定绩效目标时，员工希望定的目标越低越好，最好是轻易就能完成，稍微努力下就能超额甚至翻倍完成。对于企业或上级领导来说，希望下属能够制定具有挑战性的目标，不努力完不成，努把力才能勉强达标，非常努力才能超额完成。这是一个不断博弈和沟通的过程，站在企业的角度，显然应该让员工制定具有挑战性的目标，这就需要上级领导能够熟悉业务，洞察员工心理，避免被下属"忽悠""套路"的情况发生。

4. 推脱和借口。推脱和借口是很多人遇到难题的第一反应，当目标没有实现，绩效没有达到预期结果的时候，员工会推脱责任并找一连串的借口，这时绩效面谈就显得尤为重要。要让员工认清自己的不足，明白自己需要努力的方向，明确需要企业提供的资源和支持，而不是一味地回避问题、推脱责任，为失败找冠冕堂皇的理由。

5. 抬高自己，贬低别人。同样的结果，对自己的评价往往高于对别人的评价，更多的是看到自己的功劳和苦劳，而很少注意到别人的付出和成绩。绩效管理尽量用量化的指标去衡量员工的表现，这样出来的评价结果更加客观和公正，更能减少因个人偏见所带来的纠纷和争议。

管理者要观察员工外在的行为，内在的思想动态，并能从人性角度去理解和督导员工，才能管好员工、带好团队，取得成绩。绩效管理的本质是管员工，核心是做激励，重点是管目标，从人性的角度出发去做管理，才能更容易取得实质性的成效。

## 第二节　绩效管理的核心在于激励

笔者曾经为一家企业做绩效管理咨询，企业发展得不错，规模近千人，营业额超过五亿元，初步调研后令笔者大吃一惊的是，这个企业没有绩效管理，人力资源部负责人说他们一直想做，但限于精力和其他因素一直没有做起来，至今没有一套成文的绩效管理制度。没有绩效管理，企业能做这么大，一定有其成功的秘籍。第二次做深入调研的时候才了解到，这个企业做激励做得特别好，企业管理者称之为"无维度"激励。即时奖励、日激励，周激励、月激励、年激励，员工时时刻刻能感受到企业的激励，物质激励有日用品、现金、首饰、手机、电脑等，品种丰富、花样繁多；精神激励有大会表彰、荣誉证书、宣传海报、巡回演讲等各种形式，这样一系列操作下来，员工都精气神十足，正能量满满。这样的企业，想不发展都难啊！

绩效管理的核心在于激励员工努力工作，不断实现企业制定的目标。激励员工是过程，实现目标是结果。企业的成功其实是人才管理的成功，激励员工，调动员工的积极性，让每个员工的智慧和才能得到最大限度的发挥，员工的成功注定了企业的成功。

弗雷德里克·赫茨伯格的"双因素理论"认为激励因素分为保健因素和激励因素两种。保健因素指工资、福利、工作环境等，激励因素指有挑战性的工作、领导的赏识、个人取得的成就等。这两个因素相辅相成，保健因素降到一定水平会引起员工的不满，高到一定程度却不能调动员工的积极性。激励因素是员工产生工作积极性的内在驱动因素，那些真正爱工作，享受工作的人，不是保健因素在起主导作用，而是激励因素在起主导作用，也就是说这种热爱来自工作本身。当然，当保健因素低到一定水平的时候，激励因素起的作用也就非常有限了。从双因素理论可得出以下结论：绩效结果应用不仅仅需要物质层面的激励，比如绩效奖金、薪酬调整，更需要帮助员工树立有挑战性的目标，让员工从工作中找到存在的价值和人生的意义，这种激励作用不仅持久、高效，成本还很低。

维克托·弗鲁姆提出的期望理论认为，激励作用由能够达到目标的把握程度和达到目标后满足个人需求的程度来决定，用公式表示：激励作用＝期望值×效价，期望值是自己根据经验判断达到目标的可能性，效价指能够得到的满足自己需求程度的大小。简而言之，预期付出多少努力，能够得到多少回报决定了激励作用的大小。举个例子，如果一则广告上登出谁登上珠穆朗玛峰，奖励给他一百元，这种期望值和效价就很低，激励作用肯定非常有限，估计没有人会为了一百元去攀登珠穆朗玛峰，因为难度太大不好完成，而且完成后的奖励太少，得到的价值太低；如果这则广告改成谁登上珠穆朗玛峰就奖励给他一百万元，或者改成谁能爬到两米高的树权上就奖励给他一百元，估计很多人会去尝试；如果再改成谁能爬上两米高的树权就奖励给他一百万元，估计这棵树很快会因为爬的人太多被磨得"没了皮"。回到绩效管理中，当员工认为完成目标的难度与得到的回报不成正比的时候，激励作用就会减弱，唤不起员工的斗志，这就需要在制订绩效计划时，不能脱离实际把指标定得太高。在制定绩效激励措施时，需要考虑员工的期望和内在需求，否则起不到很强的激励作用。

斯塔西·亚当斯提出的"公平理论"认为员工的积极性不仅与自己的付出和收获有关，还与对劳动报酬分配公平与否的感受有关。也就是说，员工会拿自己付出的劳动代价及所得的报酬与其他员工进行比较，并对公平与否做出自己的判断，如果他感到公平，那么他心情就会愉悦，工作积极性就会提高。相反，当他认为不公平的时候，他心情就会沮丧，工作积极性就会降低。"公平理论"解释了员工公平感产生的内因，同时强调了"公平感"与员工工作积极性的关系。绩效管理强调公平、公正、公开，多劳多得，能者上、庸者下，而这一切都需要一套行之有效的绩效管理体系，来保证绩效评价的公平性，绩效应用的公正性，并让员工都能够体验到这种公平感和公正感，这也是保证员工工作积极性的前提和基础。

伯尔赫斯·弗雷德里克·斯金纳提出的"强化理论"认为人的行为导致的结果会形成一种反馈，这种反馈是正向时，就会不断强化这种行为继续产生，当产生的反馈是负向时，人就会减少这种行为的发生。举个例子，家中小孩伸手去摸正在炒菜的铁锅，被烫了一下后就再不敢随便去动锅了；当他把自己的玩具整整齐齐地收拾好之后，你表扬了他一下，并奖励了他一块糖，他下次还会主动去收拾自己的玩具。强化分为"正强化"和"负强化"，正强化以奖励为主，负强化以警示为主，两者结合才能起到匡正纠偏的作用。在绩效管理过程中，正确的言行应该及时给予鼓励，错误的言行应该及时给予警示，让目标始终引领员工的行为，让企业始终不偏离既定的轨道。

绩效管理的成功取决于员工的成功，而员工需要不断地、全方位地被激励才能始终保持激情和动力，做好员工激励，绩效管理就已经成功了一大半。

## 第三节 绩效管理要融入经营者的思想

企业绩效管理融入经营者的思想，不是为了迎合经营者，而是为了能把绩效管理做好。

企业文化很大程度上就是老板文化，绩效管理与企业文化相适应才能行稳致远。企业文化指企业在长期经营过程中形成的共同的价值观和行为方式。企业文化的形成与经营者的价值观和经营思路密切相关，实施绩效管理不是为了改变企业文化，而是要顺势而为，适应企业文化，在特定企业文化下做有特色的绩效管理，这样才能保证绩效管理的平稳落地和有效实施。

绩效管理的工具有几十种，每种方法都有其鲜明的特色，有些企业的经营者认为平衡计分卡适合企业，有些经营者就觉得KPI好，是因为这些管理工具正好迎合了他的管理思路。绩效管理融入经营者的思想，才能得到老板的认可和支持，更好地推行下去。

经营者更清楚企业缺什么，需要在哪方面进行改善和提升。企业实施绩效管理，一定是想要解决某方面的问题，比如员工动力不足、目标感不强、薪酬分配不公、优秀员工留不住、企业效益不高等，任何企业在发展过程中都会碰到问题，没有问题的企业是不存在的。作为企业的经营者，他比较清楚企业缺什么，在哪些方面需要改进和提高，听取经营者意见，会让绩效管理更有针对性，更能实实在在地解决企业面临的困难和问题。

不结合企业实际的绩效管理犹如无根之水。绩效管理最难的地方不是选择绩效管理工具，设计绩效管理表格，而是结合企业实际，融合企业业务特点。举个例子，有些咨询公司给企业做绩效管理咨询服务，就是拿固定的方案加上服务企业的名字和logo，给到企业之后开始收高额的咨询费。这样做的结果是，刚开始能往下推行，咨询公司走了，企业发现看上去"高大上"的方案在企业内"水土不服"，执行起来很难，而且跟原来的期望也相差甚远，最后留下一堆方案文件，这事就不了了之。当然，也有企业有很强的执行力和学习力，采取"先僵化，后优化，再固化"的方式不断地进行改进，最终使原本不适应企业的绩效管理方案，变成了完全贴合企业实际的方案，并取得了不错的效果。作为企业的经营者，他更了解企业，在做绩效管理前和实施绩效管理过程中，多与企业经营者沟通，能让绩效管理取得事半功倍的效果。

经营者最清楚企业未来的发展方向。绩效管理其实就是管目标，绩效管理要支撑企业的战略目标，就要对战略目标进行层层分解，将其落实到具体部门、具体岗位和员工上，通过部门和岗位目标的达成，来推动企业战略目标的实现。企业老板作为企业的一把手，最能决定企业的发展方向。因此，绩效管理要有效融入经营者对未来的规划才能保证绩效管理不脱轨、不偏航。

绩效管理要融入经营者的思想，就要在事前、事中、事后多与经营者沟通，了解他们对绩效管理的看法，希望通过绩效管理解决的核心问题，以及对绩效管理的期望，这也是做好绩效管理的关键所在。企业经营者想做绩效管理，一般会有以下几点期望。

1. 希望通过绩效管理，提高企业经营效益。
2. 希望通过绩效管理，鞭策员工努力工作。
3. 希望通过绩效管理，奖优惩劣，优化人才队伍。
4. 希望通过绩效管理，打破薪酬发放"大锅饭"，打造能者多劳、多劳多得、公平、合理的薪酬发放制度。
5. 通过绩效管理，弘扬企业文化，践行企业核心价值观。

…………

绩效管理有以上功能，但要全面实现以上期望也并非易事，况且企业也不会存在以上所有这些问题，和经营者沟通，抓住主要矛盾，解决突出问题，这样更容易见到成效，帮助企业扫除障碍，不断发展。

绩效管理要融入老板的思想，并非指要完全按经营者的指示去做，如果是这样，那人力资源管理专业人员的价值在哪里呢？况且，经营者虽然可以把控全局，但并非对人力、财务、业务都非常精通，比如绩效考核方法，哪个方法有什么优点、缺点，有哪些使用原则和适用范围，经营者大概率不清楚，这就需要绩效管理人员在充分理解经营者的思想和要求的前提下，设计出符合企业实际的绩效管理方案，并与其沟通，得到他们的充分认可后大胆地去实施。一味听从经营者的指示，会让绩效管理走向被动的局面，因为绩效管理本身不是灵丹妙药，随意用药可能会导致"中毒身亡"。绩效管理人员不能为了迎合经营者，而把专业技能抛之脑后，这样做的最终结果，不但不能取得绩效管理的成功，还可能让经营者怀疑你的能力，甚至丢掉工作的机会。无数前车之鉴，值得 HR 同仁深刻反思。

## 第四节　绩效管理不能伤了"人心"

绩效管理的核心要义是激励人心，但实际应用中，经常出现绩效管理伤"人心"的情况。下面这几条，你可以对号入座，看下你所在的企业有没有类似的情况。

## 一、绩效管理沦为"扣钱"的工具

很多企业在实施绩效管理之前,除销售人员外其他员工拿的都是固定工资,企业为了增加薪酬的激励作用,打破"大锅饭""平均主义"的局面,于是实施绩效工资制,怎么实施呢?把固定工资中的一部分拿出来作为绩效工资,干得好可以多拿,干得不好只能少拿或不拿。看起来似乎很合理,但执行一段时间之后,员工发现个别员工的收入确实比原来高了一点,但大部分人基本上保持不变或变少了,还有一部分人发现比原来拿的少了很多,这就可能会给员工一种错觉:绩效管理就是为了扣员工工资、降低企业成本的,实施绩效管理无非是给"扣钱"找个冠冕堂皇的理由罢了。

## 二、绩效指标多到让人"无法呼吸"

越是大的企业,绩效体系越完善,绩效考核指标库也越丰富,每个岗位对应的考核指标也越详细,这是企业进步的表现。但是,物极必反,过多的指标会导致员工积极性下降,并可能给员工造成过大的心理压力,极端情况下,员工只能选择"躺平""摆烂"来对抗这种超过自身负荷的外部压力。举个例子,银行曾是毕业生就业的"香饽饽",但近些年来似乎没有那么受欢迎了。究其原因,既与一成不变的工作模式有关,又与过多的绩效指标有关,理财经理需要背负存款、贷款、保险、国债、贵金属、App 推广等二十多项指标,完成哪个指标都不是那么轻松容易,银行人的焦虑,不是"玻璃墙"外面的人能够深切体会得到的。

## 三、"疯涨"的绩效指标

员工永远没有绩效指标"跑得快",当员工费了九牛二虎之力,好不容易完成上季度绩效考核指标的时候,猛然发现下个季度的绩效考核指标又涨了。如果企业有这种情况,就会出现一种现象:每个考核期快结束的时候,员工就会"悠着点"干活,生怕一不小心超过期初制定的考核指标太多,从而导致下个考核周期绩效指标又要提高。

### 四、绩效管理成为"公报私仇"的工具

个别企业会出现一种现象,和领导"走得近"的员工绩效考核分数比较高,和领导比较疏远的员工,绩效分数比较低,和上级领导有过"过节"的员工,绩效等级直接是 D 或 E,也就是几乎没有绩效奖金,甚至要被企业辞退。很明显,绩效管理成为部分人"公报私仇"的工具,如果这种情况是偶发现象,影响不会太大,如果是普遍现象,那绩效管理直接会影响到整个企业的发展根基,员工"军心不稳"、价值观扭曲、团队士气低落、不正之风横行,这样企业估计离衰败、破产也就不远了。

### 五、公平、公正变成了口号

公平、公正是绩效管理的基本原则,但真正能做到公平、公正也没那么容易。个别员工觉得企业绩效管理不公平、不公正影响不大,但如果很多员工都认为绩效管理不公平、不公正,就必须要立刻找找原因了,看看是绩效管理系统中哪个环节出了问题,是绩效计划制订的不合理?还是绩效督导有差异?是绩效考核有猫腻?还是绩效应用有问题?只有找到问题的根源并将问题解决在萌芽状态,才能避免对企业产生大的不良影响。否则,当这种不公平感、不公正感蔓延到整个企业的时候,就只能是"亡羊补牢,悔之晚矣"。

### 六、员工期望得到个"西瓜",企业却给了个"芝麻"

一家生物制药企业,有一年经营业绩非常好,营业额翻了三倍多,年终考核结束后,大家都猜想绩效奖金会比往年有大幅提升,可实际发到手中之后,发现和去年基本没有差别,导致员工意见很大。企业董事会给出的解释是,企业要扩大规模,需要大笔资金,所以没有办法拿出更多钱来发绩效奖金。站在企业的角度,这种说法是合情合理的,但站在员工的角度,可就是另外一回事了。结果第二年年初,员工离职率直线上升,一些骨干员工被同行业以两倍的薪资挖走,这家企业也因为人才流失元气大伤,经过很长一段时间调整才逐渐缓过来,但营业额始终没有再超过当年的水平。员工对绩效回报是有一定预期的,如果企业给到员工的回报总是低于员工的期望,那么员工

就会产生不满情绪，另择木而栖。

### 七、一次绩效考核不理想，三年"翻不了身"

有些企业的绩效管理制度非常严苛，如果年度绩效考核等级是D，那么两年内不得晋升、加薪，如果绩效考核等级是E，要么辞退，要么三年内不得晋升、加薪。绩效结果除跟员工的知识、技能、态度有关系外，还跟市场环境、资源支持等因素有关系，如打仗并非谁骁勇善战谁就能取胜，还跟后勤补给、天时地利等多种因素有关，如果一次绩效考核等级不理想，那么后面几年无论怎么努力都翻不了身，这对那些暂时不能完全胜任岗位要求，但却非常努力上进的员工是不是很不公平呢？如果这是一位综合素质和发展潜力都不错的员工，他大概率会选择离开这家企业，重新找一个新的平台去发展。我们不能因为员工一时得失而彻底否定这个人，且不给他翻身的机会。笔者曾在一次主题沙龙活动上，旁边的老板指着台上做报告的年轻人说，这是他们企业曾经因为绩效考核不合格开除掉的员工，现在成为行业专家了，应该是我给了他这个机会。不知道这位听讲座的老板当时是什么心情，但至少说明，不能凭一次绩效考核就把一个人"一棍子打死"，而要给他学习和成长的机会。

人心齐，泰山移，由此可见凝聚人心的重要性。企业做绩效管理，初心是让员工凝心聚力，朝着共同的目标前进，但如果方法不当，执行不力，监管缺失，抑或是初心不正，就会导致绩效管理伤及"人心"，并最终导致企业发展受阻，甚至衰败或灭亡。

## 第五节　相关案例

这一小节，通过三个小案例来帮助我们进一步理解绩效管理与人心的关系，希望读者对绩效管理能有更深入的体会和思考。

### 案例一：被搁置的旅游计划

A公司是一家人力资源服务公司，员工500余人，公司为激励优秀员工持续为公司做出贡献,每年都会组织绩效等级为 A 的员工到国外旅游一次,费用全部由公司承担。因为很多员工没有出国旅游的经历,所以非常期待,为赢得这样一个免费出国游的机会努力地工作。由于客观环境影响,有一年出国游没有按计划进行,公司发通知告知员工大环境稳定后再组织出游。后来因客观环境不利的因素反反复复,国外游始终没有进行,虽然有员工私下抱怨,但时间长了,这事也就没人再提了。直到最后,公司因业务发展不好裁员时,部分员工提出当年公司承诺的国外游始终没有兑现,要求给予经济补偿,这件事情才又成为公司内部的热点话题,并重新被高层领导重视起来。

这个案例引发我们思考。首先,员工的期望不能被忽视,不提及并不代表不在乎,关注员工的心理感受,才能更好地激励员工。其次,企业要信守自己的承诺,否则会让员工失去对公司的信任。即使条件有变化,比如这个案例中的客观环境就是特殊情况,但也不是没有解决办法,比如国外游改成国内全家游,甚至可以折成现金发放给员工,总之,需要给员工一个交代。最后,加强内部绩效反馈与沟通机制,才能避免矛盾激化,实现企业和员工共赢。

### 案例二:"沉重"的绩效等级

小张是一家大型工业设备制造厂的技术组长,工作勤勤恳恳、认真负责,年年绩效考核成绩都不错,几年时间就从车间技术员晋升为组长。可在去年,因为身体原因,休了三个月的病假,年底绩效考核时,因公司规定休假超过一个月,绩效等级不得超过 C 档,休假超过两个月绩效等级不得超过 D 档,休假超过三个月绩效等级直接记为 E 档。结果小张去年的绩效等级被打成了 E。今年年初,公司组织车间主任竞聘,因小张去年的绩效等级为 E,按公司规定没有竞选资格。今年六月份公司组织优惠购房,小张又因为去年绩效等级差,没有争取到优惠购房的名额;九月份公司要组织优秀骨干员工到国外客户处参观学习,同样规定近两年绩效等级必须是 B 等级以上才有资格参加。心灰意冷的小张决定离开这家企业,正好竞争对手公司在招这方面的人才,初步沟通后,这家公司愿意提供更高的职位和薪资让小张过去上班。小张办理离职手续时,所在单位的老板知道了这件事情,认为他是公司的技术骨干,离开会对公司的正常生产经营造成影响,而且小张是要去竞争对手企业,无论如何也不能接受,于是极力劝阻小张,希望他能继续留下来工作。

这个案例对你有什么启发？管理是一门科学，也是一门艺术。绩效管理既需要有其刚性的一面，来维护其权威和公信力。同时，绩效管理也需要有其柔性的一面，能顾及个体的情感和特殊情况。两者是相辅相成的，拿小张的例子来说，导致这样的结果，上至高层领导，下至基层员工，会褒奖公司公正无私、照章办事呢？还是会抱怨公司冷酷无情、刻板教条呢？

### 案例三：被"平衡"的绩效奖金

刘先生从事市场营销多年，一年前应聘到一家工程设备公司，入职时谈的是底薪加绩效奖金的薪资结构。底薪 5 000 元，写入了劳动合同，唯一让他有疑问的是绩效奖金的计算方式，合同上写的是按销售额的 2%~5% 计提绩效奖金，什么情况下是 2%、什么情况下是 5% 并没有写清楚，也没看到公司有这方面的具体规定，人力资源部员工也含糊其词说的不清楚。入职半年，他陆续完成了两三个几十万元标的额的销售合同，绩效奖金都是按合同金额的 5% 发放的，后来也就没再关注绩效奖金计发规则这件事情。直到有一天，签了一个五百多万元的销售合同，他兴奋不已，想着终于可以还清房贷了，可绩效奖金发下来后让他大为失望，因为绩效奖金是按 2% 发的，扣完个人所得税之后，发到工资卡里的钱和预期的差距太大。刘先生找公司理论，得到的解释是公司会"平衡"员工的收入，个别员工过高的收入会降低企业的盈利，同时会造成其他员工的不满，况且公司也没有违反绩效奖金提成比例的约定。刘先生对此解释并不能接受，于是愤而离职，并诉诸劳动仲裁争取自己的权益。

刘先生的案例或许是个例，但确实有这样的企业或有类似的情况发生，当考核期结束后，企业发现当初制定的绩效目标低了，几乎全员都超额完成绩效指标！员工绩效分数都很高，怎么办？如果强制比例分布，不管绩效完成的多么好，只要排在后面就打 D 或 E。这样做的结果可想而知，员工不仅对绩效管理有怨言，还对企业的信誉产生了怀疑。长此以往，企业怎能发展得好呢？

"得民心者得天下"，企业管理也一样，万众一心、团结一致才能克服困难，走向胜利。绩效管理做得好，就是凝聚人心，实现企业战略目标的工具；绩效管理做得不好，就是打击员工士气，破坏组织战斗力的隐患。

# 第七章

# 绩效管理与企业文化

　　企业文化影响绩效管理的实施，同时绩效管理也是助推企业文化落地的有效手段，两者相辅相成。一旦绩效管理和企业文化脱节，甚至背道而驰，就会造成严重内耗，就如同一只看得见的手和一只看不见的手在掰手腕，无论谁输谁赢，都会耗费"真力"，受伤害的都是企业及企业内的员工。本章重点阐述绩效管理和企业文化如何"双剑合璧"，并提供了绩效管理与企业文化相关的案例，以帮助读者深入理解。

## 第一节　企业文化影响绩效管理实施

一个实行半军事化管理的制造型企业，有严格的考勤制度和等级观念，强调效率和执行；一个实行半居家式办公的互联网企业，没有考勤制度和等级观念，强调结果和协同。假如在这两个企业实施绩效管理，肯定不能拿一套绩效管理方案去生搬硬套，为什么？因为两者的企业文化差距太大了。制造型企业重点考核生产效率、制造成本、员工执行力、出勤率等，互联网企业重点考核结果交付的时间和用户体验，以及员工之间的配合度，至于出勤、成本等都不是考核的重点。对于考核方法的选择，制造业可以采用比较刚性的 KPI 考核，互联网企业可以选择灵活性较高的 OKR 考核方式。总之，企业文化对绩效管理影响深远，在实施绩效管理时，必须考虑企业文化的影响。

企业文化的核心内容包括企业的使命、愿景和价值观。企业的使命是指企业存在的价值和意义，愿景是企业想实现的远大目标，价值观是企业对事物的看法和态度。

企业使命是实施绩效管理的方向和依据。格力电器股份有限公司（简称格力）的企业使命是：弘扬工业精神，追求完美质量，提供专业服务，创造舒适环境。那么格力在做绩效管理时，设置的绩效考核指标一定是围绕工业精神、科技创新、质量、服务、用户体验等方面展开，虽然每个岗位的指标有所区别，但底层逻辑是相通的。如果脱离了企业使命，或者不能很好地践行企业使命，绩效管理的价值和意义就会大打折扣。企业使命是实施绩效管理的方向和依据，绩效管理人员只有把握好企业使命，绩效管理实施起来才能不偏航、不脱轨。使命是企业的大势，只有顺势而为，才能卓有成效。

企业愿景是绩效管理实施的最终目标。小米科技有限公司（简称小米）的企业愿景是：和用户交朋友，做用户心中最酷的公司。那么小米的绩效管理一定是围绕如何把产品做到极致,如何把用户体验做到最好,如何让用户信任并始终追随企业来展开。企业愿景是企业要实现的伟大目标,绩效管理就是要把目标落到实处,分解到每个岗位和员工,企业愿景是绩效管理的最终目标,脱离了企业愿景的绩效管理,就如同脱线的氢气球,随风起舞,但没有目标和方向,最终逃脱不掉自爆的命运。

企业价值观是绩效管理实施的指导原则。阿里巴巴的核心价值观是:客户第一,员工第二,股东第三;因为信任,所以简单;唯一不变的是变化;今天最好的表现是明天最低的要求;此时此刻,非我莫属;认真生活,快乐工作。这些价值观是企业制定政策、员工开展工作的基本原则,绩效管理同样也要遵循企业核心价值观的指导,并把核心价值观作为实施绩效管理的原则和方针。

企业文化对企业和员工的影响是潜移默化的,有时候它看不见、摸不着,却无时无刻地发挥着作用。企业内的员工在长时间的接触和磨合中,就形成了一套共同的语言、行为和思维模式。有总部和分公司双重任职经历的朋友会有这样的体会,到总部或别的分公司出差就会惊讶地发现,你们是如此相像,除了统一的工装,说话的方式,甚至连长相都有几分相似。这也可以理解,物以类聚,人以群分,个性、价值观相似的人更容易聚到一起,正所谓惺惺相惜,不是一家人,不入一家门,入了一家门,便是一家人,这就是企业文化强大的影响力。

正是因为企业文化有着强大的影响力,在实施绩效管理前,一定要对企业文化有深入的理解和体会,只有这样才能做好绩效管理。深刻理解企业文化是实施绩效管理改革的前提,这也是很多咨询公司,以及空降到企业的人力资源高管做绩效管理改革不能成功的原因所在,他们有理论,有方法,但缺少对企业文化的体会和把握,做的绩效管理方案没有融入企业文化的基因。

## 第二节　绩效管理推动企业文化落地

企业文化的重要性被越来越多的企业认可,但如何推动企业文化落地是共同的难题。有的企业通过挂条幅、做标语、订文化墙的方式做企业文化;有的企业通过组织员工活动来落实企业文化;有的企业通过要求员工背诵企业文化手册并进行考试的方式来推行企业文化。笔者曾经和一位化工企业的人力资源总监交流，他们企业的员工在向老板汇报工作时，时不时地会被老板提问企业文化条文，如果答不上来就会挨训，大家去找老板汇报工作前，都会复习一遍企业文化手册，即使这样，也有答不上来的时候，所以每次去汇报工作内心都非常紧张。

以上提到的这些企业文化落地方法，有用没用？可能有用，但也可能起反作用。尤其死记硬背企业文化条文，是一种机械、刻板的做法，是企业文化的硬着陆，弄不好就会"机毁人亡"，就像上面提到的这家化工企业，很多员工非常反感这种做法，尤其一些"90后""00后"新生代职工，因为接受不了企业这种强势"洗脑"的做法选择了辞职。

最好使企业文化落地方法是将企业文化融入管理制度中，贯穿到管理人员的一言一行中，让员工潜移默化地受企业文化的熏陶和洗礼，逐渐成为企业文化的践行者和代言人。

绩效管理是企业一项重要的管理制度，它涉及员工工作的方方面面，同时和员工的收入、晋升都有一定关系。因此，绩效管理具有推动企业文化落地的先天优势，企业通过绩效管理推动企业文化落地，是一种合情、合理、合规并且非常有效的方式。

阿里巴巴集团价值观考核做的最为成功，其核心价值在阿里巴巴集团内部称之为"六脉神剑"。阿里巴巴集团把六条核心价值观作为绩效考核的六项指标，每个指标又根据员工的行为表现分为五个等级，每个等级对应1~5分的分值，各项指标加总得分作为绩效考核总分的组成部分。阿里巴巴价值观考核分数占绩效考核总分数的50%，这是相当高的一个比例，可见阿里巴巴对企业文化的重视程度。企业价值观作为考核指标，将企业价值观融入每一个员工的工作行为中，用企业价值观指导、凝聚庞大的员工队伍，打造了战无不胜的"阿里铁军"。阿里巴巴的成功，与时代的需求有关，也与创始人的智慧密不可分。

绩效管理可以在指标设计、绩效督导、绩效考核、绩效反馈及绩效应用等环节融入企业文化因素，这也是最能体现不同企业绩效管理特色的地方。绩效管理不必追求新、奇、特，但需和企业文化保持一致，这不仅是为了绩效管理能够顺利实施，更是为了保证企业文化能够真正落地，让企业文化在企业管理中释放巨大能量，发挥重要价值。

# 第三节　绩效管理和企业文化如何"双剑合璧"

如果说企业文化是一个企业的灵魂，那么绩效管理就是企业的中枢神经系统，企业文化体现着企业的精气神，绩效管理驱动着企业朝着既定的目标前进。企业文化影响绩效管理实施，绩效管理推动企业文化落地，两者合则两利，分则两伤。如何实现绩效管理和企业文化双剑合璧，共同推动企业快速、稳健发展，值得我们深入思考和研究。

企业文化作为绩效管理的指导思想。绩效管理是企业最重要的一项管理措施之一，涉及企业战略目标的实现和利润的增长，团队的建设和人才的管理。因此，绩效管理一定要和企业愿景、使命及价值观相匹配，只有把企业文化作为绩效管理的指导思想，制订的绩效指标、工作计划、应用方案才能让企业领导、员工更好地认同和接受。很难想象，一套生产型企业的绩效管理制度，放到互联网企业会产生什么样的结果，估计还没开始实施就要夭折了，因为两个企业的文化差异实在太大了，这就好比把淡水鱼放归大海，这些鱼最终会因不适应高盐度的环境而死亡。

企业文化是员工生存的环境，很多新员工离职不是因为能力不行或待遇不好，而是因为不愿适应新的环境。企业文化的影响是深层次的，工龄长的老员工会自动自发地按企业文化的要求做事，因为他本身已经是企业文化的一部分了。这里给刚跳槽的人力资源同行提个建议，进入新的企业不要急于做绩效管理改革，因为你还没摸透这个企业的企业文化，参照原单位绩效管理模式制定出来的绩效改革方案，虽然看上去非常完美，但真的不一定能落地。"新官上任三把火"，为了快速得到老板赏识大力开展人力资源改革，这种心情和想法可以理解，但绩效管理改革这把"火"真的急不得，这也是很多人力资源"空降兵"高管"闪离"（闪电般快速离职）的原因。欲速则不达，何不悟透企业文化后，觉得哪一项不合理再改哪个地方，争取改一个成功一个。

企业文化作为绩效计划制订的依据。企业文化明确提出企业的发展大方向，这是制定企业年度目标的依据，而企业年度目标又是制订企业年度工作计划的依据，同时也是分解成部门目标和岗位目标的基础。一家大型家居建材企业，经过梳理和总结制定出企业发展愿景：致力于打造中国家居流通领域第一服务品牌，并努力成为中国家居行业的领航者。从这家企业的发展愿景可以看出企业的发展方向、战略目标和经营策略，这为绩效计划制订提供了重要依据。企业在制订绩效计划时把"全国布局、品牌打造、服务提升、追求卓越"作为考核指标的设定原则和方向，经过多年努力，企业在用户心中树立了良好口碑。

企业文化作为绩效督导的原则。企业文化是企业取得成功的经验总结，遵循企业文化做事，更容易持续取得成功。绩效督导一方面要检视员工的工作进度，还要从企业文化的角度发现员工存在的问题，挖掘员工的潜力，找到解决问题和提升绩效的方法。有一家环保公司,学习并推行华为的"奋斗者"文化，但在执行过程中把华为的"奋斗者"精神片面地理解成了"加班"文化，要求员工加班，谁加班多就表扬谁，谁不加班就会被约谈甚至被辞退。"加班文化"也是一种文化，只是不受欢迎罢了。笔者曾经任职的一家企业，下班点到了后几乎没人下班，偶尔家里确实有事需要准点下班的员工会悄悄地从侧门溜出去，那种情形感觉跟旷工、早退一样。加班文化严重的企业信奉艰苦奋斗和奉献精神，企业也正是靠这种精神发展起来的，绩效督导往往从爱岗敬业、乐于奉献等方面展开。

随着社会进步和新生代员工进入职场，工作与生活的平衡将成为吸引和保留优秀人才的重要选项，企业一味地关注达成目标的过程，不如以结果为导向，以价值大小作为衡量员工的标准，实现企业和员工的双赢。

企业文化作为选择绩效考核方法的参考因素。一个企业的文化氛围，决定了企业选择哪种绩效考核方法更得当。比如，一个以结果为导向的销售型企业，比较适合KPI考核方式，因为对企业来说，企业文化可以重建，但销售业绩不行企业可能就无法翻身了。定量的KPI指标，最能反映出部门和员工的绩效水平。相反，如果用平衡计分卡或360°考核就显得烦琐、多余了。一个以科研为主的技术服务型企业，财务增长、服务客户、内部运营流程顺畅、员工学习与成长都对企业长远发展有重要影响，因此采用平衡计分卡绩效考核方式再合适不过了；一家以创新为驱动的互联网企业，年轻员工积极进取，企业充满生机和活力，采用OKR考核方式就比较合适。相反，一个传统制造业企业，内部等级分明、管理严格、制度规范，员工常年按部就班地工作，按时上班和下班，施行OKR绩效考核方式，大概率是推行不下去的。

企业文化作为绩效反馈的重要内容。绩效反馈不单单是告诉员工他的绩效分数、等级是多少，而是要站在企业文化的角度，引导员工从企业的使命、愿景、价值观审视自己的优势和不足，找到改进绩效更深层次的逻辑。一个员工能不能取得好的绩效，一方面与员工自身的知识储备、技能水平有关系，另一方面与员工的心态及企业文化契合度有关。一个优秀的职业经理人到一个新的企业，能不能留下来并做出贡献，关键要看这个人的价值观与企业价值观是否匹配，能否按企业的风格去做事。这里也给准备启用"空降兵"高管的企业提个醒儿，既然"空降兵"高管能在原来企业做出突出业绩，并且能通过企业的层层面试，他的知识、技能大概率是没有问题的，关键要看他的个性特征是否和企业文化相匹配，或者入职后能否尽快认同并适应企业文化，这是甄选和培养"空降兵"高管的一个核心原则。

企业文化作为绩效结果应用的指导方针。绩效结果怎么应用，考验着企业管理者及绩效管理人员的智慧，用得好，花小钱办大事；用得不好，"赔了夫人又折兵"，钱没少花，员工还不满意。绩效结果怎么用，同样要结合企业文化来设计，把企业文化作为绩效结果应用的指导方针。

一家地产企业，非常务实、低调，绩效应用主要方式就是发奖金，房地产形势最好的时候，年终奖人均能达到十几万元。一家建材销售型企业，非常鼓励员工买好车，一方面能帮助企业树立形象，另一方面能激发其他员工赚钱的欲望，所以购车补贴是其主要的绩效结果应用方式之一，绩效等级为A的员工可享受购车总费用20%的补助，绩效等级为B的员工可享受购车总费用10%的补助，并且规定员工购买总价十万元以上的车才能享受该项福利。在这项政策的鼓励下，优秀员工会尽量购买总价高一点的"豪车"，其他员工看到优秀员工靠自己的努力买这么好的车，一定会非常羡慕并暗下决心拿更好的业绩，实现自己购买"豪车"的愿望。还有一家国有制药企业，绩效结果应用几乎不会和奖金挂钩，而是采用荣誉激励，绩效考核优秀的员工，企业会召开隆重的表彰大会，不但给优秀员工颁发奖章、送上鲜花，还会请优秀员工做经验分享。这种方式取得的效果也挺好，这里的好不仅是企业文化做得好，而且也是绩效管理做得好。

寒川子所著《鬼谷子的局》书中写到，鬼谷子给弟子们讲"道与术"的区别：用兵之术在于克敌，用兵之道在于息争；口舌之术在于制人，口舌之道在于服心。用在这里，企业文化就是企业管理的"道"，绩效管理是企业管理的"术"，"道"与"术"结合，才能最大化地提升企业管理的水平和效果。

# 第四节　相关案例与图表

"三刻佳"是一家外贸企业，成立已经有五年时间了。前三年属于创业期，企业把精力集中在业务拓展上，后两年市场和人员已基本稳定了，企业开始把提升管理水平作为一项重点工作去开展。

企业创始人和人力资源总监共同梳理了企业文化，并制作了企业文化宣传手册。企业文化核心内容如下。

1. 企业愿景：成为服装外贸行业的领军企业。
2. 企业使命：在服装外贸领域为客户提供最优质的产品和服务，持续为中国外贸事业做出贡献，实现员工、企业和客户的共赢。
3. 核心价值观：肯担当，能战斗，讲诚信，勇创新，守纪律。

企业做了很长一段时间的企业文化宣传，但并没有收到良好的效果，于是人力资源总监向老板提议学习阿里巴巴的做法，把企业文化作为绩效考核的一部分，也就是对员工进行价值观考核。

人力资源总监设计了一套企业价值观考核办法，他把企业的核心价值观：肯担当，能战斗，讲诚信，勇创新，守纪律作为五个考核项，每个考核项对应具体的行为描述，非常符合得5分，符合得4分，基本符合得3分，基本不符合得2分，不符合得1分，完全不符合得0分，最后算出总分，企业价值观考核分数占总考核分数的25%。"三刻佳"核心价值观考核具体见表7-1。

表7-1　"三刻佳"价值观考核表

| 考核项 | 评价标准 | 分　值 | 评　分 | 总　分 |
|---|---|---|---|---|
| 肯担当 | 对分配的工作不挑不拣，不推诿；<br>主动加班加点完成紧急工作任务；<br>任劳任怨，竭尽所能达成工作目标；<br>主动协助团队其他成员完成工作指标 | 1~5 分 | | |
| 能战斗 | 解决问题能力突出，能够处理各类疑难问题；<br>沟通协调能力强，能够很好地处理客户关系；<br>专业技能熟练，能够独立完成工作任务；<br>不畏困难，能够完成有挑战性的工作 | 1~5 分 | | |
| 讲诚信 | 不向客户做虚假承诺；<br>真诚对待企业领导和同事 | 1~5 分 | | |

续上表

| 考核项 | 评价标准 | 分 值 | 评 分 | 总 分 |
|---|---|---|---|---|
| 勇创新 | 能不断提升工作方法，改进工作思路；<br>能举一反三解决问题，且经常提供改进意见 | 1~5分 | | |
| 守纪律 | 不迟到、不早退、不旷工；<br>遵守企业各项规章制度；<br>廉洁自律，不收受客户及其他关联方不当利益 | 1~5分 | | |

在实施之初，有员工质疑价值观考核分数占绩效考核总分数比例太高，人力总监给员工做了详细解释，大家只有价值观一致，才能齐心协力、精诚合作朝着共同目标前进。同时，也能避免或减少违规、违纪现象的发生。

实施一段时间后，员工整体风貌有所改善，对价值观考核的认同度也越来越高。一方面，企业涌现出一批践行企业核心价值观的优秀案例，人力总监把这些案例放到企业官网和内刊上做进一步宣传，以增强企业文化的影响力。另一方面，人力总监将企业文化与绩效管理制度做了深度融合，使绩效管理更符合企业实际情况和发展要求，受到了企业高层领导的赞许和各部门负责人的认同。

在实施价值考核及绩效管理改革过程中，也遇到了一些问题，人力总监将这些问题进行了汇总，并提出了改善建议，具体如下。

问题一：上级领导凭感觉打分，公正性有待提高。

改进建议：将价值观考核标准进一步细化，员工具体的行为表现对应相应的分数，上级领导对照这些行为进行量化打分。同时，要求各部门负责人做员工关键行为记录，作为价值观考核打分的依据。

问题二：员工对企业文化理解不够深刻，存在以考代宣的现象。

改进建议：在绩效计划、督导、评价和应用各环节均对员工进行企业文化宣导，让员工理解并真正认同企业文化。

问题三：缺乏专门针对价值观考核结果应用的措施。

改进建议：价值观考核作为绩效考核成绩的一部分，虽然权重占到四分之一，但因缺乏专门针对价值观考核结果应用的措施，价值观考核的激励作用没有显现出来。接下来，人力资源部把价值观考核结果应用单独作为绩效结果应用的一部分，在精神和物质上给予适当的奖惩，并对严重不认同企业价值观，甚至违反企业价值观的员工进行优化、淘汰。

问题四：存在以价值观来打压员工的现象。

改进建议：价值观考核坚持以正面激励为主，负面激励为辅的原则，对不能正确使用价值观考核的部门负责人，要进行引导和培训。同时，建立沟通、投诉机制，对不公正、不公平现象及时予以纠正。

"三刻佳"在企业文化和绩效管理融和发展过程中，不断总结经验，吸取教训，取得了很大成效，企业人员规模两年间增长了70%，销售额增长了90%，虽然这些成绩的取得并不全是这项改革的功劳，但价值观考核对企业人才队伍的建设功不可没，员工的向心力、战斗力得到了明显提高，企业文化建设和绩效管理实施成果得到了企业上下领导、员工的一致认可。

# 第八章

# 绩效管理制度制定与落地

没有规矩，不成方圆。绩效管理制度是绩效管理的行动纲要，是企业绩效管理思想的集中体现，是绩效管理实施流程和方法的具体说明，绩效管理制度的完整性、准确性和全面性决定着绩效管理推广实施的成败。本章从绩效管理制度的作用、组成部分、制订技巧和要求、实施步骤及注意事项五个方面进行阐述，希望读者能够理解绩效管理制度的意义，掌握绩效管理制度的写作技巧，并且懂得如何去落实绩效管理制度。

# 第一节　绩效管理制度的作用

侯经理是一家生活日用品生产企业的人力经理，随着企业规模不断扩大，他意识到单凭计件工资制已经无法满足企业的发展要求，必须对员工进行科学的绩效考核，才能合理分配工资和奖金，选拔和保留优秀人才，并调动全体员工的工作积极性。于是，他通过朋友圈，打听到了当地家居日用品龙头企业的绩效管理方式，并拿到了他认为最关键的资料——绩效考核表。得到这些信息后，侯经理向企业总经理做了汇报，总经理表示大力支持并要求在企业内马上实施绩效考核。随即，总经理牵头召开了绩效考核动员会，侯经理讲解了绩效考核的整体思路和绩效考核表的使用方法，并宣布企业从当月开始在全体员工中正式实施绩效考核。

事情进展并没有像侯经理预想得那么顺利，绩效考核从一开始便遇到很多问题，主要归结为以下三个方面。

1. 员工不知道考核的目的和意义是什么。有些员工不把考核当回事，随便填一填考核表就上交了；有些员工担心考核不合格对自己产生不利影响，把所有干过的工作和想干还没干的工作都罗列了上去。

2. 部门负责人不清楚绩效考核的具体方法和流程。他们只知道要填绩效考核表、要打分，但考核计划怎么定、考核标准怎么设、考核流程怎么进行、打分依据是什么、绩效等级怎么划分，这些都不清楚。因此，他们只能根据自己的理解去实施，这就造成标准不统一，得到的结果各式各样。当然，也有些部门干脆把绩效考核搁置在一旁什么也没做。

3. 员工普遍关心绩效考核结果怎么用。是否和自己的收入挂钩，以及怎么挂钩，是否会因为绩效考核不合格被辞退……员工私下议论纷纷，对企业实施绩效考核并不支持。

侯经理意识到了问题的严重性,认为此事操之过急才导致这一系列问题的产生,于是在请示总经理后紧急叫停了绩效考核。他认为绩效考核不能盲目实施,需要经过反复斟酌、全盘考虑,形成规范的绩效管理制度文件,让绩效考核有章可循、有据可查。只有这样,绩效管理才能稳步推进、有效落地。于是,他集中精力开始着手制定企业的绩效管理制度。

绩效管理制度是企业实施绩效管理的规范性文件,是企业开展绩效管理工作的依据,是企业绩效管理能否落地实施和持续推行的前提和基础。

绩效管理制度是企业绩效管理思想的集中体现。无论企业准备设定哪些考核指标,采用哪种考核方式,通过怎样的流程去管理企业的绩效,都需要落实到字面上,把这些绩效管理思想变成绩效管理制度,这是实施绩效管理的前提。从企业绩效管理人员的角度出发,制定绩效管理制度的过程,也是整理绩效管理思路、完善绩效管理体系的过程,通过绩效管理制度,把绩效管理思路准确地表达出来,以便向企业领导进行汇报,向各部门员工进行宣导。

绩效管理制度是企业负责人认可绩效管理的证明。绩效管理制度必须得到企业负责人的认可才能开始实施,而企业负责人认可绩效管理制度最好的方式就是在绩效管理制度上签字。只有企业负责人签字之后,这项制度才可以实施,各个部门才会配合,全体员工才会执行。否则,这项涉及员工切身利益,牵扯大量精力的"额外"工作,没有人愿意去配合执行。从员工内心来说,没有人愿意被评价,没有人愿意去执行一项鞭策自己拼命干活的管理制度,大部分员工梦想的工作是:活干得越少越好,钱发得越多越好!

绩效管理制度是各部门实施绩效管理的指导文件。绩效管理制度中一般会写明绩管理实施的目的、原则、步骤、方法,这些是实施绩效管理的基础,没有这些内容,绩效管理就无从下手。制度健全、规范的企业,尤其规模较大的集团性企业,内部沟通主要是通过制度性的文件来进行,只有发布了正式的文件之后,员工才按文件的要求去开展工作。在这些企业,绩效管理制度是实施绩效管理的指导文件,没有绩效管理制度,各部门不会也不知道怎么去开展绩效管理工作。

绩效管理制度是规范绩效管理流程的工具。绩效管理制度是企业实施绩效管理的纲要,同时也规范了企业绩效管理行为,让员工在统一的绩效管理体系和标准下开展工作,只有这样,得到的绩效结果才有比较的基础和参考的意义。如果没有绩效管理制度,企业员工就会根据自己的理解去开展绩效管理工作，甚至不知道怎么去开展绩效管理工作，这就会导致员工能省事则省事，能不做就不做的情况发生。最终的结果是，各部门交上来的绩效考核资料，无非就是交应付差事的作业，糊弄下绩效管理人员罢了。

绩效管理制度是绩效结果应用的依据。绩效结果应用不仅关系到绩效管理的效果，同时关系到员工的收入和职业发展前景，这些利害攸关事项，只有合规、合理的依据才能得到有效地落实，否则很难推行下去。绩效结果应用可以有单独的文件支持，比如薪酬管理制度、晋升管理制度等，这是绩效结果应用的延伸和细化，是和绩效管理制度相辅相成，互为一体的。

## 第二节　绩效管理制度的十个组成部分

靳经理是一家电子商务企业的人事经理，主要工作内容是招聘和核算员工的薪资。近年来，企业人员规模虽有所增加，但企业效益却不见增长，企业负责人认为主要原因是员工工作积极性不高、目标感不强、责任心不足，当下亟须开展绩效管理来改变这种现状，于是让靳经理抓紧时间制订出一套详细的绩效管理方案。

靳经理在这家企业工作十余年，从最初业务员岗位干起，后转岗到人事岗位，对绩效管理虽有了解但并无实操经验。于是，从网上找来很多企业的绩效管理方案，希望将这些方案可以直接用到自己所在的企业。令她失望的是，无论哪套方案都和企业的实际情况不完全一致，这些方案中，有的太复杂、有的太简单、有的太专业、有的太粗浅……没有一套方案可以拿来直接使用，于是她决定以这些资料为参考，博采众长，自己制订一套适合本企业的绩效管理方案。

靳经理经过学习研究，认识到一套完整的绩效管理方案至少要写清楚做绩效管理的意义、谁来做、怎么做、做了后怎么用这些内容，绩效管理的具体方法、流程和要求需根据企业的现状量身定制。

绩效管理制度一般包含十个组成部分，主要有绩效管理的目的、原则、适用范围、职责分工、绩效计划、绩效督导、绩效考核（流程、方法等）、绩效反馈、结果应用和相关表格组成。

1.绩效管理的目的，指企业实施绩效管理的出发点和目标，企业不同，实施绩效管理希望达到的目的也有所不同。比如，有些企业做绩效管理就是为了合理分配企业利润，要体现劳动者的价值，实现多劳多得、少劳少得、不劳不得，创造公平、合理的价值分配体系；有些企业做绩效管理就是为了管理员工，通过科学的评价体系，区分绩优绩劣员工，实现能者上、庸者下的用人格局；也有企业做绩效管理就是为了激励员工，当然也有少部分企业做绩效管理是为了"撑面子""画大饼""扣工资""避风险"这些上不了台面的目的。目的不同，绩效管理的侧重点就不同，因此，绩效管理的目的不仅仅是给员工看的，更是制定绩效管理制度的前提和方向。

2.绩效管理的原则，是企业实施绩效管理的思想方针和价值导向，企业通过对绩效管理原则的阐述，表达了企业制定绩效管理制度的方针和要求。这部分内容是企业核心价值观的集中体现，比如以业绩为导向的企业会把结果实现和价值创造作为绩效管理的重要原则；以人际关系为导向的企业会把团结一致、合作共赢作为绩效管理的重要原则；以制度和规则为导向的企业会把公平、公正、有序作为绩效管理的重要原则。

3.绩效管理的适用范围，主要指绩效管理制度适用于企业哪些人群，比如试用期绩效管理制度，适用范围是尚在试用期的新员工；研发部绩效管理制度，适用范围是企业研发部门员工；干部绩效管理制度，适用范围是企业的管理干部。即使是全集团的绩效管理制度，也不太可能适用于所有人群，比如企业的临时人员、返聘人员等就不一定适用。因此，实施一项绩效管理制度，一方面，要清楚标明适用的范围，只有这样，绩效管理制度才不会被误用、错用。另一方面，有明确适用范围的绩效管理制度更有针对性，用起来更有效。

4.绩效管理职责分工，指各部门人员在绩效管理中扮演的角色，承担的责任。绩效管理不是人力资源部或某个部门单独的事情，而是需要包括人力、财务、营销等所有部门协同配合才能完成的工作，只有责任清晰、分工明确才能保证绩效管理各项工作有条不紊地开展，才能保证绩效管理制度真正落到实处。

5.绩效计划，即绩效管理要达到的目标、标准，这里说的绩效计划，主要指制订绩效计划的原则、方法、流程、要求、注意事项等，以及什么时间、通过什么方式提交绩效计划。制订绩效计划是绩效管理的核心环节之一，只有绩效计划制订的准确、合理，才能保证绩效计划执行的顺畅、高效。因此，在绩效管理制度中，这部分内容要清晰、明了、完整、可操作、好执行。

6. 绩效督导，指在绩效计划实施过程中，上级领导对下属绩效执行情况进行监督和指导的过程。很多企业把绩效管理做成了绩效计划和绩效考核两个环节，甚至有些企业计划也不做，只做绩效评价，这都会极大地影响绩效管理的效果。事实上，绩效督导的作用可能远远超过其他环节，只是因为这个环节没有被重视或者不能很好地被监督，很多时候需要靠部门主管的自觉性来完成，这就往往造成这个环节执行得不够好。因此，绩效督导应该体现在绩效管理制度中，并应该有相应的监督检查机制来保证这个环节有效地实施，日常绩效督导做到位了，绩效结果一定不会差。

7. 绩效考核（流程、方法等），指评价员工绩效计划完成的情况，并给出明确的绩效分数和等级，是绩效管理中非常重要的一个环节，绩效评价的科学性、合理性直接决定了员工绩效评价结果的公平性、公正性。绩效管理制度中要详细阐述绩效考核的方法、流程、规则和注意事项，同时要明确绩效考核结果提交的时间、方式和要求。

8. 绩效反馈，就是将绩效考核的结果反馈给员工，并与员工共同探讨改进绩效的措施、计划和需要提供的支持，以期员工在下一阶段的考核中取得良好的绩效结果。绩效反馈同样对绩效提升有非常重要的作用。因此，在绩效管理制度中要明确绩效反馈的内容、形式和要求，以保证绩效反馈的质量和效果。

9. 结果应用，即绩效结果应用于奖金发放、职级调整、培训开发、职业发展等方面，绩效结果应用的好，绩效管理能事半功倍，绩效结果应用的不好，绩效管理可能会功亏一篑。因此，在制定绩效管理制度时，要提前规划设计好绩效结果应用的方向和规则，给员工以明确的期许，只有员工认为值得为绩效期许奋力一搏的时候，才会发挥全部的聪明才智，努力完成甚至超额完成绩效计划，争取好的绩效结果。

10. 相关表格，即绩效管理制度中涉及的相关表格，这些表格主要包括绩效计划表、绩效考核表、绩效反馈面谈表等，有时根据需要还会有绩效跟进表、绩效申诉表、绩效指标库等，这些表格是实施绩效管理必要的工具，设计规范、合理、简洁的表格更容易让员工理解和接受，从而提高绩效管理的效率和效果。

以上十个部分的内容是绩效管理制度不可或缺的构成要素，当然，企业在制定绩效管理制度的时候，可以对这些内容进行适当的调整、合并，也可以根据需要进行补充，增加新的内容。

## 第三节　制定绩效管理制度的技巧和要求

孙经理在上海一家知名上市企业担任绩效主管多年，近期因家庭原因回到老家所在的一个二线城市发展，应聘到当地一家新三板上市的民营企业担任绩效经理一职。

孙经理到新单位一周后，将自己发现的目前绩效管理中存在的问题向人力总监做了汇报，她认为企业采用的绩效管理方式落后、标准单一、流程不完善，建议采用她原单位的绩效管理办法。人力总监知道孙经理有知名企业工作经历，同时也希望企业绩效管理工作能做得更好，因此他大力支持孙经理进行绩效管理改革。

孙经理把原单位的绩效管理办法略微修改后呈报给人力总监过目，人力总监看后没作过多评价，只是建议她不要着急，多与各部门负责人沟通，了解企业实际情况。

孙经理认为自己的绩效管理办法科学、先进，而且有上市公司的应用实践，不明白人力总监为什么不是特别满意。她按人力总监的建议，拿着刚制定好的绩效管理办法与各部门负责人进行沟通。一番沟通下来，令她大吃一惊。首先，各部门负责人看不懂她写的绩效管理制度，孙经理对制度里面的一些专业术语反复讲解，仍明显感觉到大家还有很多困惑。其次，企业里面一线工人占80%，没有电脑，不会使用办公软件，甚至有些人还不识字，让他们填绩效考核表存在很大困难。最后，绩效结果应用中提到绩效工资占工资总额的40%，实际上，企业一半以上的人员月工资不足三千元，浮动工资占比太大会严重影响员工队伍的稳定。由此看来，确实如人力总监所说，不能着急，绩效管理制度还需要她与多方沟通、深入了解企业实际情况后再作修订。

绩效管理制度是实施绩效管理的纲领性文件，它的规范性、严谨性和科学性直接决定着绩效管理实施的效果。绩效管理制度同其他管理制度一样有其共性的东西，但也有其特殊的地方，一套完美的绩效管理制度，有其特定的写作技巧和要求。

1.掌握绩效管理专业知识是制定绩效管理制度的前提。绩效管理是专业性非常强的一项工作，必须有足够的专业知识和丰富的实操经验，才能做好这项工作。绩效管理制度是绩效管理思想的集中体现，绩效管理人员需要把自己的知识、技能通过文字、表格的形式表达出来，除了需要具备一定的文字功底外，还需要熟练掌握绩效管理各项专业知识。前面的章节主要讲专业知识和技能，本章节就需要把前面学到的东西全部用起来，制定一套符合企业实际的绩效管理制度。如果能做到这一点，相信你已经达到了绩效经理的水平，不但可以做日常的绩效管理工作，还可以帮助企业设计绩效管理体系，在众多人力资源管理从业者中，你已经位居绩效管理"高手"行列了。

2.充分沟通、调研是制定绩效管理制度的必要环节。绩效管理制度必须符合企业的实际情况，贴合企业文化，融入企业管理者的思想，这是前面章节中重点阐述的内容，要做到这些，必须在制定绩效管理制度前做好与企业各级领导和员工充分的沟通和调研，了解企业的需求、老板的想法、各部门负责人的期许及员工的顾虑，只有这些都搞清楚了，绩效管理人员才能针对性地选择绩效管理方法，找到解决企业绩效管理问题的最优方案，制定符合企业实际的绩效管理制度。

3.厘清思路、搭建框架是制定绩效管理制度的首要任务。绩效管理制度和其他公文、文案写作技巧一样，先理清思路，搭好整体框架后，再填充具体内容，这样写起来既轻松又高效。至于理思路、搭框架的工具，可以根据自己日常写作习惯来选择，思维导图就是其中一种，当然也可以直接把绩效管理制度中每个章节的大标题先列出来，再在大标题下列小标题，小标题下写具体内容，这也是一种简单、高效的方法。

4.结合企业需求，参考相关资料是捷径。整理好思路和框架后，就可以结合企业的需求，去寻找一些相关资料作为参考，这是制定绩效管理制度的捷径，也是提高效率和质量的方法。需要特别注意的是，没有哪个渠道提供的资料是直接可以用的，包括本书提供的一些案例和表格，绩效管理人员一定要结合自己企业的实际情况和客观需求做必要的修改。自己凭空设计的表格未必比网上或工具书上提供的好用，但经过修改、完善过的参考资料一定比网上或工具书上提供的更加适用。

5. 语言精炼、通俗易懂、格式整齐、逻辑清晰是制定绩效管理制度的通用要求。语言精炼，就是要尽量用准确的语言把想要表达的意思表达清楚，避免冗长、烦琐的语言，毕竟这是企业制度，不是故事和小说，不需要过多细腻的描述。当然，语言精炼也不能用文言文代替，还是要通俗易懂，让所有人都能很容易地看明白。人力资源从业者不能拿自己的专业知识去考验别人的理解能力，想当然地认为自己特别熟悉的东西别人也都了解，就像会计报表，财务人员看起来就像看乘法口诀表，十分简单，而其他人员看起来就像是在看天书，真看不懂。一家企业的绩效管理制度中写道：制订绩效计划要符合SMART原则。企业HR拿着绩管理制度与各部门负责人沟通的时候发现，很多人不知道SMART代表什么意思。对于绩效管理人员来说，这是一个基本概念，觉得大家都应该懂。其实不然，于是在绩效管理制度中又对SMART做了特别详细的说明和解释。绩效管理制度的格式，要符合企业一般公文对字体、行距的统一要求，同时做到整洁、美观。绩效管理制度初稿完成后，还要看一看绩效管理体系是否完整，行文逻辑是否清晰，前后是否有矛盾的地方，各环节之间衔接是否合理，如果有问题需要及时做出修改、调整。

6. 多方征求意见，反复斟酌，不断完善非常有必要。绩效管理制度基本成型之后，需要征求关键部门和关键人物的意见，一方面，可以帮助自己突破认知的局限性，让绩效管理制度更加合理、完善；另一方面，这也是做人、做事的一种态度和技巧，征求别人的意见，表达了对他人的尊重和理解，后续推行起绩效管理制度来会更加地顺畅，因为这是征求过大家意见的制度，就相当于大家也参与了制度制定的过程，大家是知道并认同这项制度的。结合多方意见，反复斟酌，不断完善，直到自己觉得这项制度已经完美无瑕、无可挑剔了，这时就可以拿给企业负责人签字并下发执行。

7. 企业负责人签字表示绩效管理制度制定过程的全面结束，但却不是制订绩效管理制度的终结。企业HR如果在制定绩效管理制度前和制定过程中，与企业负责人有过充分的沟通，那么这个时候将绩效管理制度拿到企业负责人那，企业负责人一般会直接签字同意施行，但也可能会再提出一些修改意见，HR修改完重新走签批流程就可以了。企业负责人签字同意代表着绩效管理制度制订工作的结束，后面就是怎么落地实施的问题了。虽然本次绩效管理制度制订过程结束了，但并不意味着绩效管理制度制订的终结。在实行绩效管理制度过程中，会发现一些在制定制度时意想不到的问题，需要对制度进行完善、修改，堵上制度存在的漏洞。另外，随着企业经营环境的变化，定期修订绩效管理制度变得非常有必要。绩效管理制度的修订周期不宜太长，但也不能太过于频繁，一般最合理的修订周期是一年，最短是一个季度，最长是两年，也可以根据企业实际情况和经营环境的变化随时进行调整。

## 第四节　实施绩效管理制度的五个步骤

　　B企业是一家软件开发服务企业，其员工构成主要分为四部分：软件开发测试人员、市场营销人员、售后服务人员和行政后勤人员。企业文化氛围轻松活跃，没有严苛的管理制度和鲜明的等级观念。近两年，受整体经济环境和同业竞争影响加剧，企业发展停滞不前，营业额和净利润双双有所下滑。在这种背景下，企业提出"精修内功，向管理要效益"的口号，并落实到一些具体的经营管理活动中，其中最重要的一项内容就是实施绩效管理改革，改变原来"员工靠自觉，领导凭感觉"的绩效管理模式。

　　B企业人力总监赵总是一位资深的人力资源从业者，有丰富的理论知识和实操经验，他是半年前被这家企业高薪聘请专门来做管理变革和人效提升的。赵总经过充分调研后，制定了企业绩效管理制度，并在实施前召开了绩效改革动员说明会，详细解读了制度内容和实施计划。软件开发测试部作为先行试点单位，人力资源部给予重点辅导，其他部门同时做相应的准备工作。绩效管理制度实施过程中，人力资源部针对大家普遍关心的问题和遇到的难点进行了归纳、总结，形成了绩效管理制度实施十六问。

### B企业绩效管理实施十六问

　　为帮助各部门更好地理解并有效执行绩效管理制度，人力资源部将大家关心的问题和遇到的难点整理成绩效管理实施十六问，供全体员工参照学习。

　　问题一：绩效管理制度为什么要先试行，不正式实施？

　　答：绩效管理制度先试行的原因一方面是让广大员工有个学习、适应的过程；另一方面是验证各部门设定的绩效标准的合理性和有效性；最后，我们也希望从试行过程中发现绩效管理制度存在的问题和不足并加以改进，力争将绩效管理做得更加完美。

问题二：绩效管理制度试行多长时间后正式实施？

答：先行试点部门试行三个考核周期后正式实施，其他部门试行两个考核周期后正式实施。

问题三：为什么先从软件开发测试部开始试行？

答：软件开发测试部是企业的核心部门，担负的工作任务最重、时效要求最高、部门人数最多、管理难度最大，是本次绩效管理改革需要重点突破的部门，其实施效果的好坏对本次绩效改革成败有重要的意义。

问题四：试行和正式实施有什么区别？

答：试行阶段除绩效结果应用相关工作不完全执行外，其他各环节均按绩效管理制度相关要求执行。

问题五：软件开发测试人员考核指标怎么设？

答：软件开发测试人员重点考核代码质量（稳定性、规范性、可维护性、BUG数量）、文档质量（规范性、条理性、完整性、指导性）、工作效率（项目数量、项目进度、疑难问题解决时效），根据岗位职责和工作任务、目标要求，设定合理的、具体的考核指标。

问题六：市场营销人员考核指标怎么设？

答：市场营销人员重点考核销售额、销售计划完成率、回款率、客户开拓计划完成率，同时可以将客户信息管理、客户初步需求分析报告质量、工作日志和团队协作情况作为辅助考核指标。

问题七：售后服务人员考核指标怎么设？

答：售后服务人员重点考核客户问题解决时效、数量、客户培训次数、客户服务满意度、用户反馈报告质量、成本控制情况（远程调试不计成本）。

问题八：行政后勤人员考核指标怎么设？

答：行政后勤人员重点考核工作计划完成情况、临时交办工作完成情况、工作能力（专业技能、沟通协调能力、解决问题能力）、工作态度（工作积极性、责任心、执行力）等，具体以岗位职责和部门目标为依据进行设定。

问题九：绩效计划是否可以变更，如何变更？

答：绩效计划应具有预见性和稳定性，非必要不做变更，确需变更的内容需经部门负责人批准并向人力资源部绩效管理组进行报备。

问题十：绩效考核表如何填写？

答：绩效考核表中绩效计划和绩效总结两部分内容需要填写，绩效计划是在考核期初，由员工本人与上级领导沟通、明确部门和个人目标后填写，并由部门负责人审核、确认。绩效总结由员工本人填写工作完成情况并进行自评，然后交上级领导复评和终评。

问题十一：考核主体如何确定？

答：考核主体主要涉及员工本人、直接上级和隔级上级，没有隔级上级的由直接上级予以考核。部分岗位需要客户或其他关联方共同考核，这里的客户和其他关联方指与被考核人工作成果关系密切的部门或人员。

问题十二：绩效管理线上操作有哪些注意事项？

答：绩效管理系统完全由企业内部员工开发完成，各审批节点均已设置完毕，员工可通过电脑、手机用个人工号、密码（初始密码为身份证后六位）登录系统完成线上填报，主管领导登录系统完成线上审核、评分。各部门员工在使用绩效管理系统过程中，如遇到流程设置、系统故障或其他问题时及时向人力资源部反映，人力资源部协同软件开发测试部统一优化、解决。

问题十三：绩效等级一定要按给定的比例进行分配吗？

答：原则上是，对于人数较少的班组可不完全按比例进行分配，但在整个部门或体系内要按强制比例进行分配，遇到特殊情况另行处理。

问题十四：直接上级是否需要对每个下属员工进行绩效面谈？

答：原则上是，但可区分出重点和非重点，绩效最好和绩效最差的员工是重点，绩效最好的员工要重点培养，给予晋升机会；绩效最差的员工要重点鞭策，适当的时候要予以淘汰。对于绩效成绩位于中间的那部分员工，是企业和部门的重要力量，但却不是绩效面谈的重点人员，因为他们有一定的上进心、责任心和满足岗位需求的工作技能，只要上级领导稍加指导便可以较好地完成工作目标，因此不用管理者倾注太多精力。

问题十五：员工对绩效考核结果有异议如何处理？

答：员工对绩效考核结果有异议，可与直接上级进行沟通，如无法得到解决，可书面向人力资源部提交绩效考核结果异议申请，由人力资源部组织相关领导进行复核，复核结果为绩效考核最终成绩。

问题十六：绩效考核会不会造成员工个人收入减少？

答：不会，试行阶段不与薪酬挂钩，正式实施阶段会将年度薪资调整部分作为绩效考核奖金，所以不会造成员工收入降低，但绩效管理肯定会导致有些员工收入会更高，有些员工收入会相对低一些，这与企业文化中倡导的

"以结果论英雄"的思想一致。

各部门试行结束后，B企业人力资源部将绩效管理改革进行了分析、总结，并对制度中部分内容和流程做了修订和补充，以便制度能够更好地适应企业的实际情况。因前期准备充分、实施过程安排得周密细致，绩效管理制度实施得非常顺利，员工更加努力工作，企业效益也得到了明显提升。

再好的制度，如果不能被有效地执行，也只能算是纸上谈兵，没有什么实际的用处，产生不了实际的价值。企业第一次实行绩效管理制度，或者实行新的绩效管理制度改革，一般需要遵循以下五个步骤来推动绩效管理制度的落地。

## 一、召开启动会议，进行绩效管理制度宣导

绩效管理制度是企业各项制度中最重要的制度之一，也是企业一项重要的管理实践，企业高层领导对绩效管理制度的实施都会寄予很高的期望。同时，绩效管理制度涉及企业全体员工的利益，需要各部门员工的配合，因此绩效管理制度必须高调启动，只有这样才能引起大家的重视，获得大家的支持。

绩效管理制度实施启动会由人力资源部或绩效管理委员会主持，企业高层领导、各部门负责人及员工代表参加。企业负责人要发言阐述实施绩效管理的重要意义和要求，各部门负责人也要发言表态以示支持，人力资源部或绩效管理委员会要对绩效管理制度做详细的宣导培训，解答参会人员的各种疑问。

绩效管理启动会的召开，意味着绩效管理制度在企业内部正式开始实施。做企业管理要有仪式感，一场隆重的启动会表达了企业对绩效管理工作的重视程度，这对后续顺利开展绩效管理工作有着非常重要的作用和意义。

## 二、选择试点，重点辅导，逐步铺开

如果企业是第一次实施绩效管理制度，不管绩效管理制度内容做得多么完善，流程写得多么清楚，一定还会有很多问题需要制度的制定者进行解答。如果一下子全面铺开，会让绩效管理人员处理各种问题而变得焦头烂额，因

此选一个重点部门作为试点单位先行实施，一方面，可以减少突发情况的发生，降低开展初期的工作量。另一方面，HR 还能总结经验，方便后续推广。最后，如果试点部门施行的很成功，也为其他部门树立了信心和榜样，降低了在其他部门推广的难度。

试点单位在施行绩效管理制度过程中，需要绩效管理人员给予全程辅导。辅导的内容包括绩效指标的设计、考核标准的制定、表格的使用、绩效督导的开展、绩效考核的流程、绩效反馈的技巧和绩效结果应用等，除了技术上的指导外，还需要从心理上给予辅导，让员工放下顾虑，以更积极的心态来对待绩效管理。

试点单位实施一段时间后，就可以在其他部门逐步铺开了。试点单位试行的时间一般为一个考核周期，如果前期进展比较顺利，也可以将试点单位同步扩展到多个部门，这样有利于提高绩效管理制度施行的效率，也更有利于快速发现共性问题，找到系统的解决方案。

### 三、监督、指导各部门绩效管理制度执行

一项制度施行的好不好，关键在于执行。刚开始施行绩效管理制度，一定会碰到很多问题，甚至会有很多质疑、反对的声音，因为每个人都会站在自己的立场考虑问题，希望事情朝着自己期望的方向发展。作为绩效管理人员，一方面，要聆听各层面反馈的意见，另一方面，要坚定不移地把绩效管理制度执行下去。

为保证绩效管理制度能够有效地被执行，绩效管理人员要做好两件事情，一是监督，二是指导。监督是解决员工不愿意执行的问题，指导是解决员工不会执行的问题。监督主要是检查各部门是否按绩效管理制度的要求开展绩效管理工作，是否有阳奉阴违、敷衍搪塞的现象发生。指导主要是帮助员工更好地理解绩效管理制度，对实际操作中遇到的困难和问题给予解答、帮扶。

### 四、收集问题，分析原因，提出改善意见

绩效管理制度实施过程中，遇到问题不可怕，没有问题才最可怕，只有

发现问题了，才有改进的机会和办法。

绩效管理实施过程中遇到最多的问题一般是绩效指标不知道怎么设、绩效考核表格不会用、绩效考核主体不知道是谁、绩效等级不好确定、绩效结果有异议不知道怎么处理等，这些问题对绩效管理人员来说都是比较基本的问题，但对刚接触绩效管理的领导和员工来说，确实有些难度，需要绩效管理人员认真、耐心地解答，并将这些问题进行收集和汇总。针对这些问题，绩效管理人员需要做进一步的调研分析，找到造成这些问题背后的原因及解决的办法。比如针对大家普遍存在的对绩效管理制度理解不到位的问题，可以制作绩效管理制度明白卡，绩效管理表格填写示例，安排针对性的培训等进行解决。

绩效管理制度实施不可能一蹴而就，它需要遵循PDCA指导原则，在计划、执行、检查、改进的循环往复中逐渐完善、改进和提高；需要从理论到实践，再从实践到理论的反复修正中，找到最适合企业的解决方案。

## 五、阶段性复盘、总结，形成评估报告

绩效管理制度实施一到两个周期后，需要对绩效管理运行状况及实施效果进行多层次、全方位的复盘和总结，并形成评估报告。复盘、总结主要从两个方面进行，一是对绩效管理制度本身运行状况的分析和评估；二是对绩效管理制度实施产生的影响进行分析和评估。

绩效管理制度运行状况的分析主要包括：绩效管理系统便捷性分析、绩效管理流程顺畅度分析、绩效计划合理性分析、绩效考核公平性分析、考核结果准确性分析、绩效应用激励效果分析等。

绩效管理制度实施产生的影响分析主要包括：企业目标的达成情况、营业额、净利润增长情况、企业文化落地情况、客户满意度提升情况、管理水平提高及人才梯队建设情况等。

绩效管理制度实施阶段性复盘、总结，主要的作用在于纠正绩效管理制度实施过程中的偏差，解决绩效管理制度实施过程中存在的问题，提高绩效管理制度实施的效果。

## 第五节　绩效管理制度落地实施注意事项

曹操"割发代首"的历史典故很多人都听说过，三国时期，曹操亲率大军发兵宛城时，见麦子已经成熟，遂发布命令："大小将校，凡过麦田，但有践踏者，并皆斩首。"这样，骑马的士卒都下马，仔细地扶麦而过，生怕损坏小麦。忽然，一只斑鸠从田中飞出，曹操坐骑因此受惊蹿入麦田，踏坏了一大片麦子。曹操要给自己定罪，欲拔剑自刎，谋士郭嘉急引《春秋》中"法不加于尊"的理由为其开脱。曹操持剑割发，传示三军："丞相踏麦，本当斩首号令，今割发以代。"三军悚然，无不禀遵军令。严谨、合理的制度很重要，严格、适度弹性地落实制度同样很重要，制度实施过程中总有意想不到的事情发生，预见并有效规避制度实施中可能会遇到的问题和麻烦，才能更好地实现绩效管理的目标。

杰克·韦尔奇说："对企业经营者来说，最有效的管理手段就是绩效管理。"可见绩效管理的对企业经营的重要性。然而现实情况是，施行绩效管理的企业很多，绩效管理做得好得企业却很少，甚至有些企业实施绩效管理还产生了副作用，引发诸多不良反应。

绩效管理制度的制定、实施似乎都没什么难度，但在实际应用过程中，有以下七点注意事项必须引起足够的重视，只有避开这些"坑"，才能保证绩效管理制度持续推行下去，并产生应有的价值。

1. 初期不要追求面面俱到。初次实施绩效管理，特别容易犯的一个错误就是追求面面俱到，想把所有跟员工绩效有关系的内容都考虑进去，比如员工的工作成果、工作能力、工作态度、工作行为等，另外再加上是否完成企业规定的培训学时，是否有旷工、迟到、早退、请假，是否积极参加企业的集体活动，是否有被客户投诉，是否有违反企业廉洁自律制度的情形等。企业要全面、客观地评价一个员工，以上这些都是评价员工的重要指标，但在绩效管理制度实施初期，重点是让员工形成绩效管理的思维，养成绩效管理的习惯，在没有深厚的绩效管理基础的前提下，绩效管理制度很容易遭到诋毁甚至抵制。不积跬步，无以至千里，不要急于求成，一砖一瓦的积累，终将建成高楼大厦；一点一滴的进步，终将汇成汪洋大海。随着时间的推移，标准化、体系化的绩效管理制度将在企业生根发芽，并长成参天大树。

2. 抓"关键部门"和"关键人物"。绩效管理制度试点从关键部门开始还是从非关键部门开始呢？有人认为应该从非关键部门开始，因为毕竟是试点，万一不成功影响也不大。其实，这是一种不自信的想法，是在给自己留退路。绩效管理改革试点应该从关键部门开始，一方面，在关键部门实施管理改革，能引起企业高层的重视，得到更多资源支持。另一方面，绩效管理制度改革一旦在关键部门取得成功，就立刻能起到良好的示范效应，再在其他部门推广就变得轻而易举了。最后，在关键部门实施绩效管理制度，能充分暴露绩效管理制度中存在的问题，以便及时进行完善，为后续全面推广做好准备。

绩效管理制度实施，不仅要抓好关键部门，还要抓住"关键人物"。在企业里面，对绩效管理制度施行最有决定权、最有影响力的领导就是关键人物，比如企业的负责人、分管业务部门的副总、关键部门的负责人等，他们的态度和意见往往对绩效管理制度实施起着举足轻重的作用。因此，在事前、事中、事后征求他们的意见，获得他们的支持和理解，对绩效管理制度的顺利实施有着非常大的帮助。在企业做事，要学会借力，巧妙地抓住重点人物，让他们成为局中人，成为为你做事的推手，而不是旁观者，更不能成为"拦路虎"。

3. 客观认识绩效管理，降低对绩效管理过高的期望。我们一再强调，绩效管理不是万能的，它解决不了企业所有问题。企业实施绩效管理改革，经常是因为企业老板在某个"总裁培训班"听了某个老师讲的绩效管理课程，觉得某个绩效管理方法好得不得了，回来后要企业 HR 立即推行。殊不知，培训班的老师往往只传授好的方面，不会讲存在的缺陷和问题，让你觉得他讲的好，就算成功了。还有就是企业老板听说某个知名企业推行了某个绩效管理方法，于是也要求自己企业的 HR 照搬执行。其实需要我们冷静思考，是知名企业实施了这套绩效管理方法后成功的，还是这套绩效管理方法被知名企业实施后才被大家所熟知的。比如，阿里和华为试行 OKR 绩效管理方法，是 OKR 成就了阿里、华为，还是阿里、华为捧红了 OKR 呢？

企业高管在推行绩效管理制度前，往往对绩效管理有一种不切实际的、过高的期望，他们好像抓住了一根救命稻草，急切地想通过绩效管理彻底改变企业的现状，这种想法非常不理性，往往期望越高，失望越大。绩效管理的作用毋庸置疑，但它只是众多管理工具中的一种，没有其他管理制度的配合，也很难推动企业进步。作为企业绩效管理人员，更不能为了方便推行绩效管理，过分夸大绩效管理的作用，相反，要客观、公正地向大家讲明白绩效管理能做什么，不能做什么，甚至在适当的时候，还要泼一泼冷水，适当降低一下大家"过热"的期待，相信这种做法从长远来看有百利而无一害。

4. 考核指标尽量量化，且不宜多。绩效管理指标定量化主要是为了提升绩效评价的准确性，减少人为干扰因素，从另一个角度来说，这也能降低绩效评价人考核的难度，减少被评价人提出异议情况的发生。举个例子，"工作态度认真负责"这项非定量指标，领导给员工打多少分合适呢？为什么给这个员工打9分，给那个员工打6分？依据是什么？管理人员不好打分，凭感觉打出分数后员工也会有疑问，为什么感觉自己工作勤勤恳恳，没犯过什么大错，这一项打分怎么就比别人低呢？与其打分，不如算分，迟到一次扣几分，请事假一次扣几分，加班多长时间奖几分，工作出现纰漏一次扣几分，工作成果没有任何瑕疵奖几分，这样管理人员好打分，下属员工也提不出什么反对意见。

绩效指标除了需要尽量量化，还要控制绩效指标的数量。控制绩效指标的数量，一方面是为了聚焦关键目标，另一方面是为了减少绩效管理的难度，尤其在绩效管理制度实施初期，与其花大量时间研究绩效指标，不如把精力放在绩效管理流程改善上，绩效考核指标库的建设需要在绩效管理不断实践中持续积累和完善。

5. 别把精力都放在考核上。绩效管理是由绩效计划、绩效督导、绩效考核、绩效反馈、绩效分析、结果应用等多个环节组成，每个环节都对绩效管理的实施效果产生影响。绩效管理最容易犯的错误就是将绩效管理和绩效考核画上等号，把大量精力和时间放在绩效考核上，而其他环节几乎是一带而过，这样的结果只能是，绩效考核做得热热闹闹，实际效果却微乎其微。

6. 绩效结果应用务必到位。绩效结果应用关乎企业的发展和老板的信誉，马虎不得。企业花了大量时间和精力做绩效管理，结果虎头蛇尾、不了了之，员工会认为绩效管理就是一场"闹剧"，无论前期说的绩效管理多么重要，做得多么精彩，后续可能就无人问津了。从员工激励的角度出发，好的员工得不到恰当的奖励，差的员工受不到适当的惩罚，那么就会出现"劣币驱逐良币"的现象，绩优员工一个个离职了，绩劣员工一个不少地留了下来，时间长了，企业就危险了。

7.绩效管理实施效果数据化。绩效管理制度的实施有没有起到作用？起到多大作用？这是企业老板和 HR 最想知道的信息，然而现实中，很多企业找不到答案，只能凭感觉或者部门负责人的反馈，这样做的结果就是绩效管理特别容易陷入一种被动局面，因为"关键人物"的一两句话，把绩效管理制度实施所有成绩全都抹杀了。管理是一门科学，我们要抱着科学的态度去对待这件事情。最简单的办法就是收集绩效管理制度实施前后的数据进行对比，用数据来说明绩效管理制度实施的效果。具体的做法是在绩效管理制度实施之初，根据绩效管理制度实施的目的，用可量化的指标统计企业的现状，这些可量化的指标可以是企业的营业额、净利润、市场占有率等。绩效管理制度实施一段时间以后，再收集这些指标的实际情况，对比前后的变化，做成绩效管理制度实施简报呈报给企业负责人，必要的时候还需要以专题报道的形式在企业内部做宣传，这样做的最终目的是让大家都能够认可绩效管理，让绩效管理制度在企业内部有更深、更广泛的群众基础。

## 第六节　相关案例与图表

以下是某集团公司绩效管理制度，我们通过这个案例来看一个相对完整的绩效管理制度都包含哪些内容，以及这个制度在实施过程中都遇到了哪些问题。

### 某集团员工绩效管理制度

**一、目的**

为全面贯彻、落实集团战略发展目标和经营方针，提升运营效率，提高组织和员工个人的绩效水平。同时，推动企业管理科学化、制度化，激励员工不断进步，实现企业管理水平和员工能力的全面提升，特制定本管理制度。

**二、原则**

1.目标导向原则。围绕集团战略目标及经营管理重点，对战略目标及核心工作进行层层分解，通过员工绩效目标的达成，保证集团战略目标的实现。

2.体系性原则：通过绩效管理工具,将公司的战略规划,经营计划,业务策略,资源预算和行动措施有机地整合起来，构成一个完整的管理体系。

3. 计划性原则：通过对绩效目标关联的工作计划进行定期的监控、检视及调整，来保证绩效体系的正常运作。

4. 全面激励原则。通过绩效考核客观评价员工业绩优劣，并及时进行奖惩，实现对员工正负双向激励。

5. 客观公正原则。绩效考核标准客观、绩效管理程序公开、绩效评价结果公正。

### 三、适用范围

1. 本制度适用于集团全体在编正式员工。

2. 施行提成制的销售人员和计件工资制的生产一线人员按照原绩效工资制度执行。

### 四、职责与分工

1. 绩效管理委员会。

（1）负责审核、修订集团员工绩效管理制度并推动落地实施。

（2）负责监督绩效管理制度执行情况，就绩效管理体系运行中的重大或突发问题进行确认，并及时采取相应的措施来保证员工绩效指标的完成和集团战略目标的实现。

（3）负责确定年度绩效考核总体要求。

（4）审核员工绩效考核结果和绩效考核结果应用方案。

（5）定期对绩效管理制度实施情况进行总结、分析，并形成绩效管理制度实施阶段性报告。

（6）受理员工绩效结果异议申诉并出具最终决策意见。

2. 人力行政中心。

（1）负责起草与解释绩效管理制度。

（2）负责具体指导和推动各组织开展全员绩效管理。

（3）负责汇总和分析绩效考核结果，制定考核结果的运用方案。

（4）处理员工绩效考核申诉，提出初步解决方案。

（5）负责员工绩效工资核算。

（6）根据员工绩效考核结果应用方案办理相关人事手续。

3. 运营管理中心。

（1）根据公司年度整体目标对各部门进行科学合理的目标分解，主要包括关键业绩指标、工作任务指标、公司下达的专项工作任务等，并将相关信息提交给绩效管理委员会。

（2）负责提供与员工绩效考核相关的经营类指标数据。

4. 财务管理中心。

（1）负责提供绩效考核相关的财务类指标数据。

（2）负责绩效奖金的发放。

5. 其他部门。

按绩效管理制度积极配合开展绩效管理工作。

6. 考核者与被考核者。

员工绩效考核层级分为三级：被考核人、直接上级、间接上级。考核人是被考核人绩效计划达成情况的评价主体，其中直接上级做为主考核人，权重占比70%，间接上级作为副考核人，权重占比30%，没有间接上级的员工，直接上级权重为100%。考核人应与被考核人共同围绕组织总目标确定被考核者的考核指标、权重、考核标准，并指导和监督被考核人绩效计划实施过程，帮助其完成工作任务。考核人需对被考核人的业绩达成情况进行客观公正的评价，同时向被考核人反馈其绩效考核结果，指出其优点和不足，并提出改进建议。具体如下。

（1）考核者。

①与被考核者共同确定考核周期内工作任务及目标，初步审核被考核者的"员工工作计划考核表"，对工作完成标准及工作任务权重分配情况进行审核。

②在考核周期内对被考核者进行绩效监控和指导，促进员工绩效目标的达成。

③负责对被考核者进行绩效评价，审核业务成果相关数据，给出考核结果，并对考核结果的公平性、公正性负责。

④根据考核结果，进行绩效反馈与面谈，帮助被考核者制订绩效改进计划。

⑤负责处理所辖部门员工的绩效申诉。

（2）被考核者。

①在与考核者充分沟通的基础上，签订"员工工作计划考核表"，对工作计划的合理性和工作业绩成果的真实性负责。

②在工作过程中与上级积极沟通，及时解决工作中发生的问题，确保工作业绩目标达成。

③根据绩效考核反馈和绩效改进计划持续优化自身工作,提升工作业绩。

### 五、考核实施

1. 考核对象、频次、核算方式,具体见表8-1。

表8-1 考核对象,频次及核算方式表

| 考核对象 | 考核周期 | 终评人 | 年度绩效成绩 |
|---|---|---|---|
| 高层 | 年度考核 | 董事长 | 组织年度绩效成绩×80%+BPI成绩×20% |
| 中层 | 季度考核 | 分管副总 | 季度绩效考核得分平均值×80%+BPI成绩×20% |
| 基层 | 季度考核 | 一级部门负责人 | 季度绩效成绩平均值 |

2. 考核内容。

(1)高层。

高管的考核与公司整体经营业绩、个人绩效评价及个人综合素质能力评价挂钩。具体如下。

①业绩考核指标:高管的业绩指标由公司整体经营业绩完成情况及个人绩效评价情况构成。公司整体经营业绩完成情况,由运营管理中心出具;高管个人绩效评价,由人力行政中心统计其所分管组织年度既定目标完成情况,经绩效委员会提出建议,由董事长进行审定。

②行为考核指标(behavior performance index,简称BPI):考核其践行企业文化、履行公司制度情况,以及个人领导能力、管理能力、决策能力、创新能力等,侧重于定性考核评价。

(2)中层。

高级管理者季度评定以季度工作计划、总结为载体,根据员工的各项KPI指标及专项工作完成情况进行考评,出具其个人季度评估得分。

①业绩考核指标:考核其所承接组织的年度/季度绩效指标完成情况(包括关键业绩指标、工作任务指标、专项工作任务等),侧重于定量考核评价。

②行为考核指标(BPI):考核其践行企业文化、履行公司制度情况,以及管理能力、组织协调能力、创新能力及业务水平等,侧重于定性考核评价。

(3)基层员工。

基层员工主要考核工作计划、总结完成情况及综合评价。

①个人季度工作计划：员工季度评定以季度工作计划总结为载体，根据员工的各项 KPI 指标及专项工作完成情况考评，出具员工个人季度评估得分。

②综合评价：评价员工的工作质量、工作效率、工作量、专业能力、沟通及协作能力、改善与创新能力、学习能力、主动性及责任心等。

（4）双重考核人员。

涉及区域和条线双重管理的人员进行双重考核，总部职能中心及区域负责人考核权重分配按表 8-2 中的比例进行。

表 8-2　不同考核对象双重考核权重占比表

| 考核对象 | 考核比例 |
| --- | --- |
| 人力行政负责人 | 总部考核（50%）+ 区域公司总经理考核（50%） |
| 财务负责人 | 总部考核（70%）+ 区域公司总经理考核（30%） |
| 营销负责人 | 总部考核（50%）+ 区域公司总经理考核（50%） |
| 采购负责人 | 总部考核（50%）+ 城市公司总经理考核（50%） |
| 生产负责人 | 总部考核（30%）+ 城市公司总经理考核（70%） |

涉及一名副总分管多个业务口的，其考核权重按其工作重要程度及工作量大小进行配置，如无特殊权重之分时，取平均权重。

（5）特殊说明。

对于考核期内发生岗位调动（层级未变）的员工，其个人绩效考核成绩由两个部门根据其工作计划的完成情况加权确定，原则上在工作时间较长的部门进行绩效等级评定；当在两个部门工作时间相同时，在调入后的部门进行绩效等级评定。

对于考核期内晋升（层级改变）的员工，若在考核期届满之日尚未通过晋升评估期的，该员工按照晋升前的层级进行绩效等级评定；若在考核期届满之日已通过晋升评估期的，则按照晋升后的层级进行绩效等级评定。

对于考核期内降职（层级改变）的员工，原则上按调整后级别进行绩效等级评定。

季度内出勤少于一个月的员工，不参与季度的绩效考核；年度内出勤少于 3 个月的员工，不参与年度的绩效考核。

3. 考核程序。

（1）企业战略目标分解：根据集团战略目标，绩效管理委员会组织各部门签订"年度经营目标责任书"，各部门负责人再将"年度经营目标责任书"中各项指标分解为季度考核指标，并组织本部门进行业绩指标的层层分解工作，使下属员工明确岗位考核指标、工作目标和各项工作重点。

（2）绩效计划的制订步骤见表 8-3。

表 8-3　绩效计划制订步骤表

| 序号 | 步　骤 | 时间节点 | 工作内容 |
|---|---|---|---|
| 1 | 下达通知 | 季度末 25 号 | 人力行政中心发布关于开展集团员工本季度绩效考核与下季度工作计划制订的通知 |
| 2 | 工作计划与提报 | 季度首月 3 日前 | 各部门负责人组织所辖员工制订员工季度工作计划表，明确重点工作计划目标、评分标准、计划完成时间和权重等 |
| 3 | 确认签字 | 季度首月 4 日前 | 员工季度工作计划表经考核者与被考核者共同签字确认后，将签字复印件或签字扫描件提报至人力行政中心备案，用人部门留存原件 |
| 4 | 合规审核 | 季度首月 6 日前 | 人力行政中心对各部门提报的员工季度工作计划表（表 8-4）的规范性、合理性进行审核与指导 |
| 5 | 调整与确认 | 季度首月 8 日前 | 各部门根据人力行政中心审核意见进行调整，并做最终的确认 |

表 8-4　员工季度工作计划表

| 姓名 | | 部门 | | 岗位 | | | 季度 | |
|---|---|---|---|---|---|---|---|---|
| 序号 | 类别 | 工作事项 | 完成标准或目标（目标的设定要遵循 SMART 原则） | | | 权重（%） | 计划完成时间 | 备注 |
| 1 | KPI 指标 | | | | | | | |
| 2 | | | | | | | | |
| 3 | | | | | | | | |
| 4 | | | | | | | | |
| 5 | | | | | | | | |
| 7 | 专项工作 | | | | | | | |
| 8 | | | | | | | | |
| 9 | | | | | | | | |
| 员工签字 | | | 直接上级审核 | | | 间接上级审批 | | |

备注：SMART 原则指制订的绩效计划要具体、可衡量、可实现、相关的、有时限性的。

（3）绩效监督与辅导：考核者对被考核者的工作进行指导和监督，对季度工作计划中的各项工作进展情况和突发性新增重点工作进行沟通和协调，督促被考核人按质、按量完成工作计划目标。

（4）绩效考核，步骤见表8-5。

表 8-5　绩效考核步骤表

| 序号 | 步骤 | 时间节点 | 工作内容 |
|---|---|---|---|
| 1 | 员工自评 | 季度首月3日前 | 员工回顾上一季度工作计划目标完成情况，结合领导安排的临时重点工作，填制员工季度工作总结表（表8-6）并自评 |
| 2 | 考核者评分与提报 | 季度首月4日前 | 考核者依据员工工作目标完成情况，对员工上一季度工作表现进行考核评分，各级部门统一汇总后，填制部门员工季度绩效考核结果汇总表，经部门负责人审核确认后，连同员工工作计划考核表签字复印件或签字扫描件提报至人力行政中心 |
| 3 | 结果审核 | 季度首月6日前 | 人力行政中心就员工绩效考核结果汇总表和员工工作计划考核表的合规性进行审核 |
| 4 | 修改和确认 | 季度首月8日前 | 各级部门根据人力行政中心审核意见进行调整并做最终确认 |
| 5 | 绩效工资核算 | 季度首月15日前 | 人力行政中心根据员工考核结果核算员工绩效工资 |
| 6 | 考核结果其他应用 | 季度首月20日前 | 人力行政中心出具员工除绩效工资外的绩效结果应用方案，报绩效管理委员会审批后执行 |

表 8-6　员工季度工作总结表

| 姓名 | | 部门 | | 岗位 | | 季度 | | | |
|---|---|---|---|---|---|---|---|---|---|
| 序号 | 类别 | 工作事项 | 完成标准或目标（目标的设定要遵循SMART原则） | 权重（%） | 计划完成时间 | 完成情况 | 自评分 | 直接上级评分 | 间接上级评分 |
| 1 | KPI指标 | | | | | | | | |
| 2 | | | | | | | | | |
| 3 | | | | | | | | | |
| 4 | | | | | | | | | |
| 5 | | | | | | | | | |
| 6 | | | | | | | | | |
| 7 | 专项工作 | | | | | | | | |
| 8 | | | | | | | | | |

续上表

| | 本季度工作总结评定分数 | | | |
|---|---|---|---|---|
| 下季度工作重点及提升建议（由考评人填写） | | | | |
| 员工签字 | | 部门负责人/直接上级审核 | | |
| 中心负责人/间接上级审核 | | 分管领导审批 | | |

备注：SMART 原则指绩效目标要具体、可衡量、可实现、相关的、有时限性的。

4. 考核等级与标准。

按员工绩效考核得分由高到低划分为五个绩效等级，每个绩效等级的界定标准、等级描述、控制比例具体见表 8-7。

表 8-7　不同考核等级与标准表

| 等级界定 | 等级描述 | 绩效等级 | 评分参照 | 比例控制 |
|---|---|---|---|---|
| 优秀 | 工作质量和工作效率超越期望 | A | 95 以上 | 10% |
| 良好 | 完成工作且达到了预期要求的质量和效率 | B | 85（含）~95 | 30% |
| 合格 | 基本达到要求，在质量或效率方面稍有不足 | C | 70（含）~85 | 35% |
| 需改进 | 工作成果与预期要求有一定差距 | D | 60（含）~70 | 20% |
| 预警 | 工作质量或效率离预期要求相差甚远 | E | 60 以下 | 5% |

5. 绩效反馈。

考核结果经公司审批通过后，原则上需对员工的绩效结果进行反馈。

（1）员工绩效反馈是指直接上级与员工进行正式面谈，以确定员工绩效改进工作内容，肯定工作成绩，沟通绩效改进措施。

（2）绩效面谈的目的是通过坦诚的沟通，让被考核人了解工作目标和标准，消除对考评的误解，同时让考核人了解下属的需求和困难，以便正确、有效地引导员工。

（3）绩效面谈结束后，考核双方应将面谈达成一致的内容填写于绩效面谈记录表中并签字。A 和 E 等级人员的绩效面谈记录表（表 8-8）需提交至人力行政中心备案。

表 8-8　绩效面谈记录表

| 被考核人姓名 | | 所属公司 | |
|---|---|---|---|
| 部　　门 | | 岗　位 | |
| 考核人 | | 岗　位 | |
| 面谈日期 | | | |
| 绩效成绩、等级和反馈意见 | 考核时间：_____ 年，第 _____ 季度<br>考核结果：绩效等级：_____<br><br>工作中的突出表现 / 存在的问题： | | |
| 下一步的工作计划和绩效改进措施 | 重点工作计划：<br><br>改进措施： | | |
| 下一步工作中最需要得到哪些支持？ | | | |
| 被考核人签字 | | 考核人签字 | |

（4）员工如对个人的绩效考核结果有异议，应在绩效结果反馈后 3 个工作日内向人力行政中心提出书面复议要求，否则即视为员工本人已同意绩效考核结果。

（5）人力行政中心负责对申诉情况进行调查核实，并将结果上报绩效管理委员会核定。绩效管理委员会根据申诉情况进行审批并反馈结果，此结果为公司最终处理意见。

6.绩效分析。

为保证绩效管理程序的规范性和员工绩效考核结果的公正性，绩效考核结束后，绩效管理委员会及人力行政中心组织开展绩效分析工作，对分析检查出来的各类问题及时进行整改，分析的重点包括：绩效考核指标是否需要调整；员工绩效考核等级、比例是否合理；组织目标的实现程度；绩效考核过程中是否有营私舞弊、违规违纪行为；绩效管理程序的执行情况；组织考核结果和个人考核结果的关联程度等。同时，收集各级领导、员工对绩效管理的意见和建议，结合绩效管理分析结果，及时提出改进措施，不断提升绩效管理水平。

## 六、绩效考核结果应用

1.员工季度绩效奖金核算。

（1）员工绩效等级与绩效系数对照关系见表8-9。

表8-9　员工绩效等级与工资核算系数关系表

| 员工绩效等级 | A | B | C | D | E |
| --- | --- | --- | --- | --- | --- |
| 员工绩效工资核算系数 | 1.5 | 1.2 | 1 | 0.8 | 0~0.5 |

（2）员工季度绩效奖金兑现与公司整体经营业绩达成情况挂钩，同时和部门的整体考核业绩关联，员工绩效奖金等于绩效工资乘公司目标完成系数乘部门绩效等级系数再乘个人绩效工资核算系数。

（3）员工存在以下情况的，不予兑现绩效工资。

①不按规定时间提交绩效考核资料的员工。

②严重违反绩效管理规定的程序、规则的员工。

③受到公司严重纪律处分的员工。

2.薪酬调整。

（1）员工在考核年度内各季度绩效等级不低于B级；或在考核年度内，累计两个季度及以上绩效等级为A级，且其他季度绩效等级不低于C级，作为员工薪资上调的必要条件。

（2）员工季度绩效等级为D级，作降薪处理，降薪幅度控制在10%~30%之间。

3. 职级调整与辞退。

（1）员工在考核年度内各季度绩效等级不低于 B 级；或在考核年度内累计两个季度及以上绩效等级为 A 级，且其他季度绩效等级不低于 C 级，作为员工晋升的必要条件。

（2）员工在考核年度内累计两次季度绩效等级为 D 级，作降职降级处理，考核年度内累计三次季度绩效等级为 D 级或一次季度绩效等级为 E 级，作优化淘汰处理。

4. 培训提升。

（1）员工在考核年度内各季度绩效等级不低于 B 级；或在考核年度内累计两个季度及以上绩效等级为 A 级，且其他季度绩效等级不低于 C 级的，可列入部门重点培养人才，用人部门可优先安排培训资源、参与核心项目、轮岗等进行重点培养。

（2）员工出现季度绩效考核等级为 D 的情况，要在技能、态度上给予针对性的培训；绩效等级为 C 级的员工，需分析知识、技能、态度上需提升的点，形成培训需求，列入培训计划，组织相关培训。

**七、补充说明**

1. 本办法由人力行政中心起草、绩效管理委员会审核，经公司审批通过并公示后生效。

2. 本制度最终解释权归人力行政中心和绩效管理委员会。

人力行政中心<br>
绩效管理委员会<br>
××年××月××日

人力行政中心将绩效管理制度提交绩效管理委员会及集团董事长审批通过后，在集团内网进行了公示，并以邮件的形式发送给各级部门负责人，要求各部门在内部进行传达。同时，分批组织了线上、线下的培训和答疑，保证集团内员工充分理解绩效管理制度。另外，人力行政中心员工也做了内部分工，每人负责辅导两到三个部门，采用部门驻点的形式进行面对面的沟通、指导。绩效管理制度整体实施比较顺利，取得了预期的效果，但也存在一些问题，具体如下。

1. 员工制订工作计划时存在避重就轻、目标偏低的现象，究其原因，主要是员工担心完不成绩效指标，自身利益受到损失。

2. 部分领导不愿意得罪员工，给员工打的绩效分数普遍偏高。

3. 绩效等级分布没有完全按照公司规定的比例进行，A 和 B 等级的员工占到 60%。

4. 绩效督导和绩效反馈环节没有受到足够重视，各部门没有按公司规定的程序和要求完成相关工作。

5. 绩效结果应用环节中除绩效奖金已经落实外，其他应用方案因缺乏具体的配套制度和历史数据积累，暂时没有执行。

针对以上问题，人力行政中心制订了相应的改进计划，并将相关信息报送给了绩效管理委员工和公司董事长，董事长批示：循序渐进，日臻完善！希望公司绩效管理越做越好，有效助力公司发展。

# 第九章

# 绩效管理十个"疑难杂症"

绩效管理只有做的相对好的企业，没有做的绝对好的企业，这是现状，也是不可改变的现实。每个企业绩效管理或多或少都存在一些问题，有些问题是个性的，是企业独有的，有些问题是共性的，大部门企业都会存在，成为绩效管理的顽疾。本章分析了绩效管理常见的十个"疑难杂症"，读者可以对照自己所在的企业，看是否也有类似的问题，有则改之，无则加勉。

## 第一节　员工绩效"都挺好"，企业效益"惨兮兮"

一家零售企业受国际经济形势及市场竞争影响加剧，近两年企业经营效益出现较大萎缩，企业负责人经常为此焦虑不安，当他看到企业内部仍一片祥和，员工丝毫没感受到"寒意"来袭，总有一种孤军奋战的"凄凉感"。年底，人力资源部把上年度员工绩效考核结果拿给企业负责人签字，准备在春节前按绩效考核结果把年度绩效奖金发放到位。这时，平时不怎么关注员工绩效成绩的他仔细看过后发现，除了个别和企业经济效益挂钩的主要负责人绩效考核结果不理想外，其他人员绩效结果都不错，甚至比以往更好，他就非常困惑，为什么员工的绩效结果"都挺好"，企业效益却"惨兮兮"呢？

这个案例中体现出来的核心问题是企业目标和员工目标脱节，组织的绩效考核指标没有分解到各层级员工，造成员工考核结果和企业经济效益没有统一起来。我们再深入地分析一下，这个企业的绩效管理还可能存在以下问题。

1. 绩效考核指标设置的内容、权重，没有体现岗位的核心价值，没有以结果为导向。

2. 绩效考核标准没有以定量为主，而是以定性为主，存在凭主观意识打分的情况。

3. 部门负责人没有认真做绩效督导和绩效反馈，上下级之间缺少必要的沟通和交流。

4. 企业绩效等级没有做强制比例分布，导致绩效等级高的员工占比过大。

5. 绩效结果应用没有和组织的考核结果及企业的经营效益挂钩。

## 第二节　绩效考核指标争"高低"

一家大型改制企业，每到岁末年初制定年度绩效考核指标的时候，就是企业内部最热闹的时候，各级领导、员工围绕绩效考核指标要开无数次会，会议上大家针对考核指标定高定低要展开无数次讨价还价，上级领导都希望定的尽量高一些，下属员工都希望定得低一些。最后的结果就是要么双方都妥协，找到个平衡点，要么就是上级直接定一个指标，强压给下级。当然，经过反复沟通，上级有可能会稍微通融下定一个相对比较好完成的指标。企业董事长向人力资源总监抱怨：为什么每年定个绩效考核指标这么难，绩效考核指标争"高低"的现象"何时休"？

这种现象其实在很多企业都有，只是表现的没有这么明显罢了，谁都愿意给自己定一个比较有把握的、肯定能实现的目标。

从另一个角度看案例中的问题，其实有非常值得肯定的一面，那就是企业上下针对绩效考核目标做了充分的沟通，这可能与相对民主的企业文化有关系。沟通总比不沟通强，有些企业各制定各的目标，各做各的考核指标，个人、部门、企业的绩效考核指标是割裂的，这怎么能做好绩效管理呢？

回到这个案例中的问题，其本质是企业缺乏绩效考核指标制定的合理流程和规范，以及灵活的绩效考核方式和绩效结果应用激励机制。

一方面，绩效指标制定是一个从上到下，再从下到上，循环沟通的过程，企业要从基层了解业务实际情况，感知市场变化；基层员工要理解企业战略目标，认清企业发展方向。企业战略目标及年度经营指标的制定，需要包括企业高层在内的更多的人员参与，充分发表各自的意见。企业发展目标及经营指标一旦确定下来，剩下的就不是讨论、争辩了，而是想办法执行，尽最大努力去实现。绩效指标从上到下层层分解，而不是层层讨价还价，到基层员工那已经偏离企业既定的方向很远了，这样怎能保证企业战略目标的实现呢？

另一方面，企业应该有更灵活的绩效考核方式和结果应用激励机制，不能完全看绩效指标完成情况。比如，有人定的目标是走两万步，有人给自己定的目标是两千步，显然后者更容易完成，在同样完成80%目标的前提下，前者的绩效应该比后者好，得到的绩效回报应该比后者多。只有这样，才能鼓励员工制定更有挑战性的目标，而不是把精力花在绩效指标"高低"的争论上。

跳出绩效看管理，这个企业缺乏积极向上、奋勇争先的活力和氛围，这就需要企业加强企业文化方面的建设。当然，也可以利用绩效管理工具去塑造"狼性"企业文化，毕竟企业文化和绩效管理是相辅相成的，可以做到"双剑合璧"，共同推动企业进步。

## 第三节　绩效计划"七十二变"

刘经理成功应聘到一家营销策划企业做绩效经理，报到时正好赶上企业季度末绩效考核，在组织各部门做绩效考核过程中，他发现了一个比较突出的问题：员工季度末做的工作总结与季度初做的工作计划大部分已经对不上了。经过深入调研，他了解到企业内外环境变化很快，原来制订的工作计划经常需要中途做修改。这就出现了三种现象，一种是员工工作计划变化后立即向人力资源部报备工作计划变化情况；另一种是到季度末做绩效考核时集中修改季度初做的工作计划，按修改后的工作计划做工作总结；还有一种情况是虽然工作计划有变化，但做工作总结时还按原来的工作计划做，只是把有变化的那部分绩效指标权重调整到没有变化的那部分指标中去做工作总结。

刘经理认为，适当的绩效计划变更是正常的，但频繁的、大幅度的绩效计划变动肯定会削弱绩效管理的权威性，降低绩效管理的效果，一定要找到造成这种现象的根本原因，这个问题才能得到根本解决。

绩效计划变更在很多企业都存在，小范围、小幅度的调整在所难免，因为总有预想不到的情况发生，但要保持企业战略目标大方向不变，企业经营持续稳定，绩效计划也应当做到客观、严谨并具有远见性。

这个案例中，出现这种绩效计划"七十二"变，变得面目全非的情况，主要有以下几个原因造成的。

1.企业战略目标不具有远见性。企业战略目标是做绩效计划的基础和前提，制定战略目标时如果没有充分研究外部市场环境的威胁和机遇，企业自身的优势和劣势，那么制定的战略目标就不具有远见性和科学性。当总的战略目标摇摆不定的时候，企业经营管理也无所适从，员工的工作计划也只能随着管理层随时随地的思想变化，而不得不跟着做各种各样的调整。

2.绩效计划做了事项化而没有做指标化。员工制订绩效计划仅列出来要做的几个重要事项，当这些具体的工作事项受到轻重缓急处理优先顺序的影响，经常会因为变的不紧急而推到下个季度或暂时不做了的情况发生，如果绩效计划采用指标化的方式就可以大大降低工作事项被搁置或取消的概率。

举个例子，拿招聘经理的绩效计划来说，按事项化的方式制订计划就是招聘车间主任一名、财务主管一名、人事专员两名、车间操作工五十名。在执行招聘计划过程中，因为企业提拔了一名技术组长做车间主任，导致车间主任这个岗位暂时不招了；财务主管岗位因为业务量增加需要增加一个编制，这样就需要招聘两个财务主管；人事专员岗位因为提出离职的那名人事专员最后决定不离职了，所以再招聘一名人事专员就够用了。这就势必需要在做绩效总结的时候修改绩效计划，要不按什么标准进行考核呢？如果按完成的工作结果倒推工作计划，那绩效考核还有什么意义呢？假如这位招聘经理的绩效计划改成招聘人数达标率、平均招聘周期、招聘成本降低率、招聘绩点等指标，那么绩效计划就不需要做变动了，只需要根据招聘实际完成情况和历史数据做对比分析就可以了。

3.绩效计划没有体现岗位的核心价值。岗位的核心价值就是这个岗位必须要完成的工作职责或任务，如果没有完成，这个岗位的价值就没有体现出来。绩效计划中的指标一定是和岗位价值密切相关的，是肯定要完成的，如果是延伸出来的一些可做可不做的事项，那么这些指标或工作事项被搁置或取消的可能性就大大增加了。

4.绩效计划缺乏预见性和灵活性。员工做绩效计划时要有预见性，哪些工作是肯定要做的，哪些工作是不能确定的，哪些工作是可做可不做的，针对不同情况灵活地做出不同处理方式。比如，肯定做的工作加大考核权重，可做可不做的工作降低考核权重，完全不能确定的工作列入临时待办事项，占较小的权重。这样对绩效考核的影响就降到了最低程度，即使有些变化，绩效计划也不用做大幅修改，甚至可以不做修改，在备注中做下说明就可以了。

5.上级领导审核不严格，把控不到位。很多员工制订绩效计划完全是根据自己的理解去做的,没有站在企业和部门的角度去做工作计划,而上级领导对员工的绩效计划又审核不严,把控不到位,造成员工制订的绩效计划一开始就存在先天不足的问题,导致后面需要做大幅修改才能符合企业的要求。

短期存在绩效计划"变变变"的现象不可怕,及时找到原因进行规范就可以了,怕就怕企业上下习惯了这种做法,成为绩效管理的一种常态。这种现象背后的本质是员工在钻绩效管理的空子,是拿完成的结果去修改当初的计划,犹如削足适履,其背后的逻辑是不对的。

## 第四节 人人都"忌惮"KPI

KPI是量化的硬性指标,完成了就是完成了,没有完成就是没有完成,没有回旋的余地。当然,这也是绩效管理公正性、公平性和科学性的要求。很多企业有着严格的KPI考核指标,一旦没有完成,轻则扣罚绩效工资,重则被辞退处理。

要想改变员工对KPI的认知,首先要从绩效管理者的绩效管理思想开始改变,绩效管理不是为了把员工分为三六九等而做的,而是为了提高员工的工作积极性,提升员工及组织的绩效而做的,这才是做绩效管理的基本原则和核心目标。其次,绩效考核要突出重点,把握重要的KPI指标,过多过细的指标只能增加员工的心理负担和精神焦虑,对关键目标的实现没有太多正面的作用。最后,要多元化地应用绩效考核结果,而不能一刀切地采用扣奖金甚至用劝退的方式来处理绩差员工,采用培训、调岗的方式来充分挖掘员工的潜能,或许对员工职业生涯规划和企业长期稳定地发展更有利。

OKR之所以能在KPI一统天下的格局下受到众多企业的青睐,是因为OKR的一些理念突破了KPI的限制,其中最主要的一条就是不与员工的绩效奖金挂钩,这也就保证了员工敢于制定有挑战性的绩效指标,而不用担心一旦完不成自身利益就会受到很大的损害。无论将来OKR会不会替代KPI成为绩效管理的主流工具,我们都需要认真思考一下怎样去规避KPI考核中的一些弊端，让员工重新认识 KPI。

## 第五节 "定量"+"定性"=领导的感觉

小丁聪明好学，性格直爽，重点大学毕业后进入当地一家知名运动品牌销售企业，从事营销策划类的工作。小丁工作勤奋、思维敏捷，入职两年来每次绩效考核成绩都不错。年初，该企业从上海一家同类型企业挖来一位策划总监，负责企业整体营销策划工作，是小丁的直接上级。在部门首次工作会议上，新总监阐述了自己的工作思路，并对原来的营销计划做了大幅改动。小丁认为策划总监的思路超前，新方案中有很多大胆的创新，但在目前所处的三线城市不太好落地，客户不一定买账，于是就把自己的想法当面向总监提了出来。新总监嘴上没说什么，但脸上明显透漏出不愉快的表情。后来工作过程中，小丁因为直言直语几次惹得总监不高兴。绩效考核时，小丁想自己平时工作勤勤恳恳，工作量化指标完成的也不错，绩效肯定不会差，可等绩效考核结果出来后，自己在整个部门内的绩效等级是最差的，他找总监理论，总监指出他工作结果虽然不错，但中间过程还有很多需要改进的地方，并列举了四五项似重要非重要的事实，让小丁也无话可说。

我们在做绩效管理过程中，经常强调要以定量指标为主，定性指标为辅，这样可以最大限度地保证绩效的公正性和客观性，但很多时候，我们发现无论定量指标占的比重有多大，最后领导的"感觉"还是占了主导作用。为什么会出现这种情况呢？原因主要有以下几点。

1."定量"指标"不定量"。虽然是定量指标，但数据来源、计算过程受诸多人为因素影响，这就会导致表面看起来是定量指标，但实际得出来的结果未必是客观的。比如"利润增长率"指标，上市的大企业还好，有规范的财务制度，虽然也受偶然因素影响，但规则比较统一，数据比较客观。但对一些中小企业，在符合国家会计准则前提下，利润增长率指标受到的影响因素实在太多了，看上去"定量"的财务指标，实际上并不"定量"。再比如招聘目标达成率，哪些岗位达成了，哪些岗位没有达成，招聘周期多长时间算合格，多长时间算不合格，在制定绩效指标时常常考虑不到每个指标的核算细节，给绩效评价留下很多灵活操作的空间。

2. 权重较小的定性指标成为区别员工绩效等级的主导因素。先来举个例子，一个企业有三位股东，两个大股东分别占股49%，一个小股东占股2%，这三个股东谁的权利最大？答案是这个占股2%的小股东，为什么？因为召开股东会决策重大事项的时候，小股东和哪个大股东站一块，哪一方的决策权就占到了51%。回到绩效管理中，定性指标的权重虽然只占了20%甚至更小的比例，但是当定量指标不能把员工拉开足够大差距的时候，这20%的定性指标就起到了决定性的作用。因此，在实际操作过程中，定性指标打分也需要有足够的、充分的依据，不能任由领导的"感觉"来打分。

3. 领导职业操守及监督机制的缺乏。定量指标也好，定性指标也罢，完成这项工作的只要是人，就会受到人为主观因素的影响。很多企业把"品德"作为选拔干部的第一考虑因素，因为领导干部的职业操守，直接影响整个团队的士气和战斗力。上述案例中，一方面，小丁虽然在沟通方式和时机上有欠妥的地方，但上级领导的格局、魄力、职业素养也有待进一步提高。另一方面，好的监督机制能有效避免领导干部凭"感觉"、凭"喜好"打分的情况，因为任何不公正、不公平的绩效评分，都可能受到监督机制的约束和制裁，清正廉洁的企业文化氛围不是培养出来的，而是约束出来的。

## 第六节　考核方式没有最"好"，只有更"火"

张辛是一家零售企业的人力资源总监，他在这个企业工作已经有七年时间了。这个企业的老板是一位思想活跃、锐意改革、积极进取的青年创业家，大学毕业后白手起家创立了这家企业，由最初的两个人发展到六百多人，营业额突破两亿元，在行业内也算小有名气。张辛与老板的配合比较有默契，也很受老板的器重，但有一点经常让张辛无所适从。老板喜欢到全国各地的培训机构参加培训学习，每次参加完培训回来后，总能带回来些新的管理思路让张辛去落实。就拿绩效管理来说，七年间，绩效管理方法经历了目标管理法、平衡计分卡、KPI、积分制管理等，最近老板在参加培训时听老师讲互联网大厂都在用OKR，于是回来后让张辛立刻开展OKR方面的绩效改革。张辛虽然有些顾虑，但只能按老板的要求去做了。

上面这个案例中出现的现象其实也比较普遍，很多企业在选择绩效管理工具的时候，不是在比较各种绩效管理工具后，选择了最适合自己企业的绩效管理工具，而是选择了当下热门的绩效管理方式。新的绩效考核方式出现后，培训机构天花乱坠地吹捧，自媒体广告铺天盖地宣传，企业HR刻苦地钻研学习，圈子内的人还时不时地提起，这就造成一种假象，"新"的就是"好"的，考核方式没有最"好"，只有更"火"，什么流行什么就好，企业就选什么。其实这样不对，每种绩效考核方式都有其优势和劣势，找到适合企业的才是最好的。当然，抱着一种谦虚学习的态度，积极探索更先进的考核方式，博采众长，对企业绩效管理水平的提升也是有帮助的。需要注意的是，忽略制度的持续性和稳定性，一味地求新求变，会造成员工不适应、管理成本上升和管理秩序混乱。

## 第七节 "好"的始终好，"差"的依旧"差"

一位企业老板吐槽，企业绩效管理的难点不是怎么去考核员工，而是怎样去提升员工，绩效考核成绩"好"的员工始终好，绩效考核成绩"差"的员工依旧差，绩效管理如果能把绩效"差"的员工绩效提上来，将极大提升企业的整体效益。这种现象在企业内部比较普遍，究其原因主要有以下几点。

1. 优秀的员工在知识、技能和态度上占优势，而这些不是能够轻易被超越的，知识的储备需要长时间的积累，技能的提升需要不断地总结，态度改变似乎容易，但决定人成就的深层次的性格特质却非常难改变，甚至不可改变，要想把一个懒惰的、投机取巧的员工变成勤奋的、踏实肯干的员工何其难啊！

2. 绩效评价人的固化思维，总认为优秀的员工身上散发着耀眼的光芒，即使有缺点也是瑕不掩瑜；相反，绩效差的员工在管理者心里面会形成一种思维定式，这个员工就是不行，无论这个员工再怎么努力，也很难改变管理者对他的这种看法，久而久之，自己也就放弃挣扎，"躺平"接受这种现实了。

3. 绩效管理体系没有起到督导、激励的作用。绩效管理的目的是提升员工的绩效，而不仅仅是区分员工的绩效，这就需要在绩效管理过程中，上级管理者做好绩效管理过程中的督导、绩效考核后的反馈和绩效结果的应用，好的员工要正面激励，差的员工要负面激励，同时对于绩差的员工，管理者要帮助其找到突破个人绩效的方法和途径。否则，绩效差的员工只能是维持现状或被淘汰离开企业了。

如何改变"好"的员工始终好，"差"的员工始终差的局面呢？可以从以下几个方面入手。

1. 建立客观、公正的绩效考核体系。绩效管理应尽量剔除人为干扰因素，建立以价值为导向、以结果为依据的客观、公正的绩效考核体系。这样做的目的是建立公平的竞争机制，树立只要努力就有希望成为优秀员工的共识，让绩优员工不能躺在功劳簿上享受持续的红利，让绩差的员工有咸鱼翻身的机会。要树立客观、公正的绩效考核体系，就要从企业文化宣导、绩效指标制定、绩效督导、绩效考核、绩效结果应用等所有环节的细节入手，保证每个环节都是公开、透明和无私的。

2. 挖掘员工潜力，做好人岗匹配。尺有所短，寸有所长，每个员工都有其优势和不足，都有其擅长和不擅长方面，都有其喜欢和不喜欢干的工作，挖掘员工的潜力，适当调配人员的岗位，做好人岗匹配，往往能激发出员工的才智和活力，让大家看到一个和以往完全不一样的员工。绩效管理和人力资源其他模块的工作是相辅相成，相互促进的，绩效结果应用于人才的选拔和配置，能有效提升人才使用的效率，提高员工的绩效。曾经一名招聘专员的招聘绩效总是不理想，后来调到培训岗位后，他简直是如鱼得水，一飞冲天，干出来的成绩让企业上下无不称赞和佩服。同一个人，不同的岗位，绩效结果完全不同。

3. 做好绩效的督导。员工的绩效结果不好，上级领导负有很大责任。管理者与普通员工最大的区别是：管理者通过成就别人来成就自己。管理者如果做不到让下属成功，怎能带好团队呢？而让下属成功最有效的方法就是做绩效督导。管理者根据不同员工的情况，做好工作的监督和辅导，让员工有压力、有动力、有方法地去做事情，最终的绩效结果一定不会差。

4. 加强绩差员工的培训。培训是给员工赋能非常重要的一种手段，但很多企业并没有重视培训，培训在企业内往往变成"说起来重要，做起来次要，忙起来不要"。大家都知道保险公司的培训做得非常厉害，入职时大都是没有任何保险从业经验的"小白"，通过短时间系统的培训，很快就能涌现出一批绩优员工。虽然也有大量流失，但我们不得不叹服培训的强大力量。加强对绩差员工的培训，把他们的技能提升起来，逐渐成为绩优员工，虽然需要花费一些时间和精力，但培养员工比重新从外面招人的成本和风险都会低很多。

5. 必要时淘汰不思进取的员工。有些企业出于"仁慈""面子""辞退成本高""害怕劳动纠纷""招人难"等原因，并没有执行员工绩效差就辞退的政策，而是采用"凑合用"的处理方式。当然，企业确实应该谨慎对待每一位员工，把辞退员工当成尚方宝剑，动不动就砍编制，"劝离"员工的企业肯定不会有强大的凝聚力和战斗力，因为大家都清楚在这个企业工作无非是为了临时安身立命、养家糊口罢了，这里终不是自己长期奋斗、稳定发展的地方，所以企业也很难做大做强。但是，对那些绩效差还不思进取，甚至到处惹是生非的员工，要及时给予优化淘汰，以便为企业引进更优秀的人才留出位置，企业也有必要不断引入新鲜血液来充实员工队伍，激发员工活力，促进企业成长。

## 第八节　"宽与严"，不同部门领导坐上"跷跷板"

一家集团性房地产企业，在全国各地都有分公司，企业采用强制比例分布的方式划定员工的绩效等级，基层员工在城市公司范围内进行强制比例分布，中层员工在大区范围内进行强制比例分布，高层员工在集团范围内进行强制比例分布。这个制度设计的初衷是扩大比较的范围，让优秀员工脱颖而出，让落后员工有更大的压力和动力。但在实际操作过程中出现了一个问题，每个领导打分的宽严程度不一致，有些部门的分数普遍偏高，有些部门的绩效成绩普遍偏低，这就造成绩效成绩普遍偏高的部门的员工绩效等级都靠前，绩效成绩普遍偏低的部门的员工绩效等级普遍靠后。绩效等级普遍靠后的部门员工发现这个问题后就找自己的领导提意见，后续的考核中，部门领导就有意识地给自己部门的员工打高分，最后的结果是，这次你们部门绩效成绩普遍高，下次我们部门就一定要超过你们，部门间"宽与严""高与低"不断地起伏、轮换，像是坐上了"跷跷板"，总也找不到平衡点。

这个案例中的问题其实不是个例，只要涉及绩效等级强制比例分布，就会在绩效等级划分范围内存在"宽严"不一致的现象，要解决这个问题，可以从以下几个方面入手。

1. 考核标准尽量量化，减少人为干扰因素。量化的考核指标，能有效减少人主观因素的影响，这也是保证绩效考核公平性的前提和重要手段。

2. 缩小排序的范围，尽量在同部门、同岗位间进行排序。缩小绩效分数排序的范围，能有效减少主观因素的影响，如果能够做到在同部门、同岗位间进行排序，就可以有效规避部门间打分不均衡、不公平的现象。

3. 加强部门的考核，以部门绩效等级确定部门员工的绩效等级比例。很多企业为了规避上述案例中出现的问题，采用员工绩效等级和部门绩效等级挂钩的方式进行解决。部门绩效等级高，那么这个部门可以有更多的员工获得高的绩效等级，部门的绩效考核等级低，那么这个部门只能有少数人可以获得高的绩效等级。

4. 设置部门考核修正系数。有些企业采用部门考核修正系数的方式对员工的绩效成绩进行修正，这也是一种不错的解决方法。部门考核修正系数为统计范围内各部门员工的平均绩效考核分数除以部门内员工的平均绩效考核分数，员工的绩效成绩为个人绩效分数乘部门的绩效考核修正系数。这是一种简单的数学处理方式，可以起到平衡部门间"宽严"不一致的情况，这种方法在积分制绩效管理中应用最为普遍。

5. 加强绩效考核打分监督机制。绩效考核是一件严肃的事情，不能因为小团体利益而刻意地去抬高或降低员工的绩效考核成绩。因此，必要的监督、审核机制不可或缺，以尽量减少领导干部不作为、滥作为现象的发生。

## 第九节　绩效管理"劳民伤财"

绩效管理"劳民伤财"这种声音在很多企业都有，究其根本原因是企业花费了大量人力、物力和财力做绩效管理，却没有收到预期的效果。

一家八千余人的大型企业，每个月员工做绩效计划、绩效总结、绩效考核、绩效面谈大概需要花费一天的时间，每个员工每月一天的时间，这是员工的时间成本，再加上打印耗材、水电等办公费用，直接成本和间接成本算下来确实不低，如果绩效结果没有实质性的应用，产生不了明显的激励效果，说绩效管理"劳民伤财"实不为过。

如果企业出现"绩效无用论"或者是绩效管理"劳民伤财"说法时，在排除个别员工出于个人私利恶意攻击、诋毁绩效管理制度外，企业绩效管理人员一定要认真审视一下企业的绩效管理体系。出现这种问题，企业可以从以下几方面进行改善。

（一）降低绩效管理的成本

降低绩效管理成本可以从流程、形式、时间、空间等方面进行，具体可参照以下方式：

1. 把原来多级评价改为单级评价，直接上级全面负责考核下属的绩效，间接上级仅做监督和审核；

2. 把原来360°多维评价改为一维或二维评价，减少参与的人员；

3. 把原来数十个绩效考核指标减少到五六个关键、核心指标；

4. 把原来月度考核变更为季度考核，尤其集团性的大企业，考核周期不宜太短，像富士康那样拥有百万员工的超级工厂，采用的就是半年度加年度考核的方式；

5. 把原来集团统一考核放权给区域公司，微小单元的考核要比大集团的考核灵活得多，最关键的是沟通成本会大幅降低；

6. 把原来线下考核方式改为线上考核，现代互联网的应用可以极大地提高绩效管理的效率，降低沟通成本和财务费用。

（二）提升绩效管理效率

提高绩效管理效率的关键是提高绩效管理标准化和信息化程度，像富士康科技集团那样拥有百万员工的企业做绩效管理，每个员工平均花费十到二十分钟的时间就可以完成，靠的是先进、智能、高度集成化、信息化的绩效管理系统，当绩效考核表推送到员工OA（即办公自动化）系统中的时候，里面出勤、培训学时、考核标准都已经有了，员工自己只需要核对下信息，填写下关键工作成果，对自己的工作表现有个简单评价就可以提交了，剩下的工作由系统自动推送给相关领导打分，并自动核算绩效考核总成绩、核定对应的绩效等级、反馈绩效考核结果。

### （三）分析、改进绩效管理各个环节的工作

定期分析、改进绩效管理各个环节的工作，优化绩效管理体系，让绩效管理更适应企业的需求，贴合企业的实际，解决企业的问题，这样的绩效管理才更容易被大家接纳、认可和支持。

### （四）加强绩效管理制度的宣导、培训

绩效管理宣传的到不到位，关系着员工对绩效管理认知的程度；绩效管理培训的到不到位，决定着绩效管理能不能被正确地执行。人力资源部需要对绩效管理做正向的宣导和培训，一方面，让员工能够认识绩效管理的意义，另一方面，让员工能够按绩效管理制度的要求开展绩效管理工作，防止绩效管理制度被"念歪""带偏""抹黑"。

### （五）强化绩效结果的应用

之所以会出现员工抱怨绩效管理"劳民伤财"的情形，跟企业长期以来没有重视绩效管理也有一定关系，企业把绩效管理边缘化了，本来很重要的一项管理制度，变成可有可无，甚至遭人嫌弃的"累赘"和"负担"。这里很重要的一个原因就是绩效结果没有和员工的利益充分地绑定在一起，当绩效考核结果与员工的绩效奖金、薪资调整、职位晋升联系在一起时，没有人会不在乎绩效管理，没有人会觉得绩效管理仅仅是一个"劳民伤财"的管理游戏。

## 第十节 "废铁"还是"宝剑"，绩效管理为何成"鸡肋"

一家新三板上市的高端设备制造企业，业务发展迅速，员工规模逐渐扩大，企业各项管理逐渐步入正轨，可有一件事情始终令老板头疼，那就是企业没有完善的绩效管理体系，尤其企业近期要参加运营管理体系外审，其中一项重要指标是企业要有"先进的绩效管理体系"，老板这时候更加着急上火。企业也不是没有实施过绩效管理，只是实施过几次都没有成功，每次都是尝试一段时间后，觉得没什么用就束之高阁了，企业的绩效经理也是换了好几次，都没待够一年时间。

绩效管理有没有用？绩效管理到底是"废铁"一块，还是"宝剑"一方？可以肯定地说，绩效管理有用，而且用处非常大，纵观国内外大型知名企业，没有哪个企业没有做绩效管理的，之所以有些企业否定绩效管理，是因为没有真正把绩效管理做好，没有让绩效管理成为驱动企业进步的重要力量。

如何让绩效管理成为企业披荆斩棘的宝剑，而不沦为食之无味、弃之可惜的"鸡肋"，企业如何做好绩效管理，在本书前面章节中基本上都做了阐述，总结成一句话就是优秀的绩效管理人员结合企业实际采用适合的绩效管理方法构建企业科学的绩效管理体系。这里面最重要的因素是人，也就是优秀的绩效管理人员，何谓优秀的绩效管理人员？用一个标准来衡量就是：扎实的理论知识和丰富的实践经验，再加良好的沟通协调能力。理论丰富指绩效管理方法烂熟于心，绩效管理工具可以信手拈来，该出招时就出招，而且还必须是一招制敌的"狠"招；实践经验丰富指有成功经验，还有失败教训，赢得的鲜花和掌声，踩过的"雷"和"坑"都是宝贵的财富，这些可以避免在实施绩效管理过程中走弯路甚至走进"死胡同"。除了丰富的绩效管理理论知识和实践经验，良好的沟通协调能力同样非常重要，因为绩效管理不只是绩效经理或人力资源部的事情，而是需要上级支持，各部门配合，全体员工参与的事情，良好的沟通协调能力能够更好地获得企业上下的支持和配合，让绩效经理不再孤军奋战，让绩效管理在企业能够开花结果，持续发挥独特的作用。上面的案例中，或许不是绩效经理不专业，而是对企业老板没有足够的影响力，没有能够说服老板按最有效、最科学的绩效管理理念去改变企业现有的管理模式，老板的思维、格局决定了企业管理水平和发展上限。

绩效管理是一把"利剑"，可以帮助企业奖优惩劣、斩乱除垢、舞动三军，但绩效管理绝不是一剂"万能药"，可以解决企业所有问题。很多企业从什么时候开始重视绩效管理的？一是企业发展遇到困难时，希望通过绩效管理激发员工斗志，彻底改变企业现状；二是企业发展遇到瓶颈时，希望绩效管理能够助力企业取得更大的成功。绩效管理可以解决企业战略落地的问题，但决定不了企业战略方向的问题，更不能改变市场环境和资源供给的问题，而这些都对企业发展起着至关重要的作用。因此，客观看待绩效管理，避免被绩效管理过高的期望所绑架，陷绩效管理于不利之地。

绩效管理不是"废铁",也不是无坚不摧的"宝剑",更不是食之无味,弃之可惜的"鸡肋"。企业绩效管理人员需要不断修炼自己的"武功",成为绩效管理的高手,让绩效管理成为自己安身立命,行走天下的武功秘籍,使绩效管理成为助推企业发展的动力源泉。

# 读 者 意 见 反 馈 表

亲爱的读者：

感谢您对中国铁道出版社有限公司的支持，您的建议是我们不断改进工作的信息来源，您的需求是我们不断开拓创新的基础。为了更好地服务读者，出版更多的精品图书，希望您能在百忙之中抽出时间填写这份意见反馈表发给我们。随书纸制表格请在填好后剪下寄到：北京市西城区右安门西街8号中国铁道出版社有限公司大众出版中心 王佩 收（邮编：100054）。此外，读者也可以直接通过电子邮件把意见反馈给我们，E-mail地址是：505733396@qq.com。我们将选出意见中肯的热心读者，赠送本社的其他图书作为奖励。同时，我们将充分考虑您的意见和建议，并尽可能地给您满意的答复。谢谢！

---

所购书名：＿＿＿＿＿＿＿＿＿＿＿＿＿＿＿＿＿＿＿＿＿＿＿
个人资料：
姓名：＿＿＿＿＿＿＿＿＿ 性别：＿＿＿＿＿＿ 年龄：＿＿＿＿＿＿ 文化程度：＿＿＿＿＿＿＿＿
职业：＿＿＿＿＿＿＿＿＿＿＿＿＿＿ 电话：＿＿＿＿＿＿＿＿ E-mail：＿＿＿＿＿＿＿＿
通信地址：＿＿＿＿＿＿＿＿＿＿＿＿＿＿＿＿＿＿＿＿＿＿＿＿ 邮编：＿＿＿＿＿＿＿＿

您是如何得知本书的：
□书店宣传 □网络宣传 □展会促销 □出版社图书目录 □老师指定 □杂志、报纸等的介绍 □别人推荐
□其他（请指明）＿＿＿＿＿＿＿＿＿＿＿＿＿＿＿＿＿＿＿＿＿＿＿＿＿＿＿

您从何处得到本书的：
□书店 □邮购 □商场、超市等卖场 □图书销售的网站 □培训学校 □其他

影响您购买本书的因素（可多选）：
□内容实用 □价格合理 □装帧设计精美 □带多媒体教学光盘 □优惠促销 □书评广告 □出版社知名度
□作者名气 □工作、生活和学习的需要 □其他

您对本书封面设计的满意程度：
□很满意 □比较满意 □一般 □不满意 □改进建议

您对本书的总体满意程度：
从文字的角度 □很满意 □比较满意 □一般 □不满意
从技术的角度 □很满意 □比较满意 □一般 □不满意

您希望书中图的比例是多少：
□少量的图片辅以大量的文字 □图文比例相当 □大量的图片辅以少量的文字

您希望本书的定价是多少：


本书最令您满意的是：
1.
2.
您在使用本书时遇到哪些困难：
1.
2.
您希望本书在哪些方面进行改进：
1.
2.
您需要购买哪些方面的图书？对我社现有图书有什么好的建议？


您更喜欢阅读哪些类型和层次的书籍（可多选）？
□入门类 □精通类 □综合类 □问答类 □图解类 □查询手册类
您在学习计算机的过程中有什么困难？


您的其他要求：